Peter Loebell

Ich bin, der ich werde

Individualisierung in der Waldorfpädagogik

Peter Loebell

Ich bin, der ich werde

Individualisierung in der Waldorfpädagogik

Verlag Freies Geistesleben

Peter Loebell, geb. 1955, Studium der Publizistik, Soziologie und Linguistik in Köln und Hamburg. Abschluss als Diplom-Soziologe. Tätigkeit in einem Forschungsprojekt, anschließend Ausbildung am Waldorflehrerseminar Stuttgart. Von 1985 bis 1996 Tätigkeit als Klassenlehrer an einer Waldorfschule, seit 1996 Dozent am Waldorflehrerseminar Stuttgart, Promotion in Erziehungswissenschaft.

ISBN 3-7725-2027-8

1. Auflage 2004
Verlag Freies Geistesleben
Landhausstr. 82, 70190 Stuttgart
Internet: www.geistesleben.com

Umschlag: Thomas Neuerer unter Verwendung eines Fotos von Charlotte Fischer
Gesamtherstellung: DZA Druckerei zu Altenburg

Inhalt

Einleitung

Das 20. Jahrhundert zeigt sich im Rückblick als eine Zeit zunehmender Orientierungslosigkeit der Pädagogen. Das «Jahrhundert des Kindes», das 1900 von der schwedischen Pädagogin Ellen Key ausgerufen wurde, mündete schließlich in eine Flut einander widersprechender Erziehungsratgeber, die die Regale der Buchhandlungen füllten – ein Zeichen dafür, dass sich alle traditionellen pädagogischen Konzepte als fragwürdig erwiesen haben. Ellen Key hatte noch gehofft, dass eine naturwissenschaftlich orientierte Psychologie die Pädagogik neu bestimmen würde, nämlich «vom Kinde aus». Diese Vision hat sich im Laufe der vergangenen hundert Jahre offenbar nicht erfüllt.

Zu Beginn des 21. Jahrhunderts ist die Bildungspolitik in Deutschland wieder zum heftig diskutierten Thema geworden, allerdings unter ganz anderen Vorzeichen. Auslöser war diesmal der «PISA-Schock». In Deutschland, das weder durch Bodenschätze noch durch touristische Attraktionen bevorzugt ist, war der Glaube an die eigene kulturelle Bedeutung und die gute Bildung der jungen Generation lange Zeit eine wesentliche Grundlage für das nationale Selbstbewusstsein. Doch durch die schlechten Ergebnisse, die die fünfzehnjährigen deutschen Schüler im internationalen Vergleich des PISA-Tests erzielten, geriet nicht nur die Basis des «Wirtschaftsstandortes Deutschland» ins Wanken; jahrelange Bemühungen um eine Reform des Schulwesens erschienen mit einem Schlag verfehlt oder wirkungslos.

Im Streit um die notwendigen Konsequenzen, der seither entbrannt ist, stellen Bildungsexperten aller Art die gleichen Forderungen, die sie zuvor auch schon vertreten haben. Besonders lautstark wird z.B. behauptet, eine frühere Einschulung könnte sich der natürlichen Lernfreude der fünf- und sechsjährigen Kinder bedienen. Als Folge seien wesentlich bessere Leseleistungen der Jugendlichen zu erwarten. Wer allerdings die Ergebnisse der Internationalen Grundschul-Leseuntersuchung (IGLU) studiert, kann leicht feststellen, dass es für den Glauben an die Vorzüge der Früheinschulung keine Grundlage gibt. Bei dieser Untersuchung zeigte sich nämlich, dass die deutschen Viertklässler vergleichsweise gute Leistungen erbrachten, obwohl sie – wie bisher üblich – erst mit sechs bis sieben Jahren eingeschult wurden.

Seltsamerweise zeigte sich auch, dass in Grundschulklassen, in denen Kinder aller Begabungsniveaus gemeinsam unterrichtet werden, die Förderung jedes Einzelnen viel besser gelang als in den weiterführenden Schulen. Von der fünften bis zur neunten Klasse sind die Schülerinnen und Schüler bekanntlich auf drei verschiedene Schulformen verteilt. Es ist der Versuch, die Kinder nach ihrer kognitiven Begabung zu sortieren und dadurch Lerngruppen mit ähnlichen Leistungsvoraussetzungen zu schaffen. Doch es ist zweifelhaft, ob dieser Versuch gelingt; denn es zeigt sich, dass Kinder aus höheren sozialen Verhältnissen viel leichter auf das Gymnasium gelangen als Mädchen und Jungen aus wirtschaftlich schwachen Bevölkerungsschichten. Außerdem wird in den Schuljahren Vier bis Neun das Leistungsgefälle immer größer, obwohl durch einen begabungsgerechten Unterricht für alle höhere Lernerfolge erreicht werden sollen.

Das Gesamtergebnis ist schließlich das bekannte schlechte Leistungsniveau, das die PISA-Studie den deutschen Schülern bescheinigt hat. Obwohl die Untersuchungen zeigen, dass weder die Früheinschulung noch eine frühzeitige Auslese im gegliederten Schulsystem die Lernerfolge verbessern können, halten viele Bildungspolitiker unbeirrt an ihren entsprechenden Forderungen fest. Hätte man dagegen etwa Finnland zum Vorbild genommen, wo die Schüler im Vergleich besonders gute Ergebnisse erzielt hatten, so wäre man zu ganz anderen Konsequenzen gekommen: In Finnland werden die Kinder nämlich erst mit sieben Jahren eingeschult und neun Jahre lang gemeinsam unterrichtet. Damit kommt das finnische System einigen Merkmalen der Waldorfschule sehr nahe.

In der Waldorfpädagogik geht man davon aus, dass die Kinder im Allgemeinen während des siebten Lebensjahres die körperlichen und seelischen Voraussetzungen der Schulfähigkeit erfüllen. Sind sie eingeschult, so werden sie von der ersten bis zur zwölften Klasse gemeinsam unterrichtet und können dann je nach Fähigkeit einen von vier Schulabschlüssen erreichen: Hauptschul- oder Realschulabschluss, Fachhochschulreife oder Abitur. Die Lehrer der Waldorfschule gehen also davon aus, dass eine Individualisierung im Unterricht nicht auf der Trennung nach Leistungs- oder Begabungskriterien beruhen muss (obwohl das in bestimmten Fächern auch vereinzelt der Fall sein kann).

Dieses Modell einer konsequenten Koedukation unterschiedlicher Begabungen ist in Deutschland einzigartig. Aber wie ist es möglich, dem einzelnen Kind in seinem Lernbedürfnis gerecht zu werden, wenn der Unterricht in Klassen von über dreißig Schülerinnen und Schülern stattfindet? In einer Zeit, in der viele junge Menschen ihre individuellen Eigenschaften wahrscheinlich rückhaltloser zur Geltung bringen, als dies früher der Fall war, ist die Schaffung einer gemeinsamen Atmosphäre des Lernens eine anspruchsvolle Aufgabe. Die Forderung nach kleineren Klassen mit dem Ziel einer individuelleren Betreuung ist sehr leicht zu begründen. Wenn aber auch die Verkleinerung der Lerngruppen nicht den gewünschten Effekt einer persönlichen Förderung hat, muss die Frage nach der Individualisierung anders gestellt werden. Sie muss – unabhängig von der Klassengröße – letztlich bei dem Begriff der Individualität und den Bedingungen individuellen Lernens ansetzen.

Dieses Buch will dazu anregen, Kinder individuell zu unterstützen. Dafür gibt es keine verallgemeinerbaren Rezepte, denn letztlich bleibt es doch der Eigenaktivität des Lernenden überlassen, ob ein Fortschritt zustande kommt. Lässt sich aber genauer beschreiben, auf welche Weise die Individualität neue Erfahrungen gewinnt, so kann der Pädagoge seinen Blick für die besonderen Anforderungen der einzelnen Kinder schärfen. Deshalb muss hier darauf hingewiesen werden, dass dieses Buch das Erziehen und Unterrichten nicht leichter macht. Es geht im Gegenteil davon aus, dass die Pädagogik hohe Ansprüche an die Selbsterziehung von Eltern und Lehrern stellt. Aber wer versteht, was ein Kind beim Lernen erfährt, kann die eigene pädagogische Aufgabe genauer erkennen. Vor allem wirkt das Verständnis schließlich ermutigend und impulsierend auf den Erzieher zurück.

Didaktische Motive der Waldorfpädagogik. Lernen aus eigenen Impulsen

Grundlage für den gemeinsamen Unterricht unterschiedlich begabter Schülerinnen und Schüler ist die Auffassung, dass jeder Mensch das elementare Bedürfnis zu lernen hat. Dieses Bedürfnis tritt allerdings individuell und altersmäßig unterschiedlich in Erscheinung. Man kann z.B. beobachten, dass Kinder allgemein im zweiten Lebensjahr (zwischen 18 und 24 Monaten) ihren Wortschatz in enormer Geschwindigkeit erweitern. Man spricht von einer «Benennungsexplosion», weil die Kleinen täglich neue Namen für die Dinge und Lebewesen ihrer Umgebung hinzulernen. Mit zweieinhalb bis drei Jahren kommen sie in das typische «Fragealter», in dem sie von den Erwachsenen alles nur Erdenkliche wissen wollen. Erreichen sie das Schulalter, so werden ihre Fragen seltener, dafür aber zielgerichteter. Schließlich verstummen die Fragen oft um das neunte bis zehnte Lebensjahr und verwandeln sich mehr und mehr zu einer inneren Suche nach individuellen Motiven, nach Wahrheit und Lebenssinn.

Das eigene Lernbedürfnis der Kinder will die Waldorfschule aufgreifen und auf seiner Grundlage den Unterricht gestalten. Was kann und soll die Schule unter diesen Umständen leisten? Diese Frage kann man dadurch beantworten, dass man auf die Vorbereitung der ersten Schulstunde durch Rudolf Steiner blickt. Vor der Eröffnung der Waldorfschule auf der Stuttgarter Uhlandshöhe im September 1919 hielt er einen vierzehntägigen Lehrerkurs, in dem er auch methodisch-didaktische Fragen behandelte.[1] Zum Schulbeginn gibt er dort am 25. August 1919 sieben allgemeine Ratschläge, die wie ein pädagogisches Programm aufgefasst werden können.

1. Der Lehrer soll seine Schüler als Erstes darauf aufmerksam machen, warum sie in die Schule gekommen sind, nämlich um etwas zu lernen, was sie noch nicht können: «Ihr werdet heute noch keine Vorstellung davon haben, was ihr alles in der Schule lernen sollt, aber ihr werdet vielerlei in der Schule lernen müssen.» Und weiter: «Ihr werdet einmal das können, was ihr jetzt noch nicht könnt.»[2]

Dieses Motiv regt bei den Kindern eine umfassende Offenheit für die Verwandlung der eigenen Persönlichkeit an. Denn wer danach strebt, später etwas zu können, was er jetzt noch nicht kann, ja, was er sich noch nicht einmal vorstellen kann, der ahnt, dass er dann ein anderer Mensch sein wird. Und auch die ganze Welt wird ihm am Ende der Schulzeit ganz anders erscheinen als jetzt.

2. Mit dem ersten Motiv steht ein zweites in engem Zusammenhang: das Vorbild der Erwachsenen, die ja schon vieles von dem können, was die Kinder erst noch lernen müssen. Bei den Kindern solle mit allen Mitteln kultiviert werden, «dass das Kind mit Achtung, mit Respekt hinschaut auf das, was die älteren Generationen schon erreicht haben und was es auch durch die Schule erreichen soll».[3] Die Anerkennung dessen, was die Großen schon können, und die Stimmung der Nachfolge lassen das Kind ahnen, was es selbst einmal verwirklichen wird. Natürlich liegt das Lebensziel jedes jungen Menschen nur in seiner eigenen Biografie, und er wird eine Zukunft zu gestalten haben, die seine Lehrer und Eltern nicht kennen. Aber solange er die individuellen Wege noch nicht überschaut, steht das Vorbild der Erwachsenen gewissermaßen stellvertretend für etwas, was er selbst einmal erreichen kann.
3. Offenheit für die Zukunft wird den Kindern auch nahe gelegt, wenn es bei Steiner heißt: Es mache nichts, «wenn man vieles zu dem Kinde sagt, was es erst später begreifen wird».[4] Schon in den Märchen und Geschichten der Unterstufe, ebenso im Zeichnen, Schreiben und Rechnen nehmen die Schülerinnen und Schüler eine umfassende Weisheit auf, die sie mit ihrem Bewusstsein bei weitem noch nicht umspannen können. Es kann einen Menschen mit Glück erfüllen, wenn er später in seinem Leben mit klaren Gedanken versteht, was er in seiner Kindheit als Bild aufgenommen hat. Deshalb geht es nicht darum, sofort alles, was man in der Schule hört, zu beurteilen; wir wissen auch als Erwachsene, dass wir wirklich neue Gedanken nur auffassen, wenn wir zunächst das eigene Urteil zurückhalten. Die Kinder sollten daher vieles «aus Liebe, aus Autorität zum Erzieher» annehmen.
4. Zum Lernen gehört auch das bewusste Erfassen von Dingen und Vorgängen in der Welt. Dabei sollte aber nicht irgendetwas speziell für schulische Zwecke arrangiert werden, sondern das

wirklich Lebensvolle ist in die Erziehung einzuführen. Die Lehrer sollten daher im Bewusstsein der Kinder heraufbringen, was sonst gewohnheitsmäßig im Leben vor sich geht. In diesem Hinweis ist die Auffassung angesprochen, dass Kinder, die mit ihren Sinnen die Welt um sich her erleben, die Weisheit dieser Welt bereits unbewusst in sich tragen. Ihnen soll daher kein Wissen «beigebracht» werden, sondern sie sollen zum vollen Bewusstsein dessen erwachen, was sie in ihrer leiblichen Betätigung bereits erfahren haben.

5. Das erwachte Bewusstsein soll sich nun auch auf den Menschen selbst richten. Das Kind wird aufmerksam auf das spezifisch Menschliche seiner Gestalt, wenn es zunächst auf seine Hände schaut. Weil wir uns in den ersten Lebensjahren zur aufrechten Haltung erhoben haben, müssen wir unser Gleichgewicht immer aufs Neue ausbalancieren. Gleichzeitig sind dadurch unsere Hände von der Aufgabe der Fortbewegung befreit, und wir können mit ihnen arbeiten. Natürlich weiß jedes Kind, dass es zwei Hände hat, aber «es ist ein Unterschied, ob es weiß, dass es Hände zur Arbeit hat, oder ob ihm dieser Gedanke nie durch die Seele durchgegangen ist».[5]
6. Schon am ersten Schultag sollten die Kinder selbst tätig werden, denn schließlich sind sie zum Arbeiten und Lernen in die Schule gekommen. Jedes Kind sollte sich von Anfang an Mühe geben, seine Arbeit gut zu machen, mit einer «gewissen Vollkommenheit». Aber die gleichen Verrichtungen müssen doch an den folgenden Tagen wiederholend ausgeführt und «durchgenommen» werden, damit das Kind seine Fähigkeiten übt und mit Freude bemerkt, was es schon gelernt hat.
7. Durch die Ankündigung dessen, was das Kind in der Schule lernen wird, soll in ihm die Freude am Tun geweckt werden. «Dadurch prägt sich in dem Kinde die Hoffnung aus, der Wunsch, der Vorsatz, und es lebt sich durch das, was sie selber tun, in eine Gefühlswelt hinein, die wieder Ansporn ist zur Willenswelt. Also selbst das können Sie tun, dass Sie in Bezug auf das Erzieherische das, was Sie später tun wollen, nicht unmittelbar an das Kind heranbringen, sondern es einige Zeit in der Erwartung lassen. Das wirkt außerordentlich günstig auf die Willensausbildung

des werdenden Menschen.»[6] Gelingt es dem Lehrer, in diesem Sinne Erwartungen bei den Kindern zu wecken, so werden gewissermaßen Spannungsbögen geschaffen zum nächsten Tag, zur kommenden Woche, zur folgenden Unterrichtsepoche oder sogar zu künftigen Schuljahren. Das verlangt vom Lehrer Geduld und Weitblick. Die Schülerinnen und Schüler können dabei aber ihre Bemühungen als sinnvollen Teil einer großen, planvollen Ganzheit erleben. Sie erfahren, dass es Einsichten gibt, die allmählich heranreifen, und dass verschiedene Fächer und Stufen alle ihre besondere Bedeutung in dieser Komposition haben; sogar lästige Pflichten können in diesem Zusammenhang berechtigt erscheinen.

Zusammengefasst lauten die genannten didaktischen Motive:
- Wandlung
- Nachfolge
- Liebe zur Autorität
- erwachendes Bewusstsein
- Arbeit als Ausdruck des Menschlichen
- Üben von Fähigkeiten
- Erwartungen

Überblickt man diese sieben Motive, so bemerkt man einerseits eine starke Zukunftsorientierung: Wandlungsfähigkeit, Offenheit und eine erwartungsvolle Lernstimmung beflügeln die Willenskräfte der Kinder. Auf der anderen Seite richtet sich das wache Bewusstsein auf Gewordenes: Was in lebensvoller Tätigkeit geschafft ist, wird von der Klarheit des Denkens erkannt und reflektiert, bis dahin, dass das Menschenwesen selbst gewissermaßen als Fluchtpunkt der Lebensperspektive alle Linien auf sich zieht. Der Zugang zum Kind erschließt sich aber zunächst und vor allem durch dessen Liebe zum Erzieher – und in wachsendem Maße durch das freudige Entdecken der Welt in ihrer Vielgestaltigkeit.

Ein weiteres grundlegendes Element der Waldorfpädagogik besteht darin, jedes Kind von Beginn an als eine besondere Individualität zu achten. In der Gegenwart, so meint Rudolf Steiner 1919, strebe man nach «Nivellement», also der Gleichbehandlung oder

Angleichung verschiedener Menschen, «während es das innerste Ziel der Menschen sein muss, nach Individualisierung zu streben. Wir verdecken am meisten die Individualität in der Gegenwart und haben es am nötigsten, die Individualität aufzusuchen. Beginnen, den inneren Seelenblick voll auf die Individualität hinzulenken, das muss im Unterricht des Menschen kommen. In die Lehrerbildung muss die Gesinnung aufgenommen werden: Individualitäten in den Menschen zu finden.»[7]

Auch wenn das Wort «Individualisierung» inzwischen zum Schlagwort verkommen ist, so trifft es doch einen entscheidenden Aspekt unserer Zeitsignatur am Beginn des neuen Jahrtausends. Je mehr soziale Institutionen wie Familie und Wohngemeinde ihre Verbindlichkeit verloren haben, je weiter die Auflösung traditioneller Strukturen und Berufsbilder vorangeschritten ist, umso stärker muss der einzelne Mensch nach einer eigenen, ursprünglichen Orientierung für seine Lebensführung suchen. Die Wissenschaft hat da wenig zu bieten: In dem Trend zur immer weitergehenden Auffächerung von Spezialdisziplinen hat zwar die Fülle wissenschaftlicher Befunde lawinenartig zugenommen. Aber häufig fehlt für ihre Anwendung der ethische Konsens: Dürfen wir heute alles tun, was die Wissenschaft uns ermöglicht? Auch die Religion kann in den westlichen Industrie- und Informationsgesellschaften die Rolle einer sinnstiftenden Instanz nur noch für Teilgruppen spielen.

Wo alle äußeren sozialen Institutionen versagen, ist die menschliche Individualität auf sich gestellt; und das hat auch auf die Pädagogik weitreichende Auswirkungen. Einerlei, welche Konsequenzen man aus der Entwicklung ziehen will: es ist doch unstrittig, dass die Kinder im Schulalter nicht einfach belehrt werden können, sondern sich den Unterrichtsstoff selbst aneignen und begreifen müssen. Die pädagogische Diskussion der vergangenen zwanzig Jahre ist denn auch von Begriffen wie «verstehendes Lernen», «intrinsischer» gegenüber «extrinsischer Motivation» und «Selbstwirksamkeitsüberzeugung» geprägt. Gleichzeitig wurde ein «Erziehungsnotstand» ausgerufen, weil die Heranwachsenden offenbar die Fähigkeiten sozialer Kompetenz und ethischer Orientierung nicht genügend ausbilden.

Was da vorliegt, lässt sich vielleicht an einem Beispiel zeigen. Bei dem Lehrer einer vierten Klasse klingelt das Telefon. Die Mutter eines seiner Schüler muss ihn dringend sprechen. Sie ist aufgeregt und ratlos; beim Aufräumen hat sie im Zimmer ihres zehnjährigen Sohnes einen Discman gefunden, der ihm nicht gehört, den er sich auch gar nicht leisten kann. Aus der Art der Verpackung und dem Versteck schließt sie, dass er das Gerät im Kaufhaus gestohlen hat. Die Mutter fühlt sich als Alleinerziehende hilflos.

Der Lehrer verspricht, am gleichen Abend zu kommen. Als er eintrifft, schläft der Junge. Der Lehrer rät der Mutter, mit ihrem Sohn zusammen das gestohlene Gerät in das Geschäft zurückzubringen, damit die heimliche Tat aufgeklärt und seine ausweglose Lage durch Ehrlichkeit bereinigt wird. Indem das Kind die Verantwortung für sein Tun übernimmt, kann er an dieser Erfahrung reifen. Die Mutter ist verzweifelt: Den Vorschlag kann sie nach eigenen Worten auf keinen Fall umsetzen. Sie hat selbst ein kleines Geschäft in der Innenstadt; und wenn ein anderer Geschäftsmann erführe, dass ihr Sohn stiehlt, befürchtet sie, das soziale Ansehen zu verlieren, das sie mühsam aufzubauen versuche. Der Lehrer kann sie schließlich überzeugen, dass der Junge unbedingt eine Klärung der Situation braucht, damit er ihr wieder offen und ehrlich begegnen kann und sich von ihr angenommen fühlt. Es bleibt offen, ob die Mutter seinem Rat folgen wird oder zu einer anderen Lösung kommt.

Der Lehrer selbst will auch nicht untätig bleiben. Aber was kann er tun? – Dem Schüler ins Gewissen zu reden wird eine Distanz schaffen, denn das Kind empfindet die moralisierende Ansprache vielleicht als Ablehnung. Es wäre nicht unwahrscheinlich, wenn es darauf mit Rückzug und Verschlossenheit reagierte. Auch eine Diskussion in der Klasse über Ladendiebstahl wird das Kind eher in die Isolierung und zum trotzigen Widerstand treiben. Denn es ist kaum anzunehmen, dass der Junge zu einer moralischen Einsicht fähig ist, wenn seine oder eine ähnliche Tat von Unbeteiligten als verwerflich dargestellt wird.

Der Betroffene muss die Freiheit haben, sich selbst für seine Handlung und ihre Folgen verantwortlich zu machen. So beschließt der Lehrer, den Diebstahl indirekt anzusprechen – durch eine Geschichte, die er sich selbst ausdenkt. In der Geschichte darf das betroffene Kind nicht als unmoralisch erscheinen, sondern so, dass es sich selbst in einer Zwangslage befindet. Die Ereignisse sollten es in eine ausweglose Situation hineinführen, in der die Hoffnung auf eine leichte Befriedigung der eigenen Wünsche immer aussichtsloser wird. Schließlich sollte zu erkennen sein, dass die Klärung der Situation nur durch den Betroffenen selbst herbeigeführt werden kann, dass aber alle anderen Beteiligten ihm beistehen, sodass er sich angenommen fühlen kann.

Die Geschichte könnte demnach etwa so lauten:

Sebastian ist elf Jahre alt. Er wohnt mit seinen Eltern und seinem kleineren Bruder Tim in einem Mehrfamilienhaus am Stadtrand. Auf dem Weg zur Schule kommt er jeden Morgen durch ein Einkaufszentrum, und wenn er auf dem Rückweg ein wenig Zeit hat, bleibt er am liebsten vor dem Schaufenster eines Haushaltswarengeschäfts stehen. Dort liegen seit einiger Zeit Taschenmesser aus, und Sebastian hat sich schon genau überlegt, welches er aussuchen würde, wenn er genug Geld dafür hätte. Am allermeisten wünscht er sich das Messer mit zwei Klingen, Schere, Schraubenzieher und Korkenzieher; und vor allem soll es auch eine Säge haben. So ein ähnliches Messer – aber ohne Säge – hat auch Lukas aus seiner Klasse. Sebastian bekommt nicht genug Taschengeld, um sich so etwas Teures kaufen zu können. Seine Eltern sind eben nicht reich; und damit sie die neue Wohnung abzahlen können, müssen Vater und Mutter arbeiten – das haben sie den Kindern gesagt.

Morgens geht Sebastian zusammen mit Tim zur Schule, und sie müssen sich beeilen, damit sie nicht zu spät kommen. Aber mittags geht der kleine Bruder in den Hort – er ist schließlich erst in der dritten Klasse –, und Sebastian hat Zeit genug, wenn er allein nach Hause bummelt. Und so bleibt er wieder vor seinem Lieblingsschaufenster stehen. Dieses Mal ist er wie gebannt, als er das rote Etikett auf «seinem» Messer sieht: Sonderangebot. Der Preis ist herabgesetzt – nur noch 34 Euro. Wenn ihm doch jetzt jemand 25 Euro leihen würde, die könnte er bestimmt in zwei Monaten zurückzahlen, und mit dem, was noch in seiner Spardose ist, müsste es reichen. Ihm wird ganz schwindelig. Schließlich geht er langsam weiter.

Zu Hause schaut er gleich in der Spardose nach und zählt 10,75 Euro. Irgendwie müsste es doch möglich sein, 25 Euro zu beschaffen. Vielleicht ist in der Küchenschublade, wo die Mutter immer die

Reserve für Notfälle aufbewahrt, noch genug da! Wenn er das Geld bald zurücklegt, wird sie vielleicht gar nicht bemerken, dass er es sich «ausgeliehen» hat. Tatsächlich: In einem alten Briefumschlag sind 50 Euro – zwei Zwanziger und ein Zehner. Aber wenn er etwas davon nimmt, ist es doch Diebstahl! Andererseits gibt es «sein» Messer nur gerade jetzt zum Sonderpreis – und er kann ja das Geld bald wieder zurücklegen, wenn er sein Taschengeld bekommt und noch mal den Hund von der alten Frau Weber ausführt – dafür kriegt er immer 3 Euro. Die Versuchung ist einfach zu groß. Schließlich muss er sich auch beeilen, damit er das Messer vor Geschäftsschluss kaufen kann und bevor die Mutter mit Tim nach Hause kommt.

Das Geld in der Tasche, läuft er los; dann wird er langsamer, und kurz vor dem Einkaufszentrum bleibt er stehen. Noch könnte er umkehren, und niemand würde etwas bemerken. Aber dann zieht es ihn doch zum Geschäft, und schon steht er vor dem Verkäufer. Er ist etwas heiser und fühlt einen Kloß im Hals, als er ihm das Messer im Schaufenster zeigt. Dann hält er es in der Hand, dreht es hin und her, klappt alle Teile einmal heraus. Er hört, dass der Verkäufer etwas gesagt hat, und fragt: «Wie bitte?» – «Die Tasche gehört auch dazu», wiederholt der Mann ungeduldig. «Also, willst du es haben oder nicht?» Ja, Sebastian holt das Geld heraus, zählt es vor, steckt das Messer ein, und dann geht er schnell hinaus.

Zu Hause angekommen, muss er das Messer gleich verstecken, damit die Mutter es nicht sieht. Und Tim kennt ja auch jede Ecke in ihrem gemeinsamen Kinderzimmer. Später beim Essen denkt er die ganze Zeit daran. Dann sind die Hausaufgaben zu machen. Heute kann er sein Messer nicht mehr herausholen, weil Tim schon bald ins Bett gebracht wird. Am nächsten Morgen in der Schule ist Sebastian völlig unkonzentriert. Das Ende der letzten Stunde kann er kaum erwarten. Dann endlich klingelt es, und Sebastian ist als Erster draußen. So schnell ist er wohl sonst nur an seinem Geburtstag nach Hause gekommen. Ach ja, da fällt es ihm ein: Tim hat ja übermorgen Geburtstag, und jetzt hat er kein Geld mehr, um seinem Bruder ein Geschenk zu kaufen. Vielleicht kann er ihm eines seiner Spielzeugautos schenken, das er immer schon so gerne haben wollte. Zu Hause holt er das Messer heraus. Jetzt kann er endlich damit schnitzen. Er muss nur aufpassen, dass keine Holzspäne liegen bleiben. Und viel Zeit bleibt ihm auch nicht, bis die Mutter mit Tim nach Hause kommt. So macht das Schnitzen keinen Spaß: Die ganze Zeit muss er daran denken, ob es wohl unentdeckt bleibt, dass er das Geld genommen hat.

Abends hört er nach dem Essen, wie Mutter den Vater fragt, ob er Geld aus dem Umschlag genommen habe. Sebastian sitzt im Kinderzimmer an seinem Schreibtisch über den Hausaufgaben, aber er kann kein Wort weiter schreiben. Er spürt, wie ihm das Blut in den Kopf steigt. Tim fragt ihn, ob er fertig sei. «Nein», sagt Sebastian ungeduldig, und «sei still!» Er hört die Mutter sagen: «Aber ich weiß genau, dass ich 50 Euro in diesen Umschlag gelegt habe für Tims Geburtstagsgeschenk. Morgen wollte ich es besorgen, aber 30 Euro fehlen.» Heute liegt Sebastian lange wach. Was soll er nur machen? Er mag gar nicht mehr an sein Messer denken. Was die Eltern wohl sagen werden, wenn sie herausbekommen, dass er das Geld genommen hat! Am Morgen mag er die Mutter gar nicht ansehen. Nur schnell hinaus und zur Schule! Aber auch im Unterricht kann er an nichts anderes denken als an das fehlende Geld.

Die Geschichte spitzt sich so weit zu, dass die Schulkinder beim Anhören die ganze Hilflosigkeit des Jungen miterleben und sich mit ihm identifizieren können. Aber es wird nicht diskutiert, was Sebastian wohl ihrer Meinung nach tun sollte. Jede ausgesprochene Lösung würde wie ein Appell an den betroffenen Schüler wirken, sodass er merken würde, dass er angesprochen werden soll, und sich wahrscheinlich dagegen auflehnen müsste. Oder das Gespräch würde eine Distanz zur Geschichte entstehen lassen; es würde klar werden, dass der Schüler mit der Erzählung nichts zu tun hat, sodass er daran keine persönliche Erfahrung machen könnte. Die Frage, was Sebastian wohl unternehmen wird, bleibt unausgesprochen und wird schließlich in der Geschichte selbst beantwortet, wenn sie am nächsten Tag weiter erzählt wird: Der Junge entschließt sich, das Taschenmesser dem kleinen Bruder zu schenken und den Diebstahl zu beichten.

Die pädagogische Wirkung einer solchen «moralischen Geschichte» beruht auf drei Bedingungen. Erstens muss die Individualität des Schulkindes die Möglichkeit haben, von sich aus die Relevanz der Erzählung für ihr eigenes Handeln zu erkennen – oder eben auch nicht. Das heißt: Es tritt nicht mit völliger Sicherheit eine Verhaltensänderung ein. Sobald wir mit Menschen pädagogisch arbeiten, muss die Eigenständigkeit der Individualität geachtet werden. Zweitens wirkt die skizzierte Maßnahme nur, wenn der Lehrer seine eigene Hilflosigkeit angesichts der Erziehungsaufgabe erlebt hat. Er wird an die Grenze seiner Möglichkeiten geführt und muss sie selbst aus eigener Kraft überwinden, indem er sich die Geschichte ausdenkt. Wenn diese auch – gemessen an literarischen Ansprüchen – noch so schlicht erscheinen mag, sie wird ihre Wirkung nicht verfehlen, wenn der Lehrer seine eigene Begrenztheit überwindet, um sie zu erzählen. (Das macht übrigens den Beruf auch so anstrengend, denn letztlich erreicht man nicht viel mit der pädagogischen Trickkiste, sondern am meisten, wenn man sich selbst immer wieder in Frage stellt.) Drittens muss der Pädagoge seine Schülerinnen und Schüler sehr gut kennen. Zwischen ihm und den Kindern wirken zahlreiche, kaum auszusprechende Unwägbarkeiten, die eine vertrauensvolle Atmosphäre der Kooperation entstehen lassen. Nur aus der intimen Kenntnis dieser subtilen menschlichen Verbundenheit wird es möglich sein, das richtige Bild und die richtigen Worte im Moment des Erzählens zu finden.

Nicht nur in Bezug auf die Erziehung, sondern auch beim eigentlichen Lernen stellt die genaue Wahrnehmung der kindlichen Individualitäten eine entscheidende Grundlage für das pädagogische Wirken dar. Da gibt es beispielsweise ein Mädchen in der dritten Klasse, dessen Eltern sich Sorgen machen, weil es immer noch keine Sicherheit im Schreiben und Lesen erreicht hat. Ihre Tochter kann zwar mit viel Mühe und Geduld einzelne Wörter und auch ganze Sätze von der Tafel ins Heft übertragen; aber es handelt sich eher um ein Abmalen von Formen als um Schreiben. Katharina versteht nicht, was sie «schreibt», hat auch Schwierigkeiten, das Wort wieder zu finden, an dem sie zuvor abgesetzt hat, sodass sie einmal eine Zeile wiederholt oder auch mal ganze Teile auslässt, ohne es zu bemerken. In den Leseübungen geht es genauso schleppend voran. Sollen Lehrer und Eltern zusätzliche Übstunden einrichten, damit das Mädchen den Anschluss nicht verliert?

Eine sorgfältige Kinderbesprechung ergibt etwa das folgende

Bild: Katharina ist ein aufgewecktes und ausgeglichenes Kind. Sie kann gut rechnen, ihre Formenzeichnungen sind korrekt und schön ausgeführt. Sie bewegt sich sicher und mit großem Geschick – das gilt sowohl für rhythmische Übungen mit Händen und Füßen als auch für Fingerspiele. Aus dem Handarbeitsunterricht ist bekannt, dass ihr auch das Stricken nicht schwer fällt. Wenn man davon ausgeht, dass beim Schreiben und Lesen diejenigen Gestaltungskräfte angewandt werden, die auch in der geführten Bewegung und Formerfassung zum Einsatz kommen, ist zu vermuten, dass Katharina keine grundsätzlichen Schwierigkeiten dabei haben wird. Vielmehr scheint sie noch gar nicht offen zu sein für die Schrift; sie hat daran kein Erlebnis, das für sie einen Anreiz zum Lernen darstellen könnte.

Eltern und Lehrer beschließen gemeinsam, die Entwicklung nicht durch gezielte Forderungen an dieser Stelle zu beschleunigen. Natürlich wäre ein bloßes Abwarten ohne differenzierte Wahrnehmung der kindlichen Persönlichkeit unverantwortlich, und in anderen Fällen müsste nach sorgfältiger Abwägung ganz anders entschieden werden. Aber bei Katharina zeigt sich im Laufe der vierten Klasse, dass sie plötzlich das Interesse an Büchern gewinnt und lesen möchte. Innerhalb weniger Wochen holt sie nach, was die anderen Kinder längst gelernt haben. Auch in den folgenden Jahren erweist sie sich als ebenso leistungsfähig und lernwillig wie ihre Mitschüler.

Standardisierte Lernprogramme mit vorgegebenen Zielen haben den Vorteil der Vergleichbarkeit. Eltern und Lehrer können die Fortschritte eines Kindes stets am Gesamtpensum eines Schuljahres und am Leistungsniveau der ganzen Klasse messen. Andererseits fehlt dabei die Offenheit gegenüber dem besonderen Lernbedürfnis und der Eigenständigkeit der kindlichen Individualität. Damit die Schülerinnen und Schüler aus eigenen Impulsen lernen können, brauchen sie erwachsene Begleiter, die sie gut kennen und ihnen einen eigenen Entwicklungsweg zugestehen.

Individualisierung in der Schule

Der individualisierende Blick des Lehrers

Lydia ist neun Jahre alt. Sie ist mittelgroß und schlank, aber kräftig; ihr Gesicht ist rund, sie hat helle Haut mit einigen Sommersprossen, blaue Augen und blondes, schulterlanges Haar. An einem Montagmorgen betritt sie wie gewohnt kurz vor Unterrichtsbeginn den Raum der dritten Klasse. Sie hat zuvor an der Garderobe vor der Tür ihre Jacke aufgehängt; zwei andere Mädchen begleiten sie. Mit ihrem charakteristischen festen Schritt kommt Lydia herein. Zielstrebig geht sie auf ihren Klassenlehrer zu, um ihn eher flüchtig zu begrüßen. Trotzdem blickt sie ihn offen an, als erwarte sie eine besondere Bemerkung.

In der Tat ist der Lehrer überrascht, als er sieht, was das Kind in der linken Hand hält: einen gerade gewachsenen, etwa 70 cm langen Ast, über dessen oberes Ende ein ausgestopfter, wollener Fingerhandschuh gestülpt ist. Um genau zu sein: Der Handschuh ist so an dem Stecken befestigt, dass der rote «Zeigefinger» ausgestreckt in die Höhe ragt.

«Was hast du uns denn da mitgebracht?» Dem Lehrer ist seine Überraschung anzumerken.

«Das ist ein Meldeapparat. Mir wird sonst immer der Arm lahm, weil ich mich ja stundenlang melden muss, bis ich drankomme.» Lydias Stimme klingt betont schnippisch, sicherlich wegen ihrer Unsicherheit in dieser ungewöhnlichen Situation – man kann schließlich nicht wissen, wie der Lehrer reagiert. Aber entschlossen nimmt sie den Meldeapparat fester in die Hand und stapft – in der anderen Hand den Ranzen – zu ihrem Platz in der hinteren Reihe.

Natürlich ist jedes der 35 Kinder in der Klasse einzigartig. Lydia fiel zum Beispiel schon im ersten Schuljahr dadurch auf, dass sie manchmal ängstlich und verstört reagierte, zum Beispiel beim Balancieren oder wenn die Sitzordnung verändert wurde: Auf ihren angestammten, vertrauten Platz mochte sie nicht verzichten. Andererseits waren ihre Formenzeichnungen ungewöhnlich klar und exakt ausgeführt; dabei hatte sie mit den Wachsstiften so kräftig aufgedrückt und immer wieder übergemalt, dass das Papier von einer dicken, farbig glänzenden Schicht bedeckt war. Lydia ist im Allgemeinen aufmerksam und eifrig im Unterricht; sie erzählt gern und beteiligt sich mit großem Einsatz am Gespräch. Allerdings fällt es ihr nicht ganz leicht, den anderen Kindern geduldig zuzuhören, wenn sie selbst etwas zu sagen hat. Deshalb kann man ihr manchmal von weitem ansehen, wie sie innerlich zappelt und um Geduld ringt, wenn sie wieder einmal warten muss, bis sie an die Reihe kommt.

Lydia ist nicht die Einzige in der Klasse, die lernen muss, ihr Temperament zu zügeln. Da ist zum Beispiel Jan, der sich auch gerne zu Wort meldet. Aber wenn er nicht sofort sprechen darf, wendet er sich anderen interessanten Beschäftigungen zu. Ein neuer Balanceakt mit dem Stuhl wird einstudiert, oder es gibt wieder mal mit dem Nachbarn einiges zu verhandeln. Man kann aber auch mit den Stiften einen Hafen bauen mit einem schweren Tanker (dem Füller), schmalen Containerschiffen (Buntstifte) und wendigen Schleppern (Radiergummi und Anspitzer). Jan ist genial im Entdecken anregender Beschäftigungen, einen Meldeapparat braucht er nicht.

Andererseits ist er beim Malen immer als Erster fertig: Die Arbeit beginnt damit, dass der Lehrer eine Farbgeschichte erzählt und in Ruhe die Aufgabe erklärt. So lange müssen alle Pinsel liegen bleiben – das ist den Kindern viele Male gesagt worden; alle haben sich daran gewöhnt. Alle – bis auf Jan. Sobald sich der Lehrer zur Tafel wendet, hat der Junge den Pinsel in der Hand. Und wenn die Kinder mit ihren Bildern anfangen dürfen, ist sein Blatt schon zur Hälfte gefüllt. An einem Maltag hat er wieder trotz aller Mahnungen sein Bild nach zehn Minuten fertig. Es ist daher kein Wunder, dass dem Lehrer dieses Mal die Geduld ausgeht und er Jan anherrscht: «Jetzt malst du gleich noch ein Bild!» Aber er hat nicht mit der Sanguinik des Jungen gerechnet. Der strahlt ihn an und ruft freudig: «Au ja!» – von Betroffenheit keine Spur.

So sind die Erfahrungen, die jedes Kind im Unterricht macht, vollkommen verschieden. In den Mädchen und Jungen schlummert die Möglichkeit, jederzeit etwas Neues zu erfinden oder zu entdecken. Sie lernen nach ihren – mehr oder weniger – heimlichen Lehrplänen (wie dies üblicherweise in der Erziehungswissenschaft genannt wird). «Heimlicher Lehrplan» – das bedeutet: die Mädchen und Jungen lernen, weil der Lehrer ihnen bestimmte Aufgaben stellt, die sie bewältigen sollen – aber sie lernen nicht unbedingt das, was ihnen beigebracht werden soll. Vielmehr entwickeln sie oft eine Strategie, um zu erreichen, dass der Lehrer mit ihnen zufrieden ist und sie selbst sich nicht vor den Mitschülern blamieren.

Der Psychologe Klaus Holzkamp berichtet über eine Studie mit elf spanischen Mädchen, die innerhalb von drei Wochen das Multiplizieren und Dividieren lernen sollten. Am Ende der drei Wochen erfüllten sie voll die Erwartungen der Lehrerin, aber eine unabhängige Prüfung ergab, dass sie genauso wenig multiplizieren und dividieren konnten wie vorher. Was war geschehen? Die Kinder hatten kurzerhand – um auf unauffällige Weise die richtigen Ergebnisse zu produzieren – eine Technik des Abzählens und Umgruppierens entwickelt. «Die Schülerinnen übernahmen also, wie in dieser Arbeit berichtet wird, nicht die von der Lehrerin angebotenen Multiplikations- und Divisionstechniken, sondern engagierten sich – um das Risiko falscher Antworten zu vermeiden – stattdessen in vertraute, improvisierte, kooperative Prozesse des Problemlösens. Dabei erweckten sie so vollkommen den Anschein, die Verfahrensweisen der Lehrerin benutzt zu haben, dass diese die richtigen Antworten als Beleg dafür betrachtete, also – wie gesonderte Interviews ergaben – gar nicht gemerkt hatte, wie diese Antworten tatsächlich zustande gekommen waren.»[8]

Jeder Lehrer, der ein wenig selbstkritisch über seine Unterrichtspraxis nachdenkt, wird sich wohl immer wieder fragen, was die Kinder eigentlich gelernt haben. Sie sind (bis zu einem gewissen Alter) in höchstem Maße bestrebt, seine Erwartungen zu erfüllen. Dabei machen sie völlig individuelle Lernerfahrungen und erfinden womöglich die seltsamsten Strategien.

Die Bildsamkeit von Kindern beruht eben nicht nur auf äußeren Einflüssen (z.B. der Unterrichtsmethode), sondern auch auf einer individuellen Disposition, etwa den Begabungen, besonderen Neigungen oder Interessen. Kinder sind also bildsam, aber sie sind es auf eine verborgene, individuell bestimmte Weise. Daher ist es auch nur schwer einzuschätzen, was der einzelne Schüler tatsächlich in einer Unterrichtsstunde lernt, ob neue Kenntnisse entstehen oder auch neue Fähigkeiten veranlagt werden. Auch eine Überprüfung durch die üblichen Klassenarbeiten sagt über den persönlichen Ertrag einer Unterrichtsepoche nur wenig aus. Einerlei, ob die Ergebnisse richtig oder falsch sind, ob sie der Lernzielvorgabe entsprechen oder nicht: erst wenn der Lehrer weiß, wie sie zustande gekommen sind, hat er einen, aber auch nur *einen* Anhaltspunkt für den vorausgegangenen Lernprozess. Es bleibt zum Beispiel offen, was der Schüler wirklich verstanden hat und selbstständig auf andere Situationen übertragen kann.

Diese Einsicht war bei einzelnen Persönlichkeiten wie Michel de Montaigne schon im 17. Jahrhundert entstanden: «Es ist kein Wunder, wenn nach heutiger Gewohnheit gewisse Erzieher, welche es unternehmen, eine ganze Herde Kinder von so verschiedenen Geistesfähigkeiten und Gemütsarten in eine und dieselbe Lektion zu nehmen und nach einem Plane zu unterrichten, unter dem ganzen Haufen kaum zwei oder drei finden, die noch einigermaßen gute Früchte ihrer Zucht bringen! Der Hofmeister muss von seinem Zögling nicht bloß Rechnung von den Worten seiner Lektion fordern, sondern von ihrem Sinn und ihrem Inhalt. Er muss von dem Nutzen, den er daraus gezogen hat, nicht nach dem Zeugnis des Gedächtnisses seines Zöglings, sondern nach seinem Leben urteilen! Er muss ihn das, was er gelernt hat, unter tausenderlei Gestalten betrachten lassen, um es auf so mancherlei Gegenstände anzuwenden und zu sehn, ob er es richtig gefasst und sich zu Eigen gemacht hat, nach den Vorschriften des Plato.»[9]

Die Schülerinnen und Schüler sollen demnach einen Lernstoff selbst richtig fassen und ihn sich zu Eigen machen. Was ihnen im Unterricht begegnet, soll durch die eigene Anstrengung zu einem Teil ihres persönlichen Lebens werden. Dafür hat der Lehrer die Rahmenbedingungen zu schaffen. Und dann gehört es zu seinen Aufgaben, nach dem *Leben* der Kinder darüber zu urteilen, welchen Nutzen sie aus dem Unterricht gezogen haben. Montaigne erhebt damit einen hohen Anspruch, der – das liegt in der Natur des Lernens selbst – kaum einlösbar ist: Wie soll ein Lehrer herausfinden, welche Bedeutung etwa die Winkelfunktionen im Dreieck oder die Kenntnis lateinischer Vokabeln für das Leben des einzelnen Schülers haben?

Dabei geht es in Montaignes Worten nicht um die Auswahl des

Lernstoffes, sondern um die Frage, inwieweit Schülerinnen und Schüler sich «Sinn und Inhalt» des Stoffes selbst zu Eigen machen konnten. Und das hängt in allererster Linie davon ab, ob das, was ihnen in der Schule begegnet, für sie überhaupt einen Sinn hat. Der erschließt sich für Kinder aber nicht dadurch, dass man ihnen erklärt, wie zweckmäßig es später einmal sein wird, lateinische Vokabeln zu kennen. Es gibt jedoch einen nahe liegenden Ausweg: Man bringt den Kindern eben das bei, wovon sie einen unmittelbaren Nutzen haben, zum Beispiel den Umgang mit dem PC, den entsprechenden Lernprogrammen und Informationsabfragen im Internet. Die Computerkids kennen sich mit der modernen Technologie aus, sind selbstbewusst und lebenstüchtig. Es ist schon bald klar, dass man im Internet ohne Englischkenntnisse nicht viel anfangen kann, und schon ist die Motivation da, auch ein paar Englisch-Vokabeln zu pauken.

Und es bleibt doch ein Zweifel zurück: Wird der junge Mensch seinem individuellen Entwicklungsziel wirklich näher gebracht, wenn er sich nur nach den gängigen Standards von Aufwand und Nutzen orientiert? Aber gibt es so ein «individuelles Entwicklungsziel» überhaupt, oder kommt es nur darauf an, dass Lernen Spaß macht und sofort etwas «bringt»? Berichte von Schülern zeigen oft, dass sie bei den größten Aufgaben oft die tiefsten Erlebnisse haben. Selbst ehemalige Schulverweigerer schaffen erstaunliche Leistungen, wenn man ihnen etwas zutraut. Die Motivation liegt dann oft in der Arbeit selbst. Und der Bildungswert der meisten Fächer und Projekte zeigt sich erst viel später – nicht in ihrer unmittelbaren Nützlichkeit.

Kinder können das Lernen als sinnvoll erleben, wenn sie sich in ihrem Menschsein angesprochen fühlen. «Menschsein ist Lernen» schrieb der Erziehungswissenschaftler Heinrich Rombach.[10] Es geht dabei nicht um den vordergründigen Spaß, den das Kind bei seiner Beschäftigung erleben kann. Eher sucht es die Anstrengung und Befriedigung, die sich bei der Überwindung von Hindernissen und dem Erreichen anspruchsvoller Ziele einstellt. Im Leben mit Vorschulkindern ist das eine Selbstverständlichkeit: Der Drang, die Welt zu erkunden, immer neue Erfahrungen zu sammeln und alles auszuprobieren, was sich mit den Dingen in Haus und Natur machen lässt, treibt die Kleinen von morgens bis abends an. Wie groß ist dann erst die Erwartung an die Schule, in der endlich alles gelernt werden soll, was die Großen können!

Die Schulbereitschaft von sechs- bis siebenjährigen Kindern zeigt sich darin, dass sie sich selbst Aufgaben stellen und Aufgabenstellungen vom Lehrer erwarten, an denen sie ihre Kräfte messen können. Freude bei der Arbeit und Stolz auf das Erreichte sind in diesem Alter im Allgemeinen noch eng gebunden an die Anteilnahme durch Erwachsene. Der größte Erfolg ist es, wenn Lehrer und Eltern sich über das Erreichte freuen, wenn sie ermutigen und den Ansporn zu neuen Zielen geben.

Das Problem der Hochbegabten

Die überragende Bedeutung angemessener Aufgaben und Lernbedingungen für die kindliche Entwicklung kann man am ehesten bemerken, wenn sie fehlen. Natürlich können Schulkinder sich auch selbst ihre eigenen Herausforderungen suchen. Aber sie brauchen das Interesse der Erwachsenen, und die Befriedigung über das Erreichte bleibt schließlich aus, wenn Eltern und Lehrer die Erfolge nicht zur Kenntnis nehmen. Noch schlimmer wird es aber, wenn neue Herausforderungen ausbleiben und die Kinder stattdessen gezwungen werden, zu lernen und zu üben, was sie längst können. Was die Kinder quält, ist dann nicht nur das Problem der Langeweile; die kann in einem begrenzten Maß sogar produktiv sein.[11] Hinzu kommt aber unter Umständen die tiefe Empfindung, von den Erwachsenen verkannt zu werden: Es ist unwürdig, immer wieder nach den einfachsten Dingen gefragt zu werden, die man längst kennt – und der Lehrer natürlich auch. Gerade weil ihnen das Urteil des Erwachsenen so viel bedeutet, geraten Kinder, die mit ihrer Begabung in der Schule nicht genügend gefordert und gefördert werden, in ein auswegloses Leiden, das zu tiefen Verhaltensstörungen und Persönlichkeitsdeformationen führen kann. Von den besonderen Problemen hochbegabter Mädchen und Jungen kann man auch für die große Mehrzahl der durchschnittlich Begabten manches lernen.

Wie bemerkt man bei den Schülerinnen und Schülern eine so genannte «Hochbegabung»? In seinem Buch *Die unbeachteten Genies* nennt Michael Hollenbach eine Reihe typischer Merkmale von hochbegabten Kindern. Es handelt sich dabei meist um sensible, ein wenig zum Perfektionismus neigende Persönlichkeiten, die sich schon früh durch eine ausgeprägte Neugierde und Selbstständigkeit im Erkunden der Welt bemerkbar machen. In der Regel zeichnen sie sich durch eine schnelle und effektive Auffassungsgabe aus und interessieren sich oft schon in der Vorschulzeit für Buchstaben, Wörter und Zahlen – viele von ihnen lieben eine gliedernde und ordnende Tätigkeit.

Mit ihrem schnellen und originellen Denken kommen sie nicht nur zu neuen Ideen, sie ziehen auch mit Leichtigkeit logische Schlussfolgerungen und interessieren sich nicht selten für Erwachsenenthemen. Dabei kommen ihnen oft ihre guten Gedächtnis- und Konzentrationsfähigkeiten zu Hilfe. Daher ist es nur folgerichtig, dass sich viele Hochbegabte das Lesen häufig schon vor der Schulzeit selbst aneignen. Andererseits macht ihnen eine ausgeprägte Eigenwilligkeit und ein starkes Gerechtigkeitsempfinden den Umgang mit anderen Menschen oft nicht leicht. Ein geringes Schlafbedürfnis kann die Eltern mancher hochbegabter Kinder zusätzlich beanspruchen.

Dies alles sind äußere Kennzeichen, die keineswegs immer zusammentreffen müssen. Denn die besondere Begabung kann auch auf einzelne Bereiche des Denkens und Erlebens begrenzt sein. Ein Intelligenztest mag in manchen Fällen für Eltern und Lehrer hilfreich sein, um das ungewöhnliche Verhalten eines Kindes besser einordnen zu können. So berichtet Hollenbach über den zehnjährigen Ralf, der unter massiven Schlafschwierigkeiten und Konzentrationsstörungen leidet. Mit seinen Schulnoten sieht es in der vierten Grundschulklasse ziemlich schlecht aus. Trotzdem äußert die Psychologin, bei der Ralfs Eltern Hilfe suchen, den Verdacht, der Junge sei hochbegabt. Und tatsächlich ergibt ein Test als Ergebnis einen IQ von 145. Plötzlich erscheinen die sozialen Probleme, die Ralf schon im Kindergarten hatte, und seine Schulschwierigkeiten in ganz anderem Licht: Die schreckliche Handschrift, die Gleichgültigkeit gegenüber guten wie schlechten Noten bei Klassenarbeiten, das unkonzentrierte Verhalten zeigen sich jetzt als Symptome einer permanenten Unterforderung. Besser wird es mit dem Kind erst, als seine Eltern der Lehrerin von dem Testergebnis berichten. Nach der ersten ungläubigen Reaktion lässt diese sich Informationsmaterial geben und nimmt sogar an einer Fortbildung zum Thema Hochbegabung teil. Nach einigen Wochen meldet sie sich bei den Eltern. Jetzt ist ihr klar geworden, dass der Junge tatsächlich eine besondere Förderung braucht. «Sie hat Ralf genauer im Unterricht beobachtet, ihn öfter dran genommen, und der Junge hat immer alles gewusst. Sein Problem: Seine mündlichen Leistungen kann er nicht zu Papier bringen. Immerhin geht Ralf das letzte Vierteljahr der vierten Klasse richtig gern zur Schule. Er spürt, dass die Klassenlehrerin ihn fordert und fördert, und das macht ihm Spaß.»[12]

Schlimm wird es aber schon bald wieder in der Orientierungsstufe, als er eine Lehrerin bekommt, die darauf besteht, dass er in der Mathematik nur die vorgeschriebenen Rechenwege benutzt. Damit kommt das Kind nicht zurecht. Und noch schlimmer ist es mit dem Üben, sei es beim Rechnen oder im Diktat: Bei jeder Wiederholung werden die Ergebnisse schlechter, bis Ralf schließlich gar nichts mehr weiß. Oft fehlt der Junge einmal pro Woche wegen seiner psychosomatischen Asthmaanfälle, die nach Ansicht des Arztes lebensbedrohliche Zustände erreichen können. Sie hören erst schlagartig auf, als das Kind auf das Gymnasium wechselt – womit sein schulischer Leidensweg noch lange nicht zu Ende ist. Schließlich wird ihm in einem Gutachten neben der Hochbegabung auch eine Lernbehinderung attestiert. Die Psychologen stufen den Siebtklässler sogar als «stark suizidgefährdet» ein. Dennoch: Eine angemessene Förderung, die er so sehr bräuchte, gibt es nicht. Stattdessen wird er auf die Realschule zurückgestuft, wo er wieder unter den ständigen Wiederholungen leidet.

Viele Beispiele in Hollenbachs Buch zeigen, dass die besonders begabten Kinder immer dann aufblühen, wenn sie an eine Lehrerpersönlichkeit geraten, die ihre außergewöhnlichen individuellen Fähigkeiten und Bedürfnisse erkennt. In Ralfs Fall hat der Intelligenztest immerhin bewirkt, dass die Eltern und eine Lehrerin das Kind mit anderen Augen sahen. Das Glück hat Maria nicht.[13] Sie hat sich das Lesen mit fünf Jahren selbst beigebracht und leidet daraufhin in der Grundschule unter ständiger Langeweile. «Dennoch meldet sie sich in der ersten Klasse ständig; ihr Arm tut bald weh, weil der immer oben bleibt. Sie will der Lehrerin doch zeigen, was sie alles schon weiß. Doch die Lehrerin weiß, was Maria weiß, und deshalb nimmt sie das kluge Mädchen mit den dunklen Haaren nicht dran. Maria will aber so gern von der Lehrerin wahrgenommen werden. Deshalb beginnt sie, falls sie doch einmal an der Reihe ist, absichtlich Fehler zu machen, um dadurch vielleicht öfter dran zu kommen. Doch die Strategie der Sechsjährigen ist zu offensichtlich: Die Lehrerin ignoriert das Mädchen weiterhin, ruft aber bei Marias Mutter an und berichtet ihr, dass ihre Tochter langsam anfangen würde zu spinnen. Die Mutter, immer überbesorgt um das Schicksal ihrer Tochter, setzt das Kind sofort unter Druck: sie solle sich in der Schule ordentlich benehmen. Maria benimmt sich ‹ordentlich›: Sie schaltet im Unterricht ab.»[14]

Marias Geschichte besteht aus einer Folge von Verkennung und Missachtung durch die Erwachsenen. Mit etwa neun Jahren fällt Maria durch ein ständiges und immer stärker werdendes Blinzeln auf; dazu verdreht sie häufig die Augen. Kein Arzt kann Abhilfe schaffen; schließlich folgt die Einweisung in die Kinderpsychiatrie – Maria fühlt sich nun wie im Gefängnis. Auch nach der Entlassung wird es in der Schule immer schwieriger: Sie kann die Lücken im Lernstoff nicht sofort schließen, wird zurückgestuft, und wieder folgt die unendliche, quälende Langeweile. Sie kann kein Interesse für die Schule aufbringen, die Noten werden immer schlechter; sie wird zur Außenseiterin und fängt schließlich an, den Unterricht zu stören und die Lehrer zu ärgern – und dazu immer die Spannungen mit den Eltern, die sich durch ihre Tochter blamiert fühlen.

Irgendwann fängt Maria an, sich immer, wenn sie mit ihren Eltern «Stress» hat, die Arme aufzuschneiden. «In der 10. Klasse zieht sie sich häufig in ihr Zimmer mit den schwarzen Vorhängen zurück und greift fast jeden Tag zu Scherben oder Klingen, um sich feine Schnitte in die Haut zu ritzen.»[15] Die Eltern sind entsetzt, aber statt die Selbstverletzung als Hilfeschrei des Mädchens zu erkennen, glauben sie an eine «neue Mode», die ihre Tochter mitmacht. Maria erlebt es anders: «‹Immer wenn ich geritzt habe, wollte ich eigentlich mit dem

Leben Schluss machen. Aber wahrscheinlich nicht ernsthaft, denn es hat nie hingehauen, weil ich nie tief genug geschnitten habe. Danach kam ich mir noch mieser vor als vorher. Nur wenn es ganz doll geblutet hat, dann bin ich wieder ruhiger geworden.›»[16]

Damit ist sie nicht die Einzige. Ein anderes Mädchen, Jeanette, berichtet, wie sie die Arme zeitweise täglich mit Scherben und Klingen aufgeritzt habe: «‹Wenn es weh tat, war es ganz gut. Dann habe ich wenigstens gespürt, dass ich überhaupt noch lebe. Ich habe ja den ganzen Tag nichts gemacht, dass ich hätte merken können, wie ich bin und wer ich eigentlich bin.›»[17] Als Jeanette schließlich in die Förderschule für Hochbegabte in Braunschweig kommt und anderen Jugendlichen über ihre Selbstverletzung berichtet, krempeln einige von ihnen Ärmel und Hosenbeine hoch und zeigen ihre Wunden und Narben vor. «‹Ich dachte schon, das ist hier wie eine Sammelstelle für ehemalige Ritzer›, meint Jeanette und grinst.»[18]

Eine Psychologin sieht in dem selbstverletzenden Verhalten den Ausdruck einer schwer gestörten Persönlichkeit. «Diese Selbstverletzung geschieht oft aus einer übersteigerten Identität, die ständig Gefahr läuft, wieder abzustürzen. Einerseits haben diese Mädchen das Gefühl ‹Ich bin die Größte› oder aber: ‹Ich kann gar nichts›. Hochbegabte Mädchen leiden häufig unter der Frage, wer sie selbst eigentlich sind, ohne dass sie womöglich diese Frage bewusst stellen.»[19] Die Suche nach der Wirklichkeit ihres eigenen Ich bestimmt die Erfahrungen solcher jungen Menschen.

Die hochbegabten Mädchen und Jungen stellen uns heute vor besondere Aufgaben. Ihre schnelle Auffassungsgabe hat nämlich – ohne angemessene Forderungen – zur Folge, dass sie ein systematisches, angestrengtes Arbeiten in der Schule nicht lernen. Andererseits können solche Kinder die dramatischen Ereignisse, von denen sie erfahren, zwar leicht auffassen, sind aber oft emotional völlig davon überfordert. Unter der gegenwärtigen Nachrichten- und Bilderflut leiden hochbegabte Kinder daher in einem Maße, das sich die Erwachsenen kaum vorstellen können – insbesondere, wenn die Kleinen von sich aus nicht über ihre Eindrücke sprechen.

Für den Lehrer stellt sich daher die Aufgabe, die besondere Begabung des einzelnen Kindes so wahrzunehmen, dass dieses sich durch individuelle Ansprache und angemessene Aufgaben erkannt fühlt. Was wir am Umgang mit Hochbegabten lernen können, gilt natürlich für alle Schülerinnen und Schüler. Ein kleines Beispiel aus einer vierten Klasse mag das verdeutlichen.

Der Lehrer hat einen längeren Text an die Tafel geschrieben, den die Kinder ins Heft übertragen sollen – möglichst fehlerfrei! Dazu gibt er die Anweisung: «Lest euch einen ganzen Satz bis zu Ende durch und versucht dann, ihn aufzuschreiben, ohne noch einmal hinzusehen.» Bei weitem nicht alle Kinder kommen dieser Aufforderung nach, denn manche Ablenkungen verhindern, dass sie sich mehr als drei oder vier Wörter merken können. Bei einer Schülerin, die sich sehr ernsthaft darum bemüht, erst nach einem ganzen Satz wieder an die Tafel zu schauen, bleibt der Lehrer stehen und sagt laut vernehmbar: «Hier sehe ich ein Kind, das so arbeitet, wie ich es gesagt habe.» Dieses Mädchen fühlt in dem Moment, dass der Lehrer ihre Bemühung bemerkt und anerkennt – durch ein wenig Aufmerksamkeit und individuelle Behandlung hat der Lehrer eine starke Motivationshilfe gegeben. Für das Kind ist es, als fühlte es sich ein wenig gehoben und beschwingt. Wie gesagt – eine solche Bemerkung wird bei jedem Kind unterschiedlich wirken und muss daher ganz aus der Kenntnis der individuellen Lernvorgänge erfolgen. Wie der Lehrer dieses Bewusstsein erreichen kann, wird den Inhalt der folgenden Abschnitte bilden.

Pädagogik vom Kind aus

Mit Sicherheit ist das Phänomen der Hochbegabung nicht neu. Die überragenden und vielseitigen Fähigkeiten eines Goethe oder Einstein lassen sich gar nicht anders deuten. Und man kann wohl annehmen, dass viele der Betroffenen ihre herausragenden Möglichkeiten nicht entfalten konnten und deshalb niemals jemand etwas davon erfahren hat. Erinnern wir uns an die Entstehung des allgemeinen Bildungssystems im 19. Jahrhundert. Es bedurfte jahrzehntelanger Kämpfe und Bemühungen, um zu erreichen, dass alle Kinder – zumindest in Mitteleuropa – eine allgemeinbildende

Schule besuchen konnten. Gleichzeitig erlebten die Menschen einen ungeahnten Fortschritt in Wissenschaft und Technik; die Industrialisierung brachte zudem die Hoffnung auf Wohlstand für alle Menschen; die Beherrschung von Krankheit und Armut, die Lösung aller Ernährungsprobleme schien in greifbare Nähe gerückt. Andererseits waren zu Beginn des 20. Jahrhunderts durch das gegliederte Schulsystem immer noch klare gesellschaftliche Grenzen zementiert. Der Bildung wurde vor allem die Aufgabe zugewiesen, den Nachwuchs für gesellschaftlich nützliche Arbeiten heranzuziehen.

In kritischer Gegenposition verbreitete sich nun die Ansicht, dass beim Lernen die Individualität des Kindes zu berücksichtigen sei. Die schwedische Pädagogin Ellen Key rief das beginnende Dezennium zum «Jahrhundert des Kindes» aus und verlangte, dass die Pädagogik auf die besonderen Qualitäten und Bedürfnisse des ersten Lebensalters in Zukunft viel größere Rücksicht nehmen sollte. Sie erhoffte sich vor allem von der neu entstehenden empirischen Psychologie eine wissenschaftliche Bestätigung für ihre Forderungen. Die Forschung sollte sich der besonderen Entwicklung im Kindes- und Jugendalter zuwenden, um eine altersgemäße, menschliche Erziehungspraxis zu begründen. Welche Hoffnungen sich mit dieser Vision verbanden, zeigt zum Beispiel ein Auszug aus der Rezension, die Rainer Maria Rilke zur deutschen Übersetzung von Ellen Keys Buch geschrieben hat:

«Man müsste einen Strich machen und neu beginnen. Man müsste beginnen, vom Kinde auszugehen, nicht vom Standpunkte des Erwachsenen, der so wenig vom Kinde weiß. Man müsste das Leben des Kindes als ein berechtigtes selbstständiges Leben neben dem eigenen gelten lassen und ehren. Dann würde von selbst eine andere Schule, eine Schule ohne Prüfungen und ohne Wettstreit, entstehen, die das Leben nicht aus dem Auge verlieren, sondern immerfort darauf zugehen würde. Und diese Schule ist die einzig mögliche, die einzige, welche nicht hindert, sondern hilft, die einzige, welche nicht Persönlichkeiten im Keime erstickt, sondern jedem die Möglichkeit gibt, die innersten Wünsche seines Wesens durchzusetzen.

Ellen Key hat an mehreren Stellen ihres anregenden und regsamen Buches Kind und Künstler nebeneinander gestellt. Sie hätte ihre ‹geträumte Schule› auch durch die Tatsache stützen können, dass die

Kunst-Akademien eher dazu beigetragen haben, Künstler zu vernichten, als solche zu bilden, und dass der normale und glücklichste Werdegang des Künstlers in einer durch Schulmeinungen ungestörten Entfaltung seiner Persönlichkeit besteht. Heute wachsen schon viele Künstler so heran und kommen allein, auf ihrem eigenen Wege, zu Kraft und Können. Und wie nach einer Zeit der akademischen Langweiligkeit eine neue lebendige Kunst mit diesen Künstlern einzusetzen scheint, so wird, wenn einmal Kinder ohne die Schrecken der Schule herangewachsen sein werden, eine Blütezeit des Lebens beginnen. Ellen Key hat Erfahrung genug, um zu wissen, dass diese Zeit nicht ganz nahe ist. Sie hat, statt eines Reformvorschlages, den ‹Traum einer neuen Schule› gegeben, und sie hat ihren Worten dadurch Tendenzlosigkeit und Milde verliehen und ihren Plänen die lebhafte gegenständliche Wirklichkeit des Traumes, die so unvergesslich ist. Und in der Tat: dieses Jahrhundert wird zu den größten gehören, wenn der Traum, den diese seltsam reife und gerechte Frau in seinen ersten Tagen geträumt hat, in seinen letzten einmal in Erfüllung geht. Vielleicht wird man einmal die Menschen dieses Jahrhunderts danach abschätzen, wie sehr sie an der Verwirklichung dieses Traumes gearbeitet haben.»[20]

Wir wissen heute, dass im 20. Jahrhundert viele Anstrengungen unternommen wurden, um Ellen Keys Traum wirklich werden zu lassen. Schon am Ende des Ersten Weltkrieges, als auch politisch um neue Orientierungsmöglichkeiten gerungen wurde, schien der Zeitpunkt gekommen, die pädagogischen Fragen in praktischer Umsetzung zu lösen. In diese Zeit fällt auch die Gründung der ersten Waldorfschule durch den Zigarettenfabrikanten Emil Molt nach der Konzeption von Rudolf Steiner. Das Modell Waldorfschule kann bis heute als die erfolgreichste Frucht dieser Phase in der Geschichte der Pädagogik angesehen werden. Zumindest müssen auch seine Kritiker zugestehen, dass es achtzig Jahre nach der ersten Gründung mit über 800 Schulen weltweit die größte Ausbreitung erfahren hat.

Dennoch wird die Waldorfschule in Publikationen über die Reformpädagogik zum Teil gar nicht oder nur in knappen Randbemerkungen erwähnt. Offenbar entzieht sie sich weitgehend der Vergleichbarkeit mit anderen Ansätzen. Das ist nicht überraschend, denn Rudolf Steiner selbst hat bereits 1922 vor anthroposophisch interessierten Jugendlichen darauf hingewiesen:

«Was über Waldorfschul-Pädagogik gesprochen wird, muss man mit anderen Ohren anhören, als was man sonst über Erziehung hört, auch über Reform-Erziehung. Denn auf die Fragen, die die Menschen jetzt beantwortet haben wollen und die in den anderen Erziehungssystemen gestellt und scheinbar beantwortet werden, gibt die Waldorfschul-Pädagogik überhaupt keine Antwort! Worauf zielen diese Fragen? Gewöhnlich auf recht viel Vernunft, und Vernunft hat die Gegenwart unermesslich viel. Vernunft, Intellekt und Gescheitheit sind ganz ungeheuer verbreitete Artikel in der Gegenwart. Fragen wie die: Was man aus dem Kinde machen soll? Wie man das oder jenes ins Kind hineinbringen soll? – werden furchtbar vernünftig beantwortet. Und das läuft alles darauf hinaus: Was gefällt einem am Kinde und wie kriegt man es zurecht, dass es so wird, wie man es haben möchte? Aber das hat für den tieferen Entwickelungsgang der Menschheit keine Bedeutung mehr! Auf solche Fragen gibt die Waldorfschul-Pädagogik überhaupt keine Antwort.»[21]

Worauf aber sein neuer Impuls stattdessen abzielt, formuliert Steiner so: «Die Waldorfschul-Pädagogik ist überhaupt kein pädagogisches System, sondern eine Kunst, um dasjenige, was da ist im Menschen, aufzuwecken. Im Grunde genommen will die Waldorfschul-Pädagogik gar nicht erziehen, sondern aufwecken.»[22]

Die ersten Lehrerinnen und Lehrer der neu gegründeten Waldorfschule konnten unter einmaligen Bedingungen darangehen, die Erziehungskunst zu entwickeln: Ein privater Mäzen stellte die Anfangsfinanzierung bereit, eine liberale Gesetzgebung ermöglichte die Erprobung neuer Inhalte und Methoden, die meisten Kollegen, die aus den verschiedensten Berufen kamen, waren hoch gebildet. Vor allem aber konnten sie bis 1924 auf den Rat Rudolf Steiners vertrauen, der in zahlreichen Unterrichtsbesuchen und langen Konferenzgesprächen an der Ausgestaltung der neuen Pädagogik entscheidend mitwirkte.

Dennoch zeigte sich schon nach kurzer Zeit, dass der hohe Anspruch, in jedem Kind das Verborgene aufzuwecken, ständig neue Anstrengungen erfordert. Sobald man als Pädagoge anfängt, sich auf Bewährtes zu verlassen und die Kinder an seinen eigenen

Erwartungen zu messen, wird man den individuellen Bedürfnissen nicht mehr gerecht. Diese Erfahrung musste Rudolf Steiner machen, nachdem er selbst einen Jungen in die Waldorfschule aufgenommen hatte. In der Konferenz vom 31.7.1923 berichtet er über den Sechzehnjährigen, der nach seinen Worten am besten in Philosophie beschlagen war; er kannte Platon, Kant und Steiners *Philosophie der Freiheit*, war ein guter Mathematiker, allerdings schlecht in Latein, Deutsch und Geschichte.[23]

Steiner legt den Lehrern diesen Jungen besonders ans Herz und muss am Ende des Schuljahres (am 2.6.1924) enttäuscht feststellen, dass er in diesem Fall von der Waldorfschul-Lehrerschaft ganz grässlich blamiert worden sei. Er habe den Schüler aufgenommen, damit die Waldorfschule «nicht vermufft», obwohl es viel bequemer gewesen wäre, ihn abzuweisen. Der Junge war weit über sein Alter hinaus begabt, konnte aber andererseits gar nichts – eine echte Herausforderung an die Pädagogen. Und nun bekomme dieser Schüler, so Steiner, ein Zeugnis, das ohne Berücksichtigung des besonderen Falles geschrieben worden sei, mehr als schematisch und ganz ohne Berücksichtigung seiner (des Jungen) Psychologie. Wörtlich: «Dies Zeugnis hat für diesen Jungen keine Bedeutung.» Und an die Lehrer gewendet: «In diesem Fall haben Sie sich nicht so begabt erwiesen wie sonst.» Steiner findet das Ganze «zum die Wände hinaufkriechen».

Ich-Erfahrungen

Man mag tröstend einwenden, dass hier nichts Abträgliches über den Unterricht, sondern nur über das Zeugnis gesagt ist. Dennoch bleibt zu fragen, worin das Problem lag: Steiner erinnert (am 19.6.1924) an seine eigene Voraussetzung bei der Aufnahme des Schülers, dass dieser ganz seiner Individualität nach behandelt werden müsste. Der Junge sei nicht dazu veranlagt gewesen, in pedantischer Weise Fortschritte in den einzelnen Fächern zu machen. Aber Steiners Vorschläge seien nicht umgesetzt worden, und es sei nicht der nötige Wille zum Individualisieren da. «Pädagogik vom Kind aus» bedeutet für Rudolf Steiner nicht nur das Berücksichtigen allgemeiner

Entwicklungsgesetze, sondern auch ein Unterrichten im Hinblick auf die einzelnen Individualitäten.

Dieser Anspruch, der natürlich für jedes Kind gilt, wird von den Hochbegabten durch ihr besonderes Verhalten nachdrücklich eingefordert: Sie beanspruchen meist durch intensives Fragen und den Wunsch nach weitergehendem Wissen mehr Aufmerksamkeit als andere Kinder. Aber worin spricht sich die Individualität eines Kindes tatsächlich aus? Seine besondere Begabung unterscheidet es von den anderen. Aber ist es ein Merkmal der Individualität, wenn ein Mensch früher liest, schneller rechnet und sich leichter erinnert als andere? Ein Intelligenztest ist zum Beispiel ausschließlich darauf gerichtet, die kognitiven Fähigkeiten einer Person im Vergleich zum angenommenen Durchschnitt der Bevölkerung festzustellen. Der Intelligenzquotient ist so definiert, dass zwei Drittel aller Menschen einer Altersstufe einen IQ von 85 bis 115 und nur zwei Prozent einen IQ ab 130 aufweisen. Mit diesem Wert wird die Grenze der Hochbegabung markiert. In jedem Fall handelt es sich um willkürliche Festlegungen.

Selbstverständlich prägt der Vergleich mit anderen Menschen unser Leben sehr tief. Wer größer oder kleiner gewachsen ist als andere, wer sich vergleichsweise geschickt bewegt oder besonders musikalisch ist, wird seinen entsprechenden Platz in der Gesellschaft zu finden haben. Aber *Individualität* ist noch etwas anderes als eine Summe von Merkmalen, durch die sich die einzelne Persönlichkeit von anderen unterscheidet. Mit dem Wörtchen «ich» weisen wir letztlich auf denjenigen Kern unseres eigenen Wesens hin, der sich mit anderen gar nicht vergleichen lässt.

Schon in der bloßen Sprachbetrachtung legt Rudolf Steiner großen Wert auf die Feststellung, dass das Personalpronomen der 1. Person Singular immer nur den Sprecher selbst bezeichnen kann. Das Wort «ich» ist das einzige, das – von verschiedenen Menschen ausgesprochen – stets nur den jeweiligen Sprecher bezeichnet. Darin drückt sich eine fundamentale Gliederung der Welt im menschlichen Bewusstsein aus: Das Subjekt kann nicht im gleichen Sinne als ein Teil der Welt aufgefasst werden wie jeder andere Gegenstand. «Mein Leib», «meine Seele», «mein Selbst» sind Objekte meiner Selbstbesinnung. *In diesem Sinne* kann ich auch über «mein Ich» nachdenken und sprechen;

ich selbst aber bleibe dennoch tätiges Subjekt – «unhintergehbar», wie Manfred Frank es ausdrückt.[24]

Das Erlebnis, ein Ich zu sein, tritt nicht von Geburt an auf. Es stellt sich – wie Steiner betont – im Allgemeinen etwa im dritten Lebensjahr erstmals ein. Das ist gleichzeitig ungefähr der Zeitraum, bis zu dem später die allerersten Erinnerungen zurückreichen. Das heißt: Mit dem Auftreten der unvermittelten Subjekt-Erfahrung beginnt die bewusste Biografie, die unsere persönliche Identität im Wesentlichen ausmacht. Schon vorher zeigt das kleine Kind hoch differenzierte *seelische* Regungen, und auch die Erkundung des eigenen physischen *Leibes* ist in den ersten drei Lebensjahren von einer später kaum noch wiederkehrenden Intensität. Mit der Ich-Erfahrung tritt aber neben Leib und Seele die dritte – geistige – Dimension des menschlichen Wesens im Bewusstsein auf.

Und dennoch gilt: «Das ‹Ich› bleibt als die eigentliche Wesenheit des Menschen ganz unsichtbar.»[25] Sobald ein Subjekt das eigene Wesen ins Bewusstsein fasst, handelt es sich um eine Objektivierung; das *Ich* entgleitet dem, der es ins Auge fassen will. Charakteristisch ist daher eine Erfahrung, an die sich der französisch-amerikanische Schriftsteller Julien Green erinnert. In dem damaligen Erlebnis, das er mit etwa acht Jahren hatte, erkannte er nicht das eigene «Ich», sondern erlebte unvermittelt seine Zugehörigkeit zur geistigen Dimension des menschlichen Wesens:

«In jenem Jahre trug sich an einem Juninachmittag in mir etwas zu, was mir im Gedächtnis geblieben ist als einer der denkwürdigsten Momente meines ganzen Lebens. Ich saß in der Schule neben einem offenen Fenster, von dem aus ich ein kleines Blechdach über einer Reihe von eisernen Säulchen sehen konnte. Gleich dahinter erstreckte sich ein langes Gebäude aus braunen Ziegelsteinen, und man sah auch Platanenzweige mit ihren noch ganz jungen Blättern. Noch genauer erinnere ich mich an das Metalldach, weil mich bei seinem Anblick plötzlich das Gefühl überkam, mir selbst entrückt zu werden. Ein paar Minuten lang hatte ich die Gewissheit, dass eine andere Welt als diejenige, die ich rings um mich her erkannte, bestand und dass diese andere die wahre Welt sei. Ich empfand darüber ein Glück, das ich nicht beschreiben kann, denn es lag, so glaube ich, jenseits aller menschlichen Ausdrucksmöglichkeit.

Alles Erfreuende, das ich bis dahin hatte erleben dürfen, war im Vergleich dazu nichts und auch nicht etwas Gleichartiges, es gehörte nicht derselben Ordnung an und war nicht auf dem gleichen Boden gewachsen ... Einen Augenblick später befand ich mich wieder inmitten meiner Kameraden, und Monsieur Soyers Stimme zog wie ein quälender Traum über mich hinweg. Traurig und niedergeschlagen wurde ich mir dessen bewusst, was man die Wirklichkeit nennt. Viele Male habe ich über diese einzigartige Minute nachgedacht, in der mir war, als stehe alles unbeweglich still, als habe die Zeit zu sein aufgehört, eine Minute, in der ich an nichts dachte, weder an mich, noch an sonst jemand, noch an Gott. Ich war ganz einfach da, und sogar noch das Wort ‹Ich› ist in diesem Zusammenhang zu viel, doch je mehr ich davon spreche, desto weniger lässt das alles sich beschreiben.»[26]

Vielleicht haben auch heute manche der so genannten Indigo-Kinder solche oder ähnliche Erlebnisse, ohne dass ihre Lehrer jemals davon erfahren. Wichtiger aber ist, dass diese «eigentliche Wesenheit» in jedem Falle durch Leib und Seele verhüllt seine Wirksamkeit entfaltet. «Nur von innen heraus, nur *durch sich selbst* kann die Seele sich als ‹Ich› bezeichnen. Indem der Mensch also zu sich ‹Ich› sagt, beginnt in ihm etwas zu sprechen, was mit *keiner* der Welten etwas zu tun hat, aus denen die bisher genannten ‹Hüllen› entnommen sind. Das ‹Ich› wird immer mehr Herrscher über Leib und Seele.»[27]

Es reicht daher nicht aus, die jungen Menschen durch irgendeine Klassifizierung zusammenzufassen, seien es nun «Indigokinder», «Sternkinder» oder «hochbegabte Kinder». Völlig unterschiedlich erfahren sie selbst ihre eigenartige Lebensaufgabe – als Chance, als Herausforderung, oft auch als eine besondere Art von «Behinderung». Deshalb kann eine Individualisierung bei solchen Kindern nicht nur in der Unterstützung ihrer Einseitigkeiten bestehen. Die notwendige Förderung muss immer im Hinblick auf die unvergleichbare Individualität geschehen.

In der Schule sollten wir damit rechnen, wie jedes einzelne Kind lernt, damit es erfahren kann, was es braucht, um sich zu seinem eigenen individuellen Menschsein zu entwickeln. Denn das Ich hat ein eigenartiges Doppelantlitz: Es ist Ursprung aller Tätigkeit und damit auch allen Lernens, und insofern können wir seine Spuren im Lernprozess entdecken. Gleichzeitig ist es aber auch das Ziel, die individuelle Möglichkeit, die es zu verwirklichen gilt.

ich	*Ich*
als tätiges Subjekt, von dem alles Handeln ausgeht	als Ziel meiner Entwicklung, auf das ich hinstrebe

Das zukünftige Wesen im Kind kennen wir nicht, aber wenn wir uns in sein Rätsel einleben, gelingt es manchmal, diesen verborgenen Keim anzurühren. In voller Konsequenz beinhaltet das Streben nach Individualisierung die Einsicht, dass sich die Individualität eines Menschen letztlich nur selbst erziehen kann. Sie strebt danach, das eigene Ich zu verwirklichen; daraus ergeben sich bedeutende Konsequenzen für eine *Erziehungskunst*: Diese beruht dann nämlich nicht in erster Linie auf der Anwendung eines bestimmten Methodenkanons. Vielmehr wird der Pädagoge zunächst lernen müssen, die ihm anvertrauten Kinder so anzuschauen, dass er die Signatur ihrer verborgenen Individualitäten zu entdecken sucht. Dazu dient das Studium der anthroposophischen Menschenkunde.

Es geht keineswegs darum, ein so genanntes «anthroposophisches Menschen*bild*» zu schaffen und aus diesem die Unterrichtsinhalte und -methoden herzuleiten. Sondern: Die Menschen*kunde* ermöglicht dem Lehrer, die besonderen, ihm anvertrauten Schülerinnen und Schüler durch liebevolles Interesse kennen zu lernen. Aus der so entstehenden Beziehung entwirft er selbst die angemessenen Ziele, wählt Inhalte aus und entwickelt geeignete Methoden.

Das Doppelantlitz des menschlichen Ich

Es scheint paradox, dass der Mensch ganz aus seinem Ich heraus tätig sein muss, damit er sein Ziel – das eigene Ich – erreichen kann. Dieses Doppelantlitz der menschlichen Individualität ist schwer zu verstehen und gibt leicht Anlass für Missverständnisse. Wenn wir uns darauf besinnen, in welchen Situationen wir weitgehend unbeeinflusst, also ganz aus unserem Eigenwesen heraus, eine Entscheidung treffen, so finden wir zwei entgegengesetzte Möglichkeiten. Zum einen identifizieren wir uns mit dem eigenen Selbst, wenn wir aus der Empfindung handeln: «Ich tue etwas, weil *ich* es will.» Man denke sich etwa einen Klassenlehrer, der über die Aufnahme eines Kindes zu entscheiden hat und ganz aus einem starken inneren Impuls handelt, ungeachtet aller Gegenargumente. Steigert sich diese Empfindung und tritt sie immer wieder auf, bis sie zu einer Lebenshaltung wird, so führt sie tendenziell zu einer Selbstüberschätzung.

Aber auch das Gegenteil ist möglich, wenn der Lehrer alle Gründe und Gegengründe so lange abwägt, bis sich die Entscheidung mit absoluter, zwingender Konsequenz ergibt. Er handelt nicht aus dem Gefühl, «weil *ich* es will», sondern aus einer Vernunft, die keine sinnvolle Alternative mehr zulässt. Während in der ersten Tendenz die Gefahr der Eitelkeit und Selbstüberschätzung liegt, neigt die zweite Art der Entscheidungsfindung dazu, sich aus der Verantwortung zurückzuziehen. Denn wenn alle Argumente nur eine bestimmte Handlung zulassen, kann sich der Handelnde immer auf die Sachzwänge berufen.

So muss das Subjekt seinen individuellen Weg zwischen zwei möglichen Abirrungen suchen:

ich
als tätiges Subjekt,
von dem alles Handeln ausgeht

Entschlusskraft → Gefahr der Eitelkeit und Selbstüberschätzung

Einsicht, Vernunft → Gefahr, sich der Verantwortung zu entziehen

Häufig wird das Wort «Selbstverwirklichung» gebraucht, um ein kompromissloses Handeln aus der eigenen Entschlusskraft zu bezeichnen. Meint man dagegen das Neu-Schaffen der Individualität als Ziel der eigenen Entwicklung, so wird man einen dritten Weg zwischen den beiden Abirrungen suchen. In der Spannung zwischen Entschlusskraft und dem Ringen um Einsicht kann sich etwas von dem neuen, «höheren» Ich verwirklichen. Diese dritte Möglichkeit, die immer neu gefunden werden muss, indem man sich selbst überwindet, indem man «über den eigenen Schatten springt», ist der eigentlich menschliche Weg.

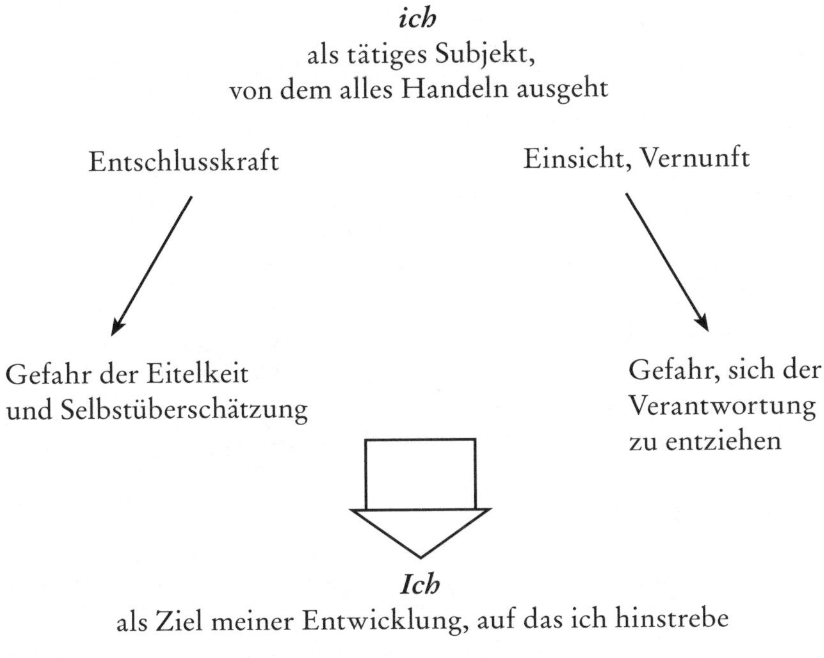

So geht es gerade nicht darum, die Kinder zu kleinen Egoisten zu erziehen, indem man ihre Selbstbezogenheit verstärkt. Je individueller sich die jungen Menschen in ihrer Suche erleben, umso mehr spüren sie die Größe ihrer Aufgabe – ihr Ich in einem höheren Sinne erst zu erschaffen. Rudolf Steiner hat für diese neue Qualität den Begriff «Geistselbst» geprägt. «Selbstverwirklichung» meint in diesem Sinne nicht das bloße Ausleben profaner Begierden, sondern die Schaffung des eigenen geistigen Wesens. Und damit ist verbunden, dass der junge Mensch beginnt, immer mehr aus individuellen Erkenntnissen in die Bedürfnisse anderer Wesen heraus zu wirken: Gemeint ist die Verwirklichung des Eigenwesens durch wachsende Selbstlosigkeit, die allerdings aus der eigenen Erkenntnis hervorgehen muss.

Das alte, gewordene Wesen, das dem Menschen aus Vererbungskräften gegeben ist, tritt immer mehr zurück. Und darin liegt die Chance, dass die bloße Erhaltung der Lebensgrundlagen und das Wohlbefinden an Wichtigkeit verlieren gegenüber dem Neuen, was sich in der Seele der Heranwachsenden mehr und mehr zu regen beginnt. Es erscheint wie ein Häutungsvorgang: Die alte, schützende Hülle verliert ihre Bedeutung und wird abgelegt, damit die selbst geschaffene Individualität hervortreten kann.

Aus anthroposophischer Perspektive handelt es sich bei der Entwicklung der Jugendzeit also um einen eminent wichtigen Prozess der Menschwerdung. Dabei ist es für die Kinder außerordentlich wichtig, dass sie von Erwachsenen begleitet werden, die um diesen Vorgang aus eigener Erfahrung wissen. Erzieher, die den jungen Menschen entgegenkommen wollen, indem sie ihnen vermitteln, dass sie selbst im Grunde auf dem gleichen Entwicklungsniveau stünden, zeigen ihnen damit nur die Sinnlosigkeit ihres Strebens. Stattdessen sollte der Erwachsene sich an das zukünftige Wesen im Kind wenden.

Es mag prophetisch erscheinen, dass Steiner auf diese Entwicklung schon zu Beginn des 20. Jahrhunderts hingewiesen hat. In Vorträgen, die er speziell für Jugendliche gehalten hat, formuliert er: «Der Mensch hat den Menschen verloren, der Mensch sucht wiederum den Menschen.»[28] Das kann aber nicht allein durch den Erwerb von Wissen und praktischen Fähigkeiten geschehen: «Es ist durchaus nicht in einem oberflächlichen, sondern in einem tieferen Sinne klar, dass zum ersten Male in der weltgeschichtlichen Entwickelung der Menschheit jetzt etwas erlebt werden muss, was ganz und gar aus den Menschen selber heraus kommt. Solange man das nicht weiß, kann man auch nicht über Pädagogik reden. Man muss sich klar sein darüber, dass aus der tiefsten Wurzel heraus gefragt werden muss: Wie kommt man zum ursprünglichsten geistigen Erleben in der Menschenseele?»[29]

Die Antwort der Waldorfschule auf das Erlebnis von Langeweile und Sinnlosigkeit liegt daher nicht in einer bloßen Ausweitung des Lernstoffs. Es geht auch nicht nur um eine Beschleunigung des Lernens oder um einseitige Begabungsförderung. Natürlich sollen alle Kinder ihre Stärken erleben, und auch die Hochbegabten müssen erfahren, wie wohltuend es ist, sich anzustrengen. Aber es ist zu kurz gegriffen, wenn man meint, die Schüler müssten noch mehr nützliches Wissen und zweckmäßige Fähigkeiten erlangen. Was sie in der Schule lernen, muss sinnvoll sein für ihren Individualisierungsprozess. Gemeint ist das Wirklich-Werden der eigenen Individualität als eine stetige Annäherung.

Vom Umgang mit dem Temperament

Vor der Gründung der Stuttgarter Waldorfschule hat Rudolf Steiner die Lehrerinnen und Lehrer in einem vierzehntägigen Kurs auf ihre künftige Tätigkeit vorbereitet. Nachmittags fanden in diesem Rahmen Seminarbesprechungen statt, und schon am ersten Tag war das zentrale Thema die individualisierende Betrachtung der Kinder. Zu diesem Zweck entwickelt Steiner dort den Begriff des Temperaments, den er an den folgenden Tagen und in einer Reihe späterer pädagogischer Vorträge weiter ausarbeitet. Dabei entsteht unmittelbar die Gefahr von Missverständnissen, denn der Temperamentsbegriff hat eine jahrtausendealte Geschichte und wird bis heute sehr unterschiedlich definiert. Im alltäglichen Umgang sind wir es gewohnt, von «temperamentvollen Menschen», von «Cholerikern» oder einem «ausgeprägten Phlegma» zu sprechen. In der Regel erfassen wir damit aber kaum den innersten Wesenskern, die Individualität eines Menschen, sondern leicht erkennbare Verhaltensmerkmale, die den einen vom anderen unterscheiden. Um zu verstehen, wie Steiner das Temperament als Grundlage einer individualisierenden Betrachtung versteht, ist daher eine Begriffsklärung unbedingt notwendig.

Die Unterscheidung von Temperamenten geht auf den griechischen Arzt Hippokrates (460 – 377 v.Chr.) zurück. Er nahm an, dass ein Überwiegen der Wirkung bestimmter «Körpersäfte» für die leibliche

Konstitution und den seelischen Habitus eines Menschen ausschlaggebend sei:

- Ein überstarker Gallenfluss bewirkt demnach die aufbrausende, kraftvolle, unbeherrschte Cholerik (von «chole» = Galle).
- Ein «zu leichtes Blut» führt entsprechend zum beweglichen, leicht ablenkbaren und begeisterungsfähigen Temperament der Sanguinik (von «sanguis» = Blut).
- Ebenso macht sich die zu träge, eingedickte Gallenflüssigkeit in einer grüblerischen, pedantischen und wehleidigen Melancholik bemerkbar (von «melas» = schwarz und «chole» = Galle).
- Verschleimte Körpersäfte rufen nach dieser Auffassung die träge Ruhe und Gelassenheit des Phlegmatikers hervor (von «phlegma» = Schleim).

Die hippokratische Temperamentslehre – weiter ausgearbeitet durch den römischen Arzt Galenus (129 – 199 n.Chr.) – bildet seitdem die Grundlage einer Unterscheidung charakteristischer Menschentypen bis in die äußere Gestalt (siehe Übersicht 1, Seite 45).

Die Kenntnis dieser Typisierung gehörte um die Wende zum 20. Jahrhundert zur Allgemeinbildung. Davon konnte auch der Wiener Dramatiker Johann Nestroy ausgehen, als er seine Komödie *Das Haus der Temperamente* schrieb. Es war mühelos und ohne große Übertreibung möglich, die vier Typen zu karikieren und damit beim Publikum auch ohne eine besonders differenzierte Handlung Heiterkeitsausbrüche zu erreichen. Auch der Schauspieler Frieder Nögge hat allein durch seine Verwandlungsfähigkeit in den achtziger und neunziger Jahren des 20. Jahrhunderts sehr erfolgreich die allgemein bekannten Temperamente auf die Bühne gebracht.

Die moderne Psychologie hat seit ihrer Entstehung ebenfalls entsprechende wissenschaftliche Konzepte hervorgebracht, die allerdings von sehr unterschiedlichen Voraussetzungen ausgehen. Der deutsche Psychologe Wilhelm Wundt unterscheidet 1903 die vier Temperamente aufgrund der Stärke von Emotionen und der Schnelligkeit, mit der sie sich verändern.[30] Seine Zuordnung gestaltet sich wie in Übersicht 2 dargestellt.

Erheblich differenzierter ist das Konzept von E. J. Eysenck, der von der Faktorenanalyse, einer Methode der Persönlichkeitsmessung,

Übersicht 1: Charakteristische Menschentypen

	äußere Merkmale	*seelischer Habitus*
Cholerik	Gestalt: gedrungen, kräftig. Bewegung: kraftvoll, ungestüm. Auftreten: heftig, ungeduldig. Verhalten: tatkräftig, rücksichtslos.	Denken: zielstrebig, rückhaltlos. Fühlen: selbstbezogen, eindeutig. Wollen: stark, durchdringend, fest.
Sanguinik	Gestalt: leicht, zart. Bewegung: geschickt, flink, fahrig. Auftreten: sprunghaft, schnell, flüchtig. Verhalten: flatterhaft, oberflächlich.	Denken: unkonzentriert, assoziativ, fantasievoll. Fühlen: positiv, freudig, begeistert. Wollen: unbesonnen, beiläufig.
Melancholik	Gestalt: groß, hager, gebeugt. Bewegung: lastend, ungeschickt. Auftreten: sachlich, problematisierend. Verhalten: ernst, sorgfältig, penetrant.	Denken: kompliziert, folgerichtig, genau. Fühlen: tief, ernsthaft, leidend. Wollen: besonnen, vorsichtig.
Phlegmatik	Gestalt: füllig, weich. Bewegung: langsam, schwerfällig. Auftreten: langweilig, zurückhaltend. Verhalten: beständig, zuverlässig.	Denken: fantasielos, geradlinig. Fühlen: zufrieden, geduldig. Wollen: träge, ausdauernd, gleichförmig.

Übersicht 2: Vier Temperamente nach Wilhelm Wundt

		Stärke der Gefühle	
		stark	*schwach*
Schnelligkeit von Gefühlsveränderungen	*schnell*	Choleriker	Sanguiniker
	langsam	Melancholiker	Phlegmatiker

ausgeht. Dabei werden – meist auf der Grundlage von Befragungen – eine Reihe von Merkmalen ermittelt, die das Charakteristische einer Persönlichkeit ausmachen sollen. Eysenck fasst diese Faktoren auf höherem Niveau zusammen, sodass er ebenfalls zwei grundlegende Dimensionen für sein Temperamentsschema erhält: emotionale Stabilität (bzw. Labilität) und Extraversion (gegenüber Introversion). Zwischen den Extremen ordnet er eine ganze Fülle charakteristischer, temperamentsspezifischer Eigenschaften an:[31]

labil

launisch empfindlich

ängstlich unruhig

rigide aggressiv

bedrückt reizbar

pessimistisch wechselhaft

zurückhaltend ***melancholisch*** ***cholerisch*** impulsiv

ungesellig optimistisch

schweigsam aktiv

introvertiert **extravertiert**

passiv gesellig

sorgsam aus sich herausgehend

nachdenklich ***phlegmatisch*** ***sanguinisch*** gesprächig

friedlich teilnehmend

beherrscht lässig

zuverlässig lebhaft

ausgeglichen sorglos

ruhig tonangebend

stabil

Das Besondere an Eysencks Vorgehen ist die Tatsache, dass er seine Dimensionen nicht allein aufgrund theoretischer Annahmen, sondern durch Befragungen ermittelt. Dennoch greift er auf die gleichen Ausdrücke zurück, die wir schon von Hippokrates kennen. Das Gleiche macht auch der Russe I. P. Pawlow, obwohl sein Konzept abermals mit völlig anderen Prämissen arbeitet. Pawlow ist bekannt für seine Tierexperimente zur Konditionierung; natürliche Reaktionen werden dabei durch geschickte Versuchsanordnungen in so genannte «bedingte Reflexe» übergeführt. Dass Hunde auf die ihnen gegebenen Reize unterschiedlich reagieren, führte der Forscher auf Besonderheiten in ihrem Nervensystem zurück. Schließlich fand er vier Typen von Nervensystemen, die seiner Ansicht nach auch beim Menschen nachweisbar seien: Sie differenzieren sich danach, ob sie stark oder schwach, balanciert oder unbalanciert und mobil oder langsam arbeiten. Daraus ergibt sich bei Pawlow das folgende Schema:[32]

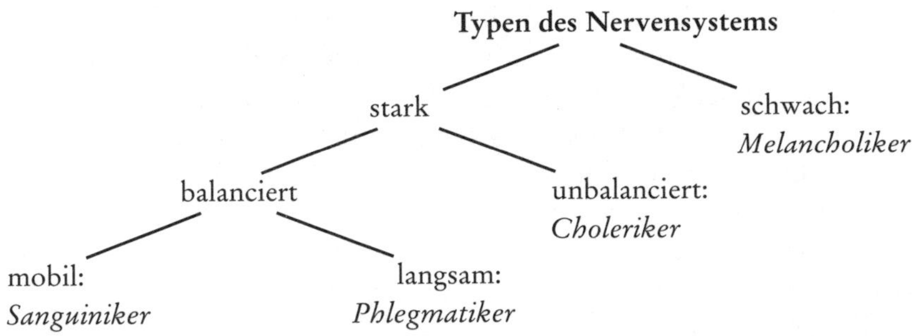

Diese wenigen Beispiele mögen genügen, um zu zeigen, wie unterschiedlich der Temperamentsbegriff bestimmt wird. Immer handelt es sich um eine Typisierung, das heißt: Die ganze Komplexität der menschlichen Persönlichkeit wird auf wenige Merkmalsgruppen reduziert. Damit entsteht die Gefahr, die Einzigartigkeit der jeweiligen Individualität aus dem Blick zu verlieren. Auch Steiner legt durch seinen Sprachgebrauch die Vermutung nahe, dass er die Kinder einer Schulklasse in die wenigen seit Hippokrates bekannten Gruppen einteilen wolle, wenn er etwa sagt: «Seit alters her unterscheidet man die vier Grundtypen des sanguinischen, des melancholischen, des phlegmatischen und des cholerischen Temperamentes. Wir werden immer finden, dass die charakterologische Beschaffenheit eines jeden Kindes in einer dieser Temperamentsklassen unterzubringen ist.»[33]

Aus der Tatsache, dass Steiner dieses Thema mündlich in verschiedenen Zusammenhängen zwischen 1908 und 1924 behandelt, aber nie schriftlich ausgearbeitet hat, ergibt sich eine Reihe von Unstimmigkeiten. An dieser Stelle würde es zu weit führen, die daraus entstehenden Fragen zu klären.[34] Wesentlich ist es aber, Steiners Ausgangspunkt zu verstehen. Er geht davon aus, dass sich bei der Geburt eines Menschen und im Verlaufe seiner Entwicklung die unsterbliche Individualität mit dem von den Eltern vererbten Leib verbindet. «Wir sehen also im Menschen, der vor uns auftritt in der Welt, den Zusammenfluss zweier Strömungen. Wir sehen in ihm auf der einen Seite dasjenige, was er aus seiner Familie mit erhält, auf der andern Seite das aus dem innersten Wesen des Menschen heraus Entwickelte, eine Anzahl von Anlagen, Eigenschaften, inneren Fähigkeiten und äußerem Schicksal.»[35]

Damit sich diese beiden vollkommen unterschiedlichen Strömungen in der Persönlichkeit vereinigen können, bedarf es nach Steiner einer vermittelnden Komponente, des Temperaments: «Temperament steht mitten drinnen zwischen dem, was wir uns individuell mitbringen, und dem, was aus der Vererbungslinie stammt. Indem die beiden Strömungen sich vereinigen, färbt die eine Strömung die andere. Sie färben sich gegenseitig.»[36] Wie kommt es aber zu der jeweiligen besonderen Ausprägung?

Im Inkarnationsvorgang verbindet sich die Individualität mit der vererbten Leiblichkeit, die ihrerseits differenziert erscheint. Der physische Leib umfasst die materielle Stofflichkeit und die äußerlich wahrnehmbare räumliche Gestalt. Beides tritt am menschlichen Leichnam sichtbar in Erscheinung. Die belebenden, rhythmischen Vorgänge bilden dagegen ein weiteres «Wesensglied» des Menschen – den «Bildekräfte-» oder «Ätherleib»: Er ist Träger der Lebensprozesse, aber auch bestimmter lang andauernder seelischer Komponenten wie Gedächtnis, Gewohnheiten oder Neigungen. Die kurzfristig wirksamen inneren Aktivitäten, Vorstellungen und Denken, Empfindungen und Gefühle sowie die Willensimpulse

– Begierden, Triebe, Leidenschaften und Motive – sind dagegen Qualitäten des «Seelen-» oder «Astralleibes». Den Begriff «Leib» verwendet Steiner für die beiden zuletzt genannten Wesensglieder, weil sie jeweils in sich geschlossene Funktionszusammenhänge bilden, obwohl sie nicht stofflich in Erscheinung treten.[37]

Die Inkarnation stellt sich nun als ein kompliziertes Kräftespiel der drei leiblichen Komponenten mit dem Ich des Menschen dar. Dabei sind die Kräfte im Zusammenwirken normalerweise nicht ausgewogen; vielmehr ist die Dominanz eines oder mehrerer Wesensglieder die Regel. Daraus resultieren sowohl in der leiblichen wie in der seelischen Konstitution bestimmte Einseitigkeiten in Form der Temperamente: Werden die besonderen Qualitäten eines der vier genannten Wesensglieder als dominant erlebt, so färben sie den ganzen seelischen Habitus eines Menschen.

Bei den vier Grundtemperamenten, für die Steiner wiederum die bekannten Bezeichnungen wählt, handelt es sich also um die besondere Ausnahmeerscheinung, dass lediglich eines der Wesensglieder allein im Zusammenspiel der Kräfte überwiegt.

- Die Besonderheit des physischen Leibes liegt in seiner schweren, raumerfüllenden Stofflichkeit, die für sich betrachtet – ohne die belebenden und beseelenden Kräfte – dem Zerfall ausgeliefert ist. Seine Dominanz kann seelisch als eine lastende Grundstimmung erlebt werden, in der vor allem die physikalischen und chemischen Naturgesetze mit ihren Wirkenszusammenhängen erfahren werden. Daraus resultiert eine Tendenz zum melancholischen Temperament.
- Die Lebens- und Bildekräfte des Ätherleibes stiften Kontinuität und Dauer in Form rhythmisch ablaufender Lebensprozesse wie Stoffwechsel, Wachstum und Ausformung der Organe. Überwiegt ihre Wirkung im Wesensgefüge des Menschen, so wird das seelische Erleben stark von dem Empfinden der eigenen leiblichen Vorgänge bestimmt; Behaglichkeit und Beständigkeit, Ruhe und Ausdauer tingieren die seelische Konstitution in Form der Phlegmatik.
- Der Astralleib zeichnet sich durch stark wechselnde, von Affekten getriebene Vorgänge aus. Er bewirkt durch seine Dominanz daher eine Tendenz zur ausgeprägten Wachheit, Beweglichkeit und

Spontaneität. Daraus entsteht die leichte, heitere und sorglose Grundstimmung des Sanguinikers.

- Das «Ich» als Eigenwesen des Menschen ist der Ursprung jeglicher Empfindung und Aktivität. Das Subjekt erlebt sich selbst ohne die Distanz des objektiven Beobachters. Ein Überwiegen dieser Qualität zeigt sich im Erlebnis der eigenen Stärke, Entschlusskraft und Handlungsfähigkeit. Daraus folgt die Zielstrebigkeit und Kompromisslosigkeit des cholerischen Temperaments.

In dieser knappen Skizze wurden viele differenzierenden Elemente nicht berücksichtigt. Dennoch sind einige wesentliche Merkmale des anthroposophischen Temperamentskonzepts erkennbar: Jeder Mensch trägt aufgrund des Zusammenwirkens aller vier Wesensglieder die Anlage zu allen Temperamenten in sich. Auch wenn Steiner immer wieder vereinfachend von «Melancholikern», «Sanguinikern» etc. spricht, kann es sich dabei nur um überwiegende, keinesfalls um ausschließliche Bestimmungen handeln. Meist sind Mischungen von zwei oder drei einander ähnlichen Temperamentsausprägungen erkennbar. Zudem kann man nicht davon ausgehen, dass diese Bestimmungen lebenslang unverändert bleiben, sie können sich vielmehr durch situative Umstände, einschneidende Lebenskrisen, vor allem aber über längere biografische Phasen verwandeln in Form einer stärkeren Ausprägung, Abschwächung oder eines Ortswechsels. Das Erkennen des kindlichen Temperaments erfordert daher eine ständige differenzierte, einfühlsame Beobachtung mit der besonderen Aufmerksamkeit für mögliche Veränderungen. Die einmalige Fixierung und Zuordnung der Persönlichkeit zu einer von vier Gruppen wird der Komplexität des anthroposophischen Konzepts keinesfalls gerecht.

Bemerkenswert sind darüber hinaus die Vorschläge, die Steiner für den Umgang mit den Temperamenten macht. Es kommt ihm stets darauf an, dass jedes Kind sich vom Lehrer erkannt und geliebt fühlt. Das bedeutet, dass einseitige Temperamentsmerkmale nicht als Mängel verstanden werden. Stattdessen gilt es, die Stärken, die jedes Temperament besitzt, aufzugreifen und zu pflegen. Das Kind sollte erleben, dass es über besondere individuelle Möglichkeiten verfügt, die in der Klassengemeinschaft auch sichtbar werden.

Darüber hinaus muss der Lehrer dem Kind aber auch helfen, die Begrenztheit eines Temperaments zu überwinden. Das gelingt nicht dadurch, dass er eine Änderung des kindlichen Wesens erzwingt. Wenn dagegen Schülerinnen und Schüler mit ähnlichen seelischen Eigenschaften eng zusammenarbeiten, so bemerken sie nicht selten am anderen die Schwächen der eigenen Einseitigkeit. Wenn etwa ausgeprägt melancholische Kinder nebeneinander sitzen, so können sie in sich selbst auch feine Nuancen von Cholerik und Sanguinik entdecken, durch die sie sich vom Nachbarn unterscheiden. Müssten sie sich aber ständig mit einem gegensätzlichen Temperament bei den Mitschülern auseinander setzen, so würden sie sich eher in ihre eigene Melancholik zurückziehen und diese damit umso stärker verfestigen. In der Waldorfschule wird deshalb in dieser Hinsicht meist Gleiches mit Gleichem zusammengebracht. Denn wer sich seelisch für den anderen öffnen kann, ist selbst eher zu einer Veränderung und Weiterentwicklung in der Lage. In welcher Weise Methoden und Inhalte dem Temperament entsprechend eingesetzt werden können, wurde von verschiedenen Autoren ausführlich dargestellt (vgl. die Angaben in der gesonderten Literaturliste, S. 218 ff.).

Von besonderer Bedeutung ist noch ein weiterer Aspekt. Selbstverständlich ist ja davon auszugehen, dass auch der Erzieher seine besondere persönliche Prägung im Wechselspiel der Wesensglieder besitzt. Sein eigenes Temperament wird – wie bei jedem Menschen – auch seine Wahrnehmung der Umwelt einschließlich der ihm anvertrauten Schüler prägen. Wenn ein Lehrer meint, in einer Schulklasse seien lauter sanguinische Kinder, könnte das unter Umständen darauf hinweisen, dass er selbst ein ausgeprägtes melancholisches Temperament besitzt. Vielleicht erkennt ein Kollege bei den Schülern manche Wesenszüge, die der Klassenlehrer zunächst gar nicht bemerkt. Darüber hinaus hat sein vom Temperament geprägtes pädagogisches Handeln starke Wirkungen auf die Kinder bis hin zu späteren gesundheitlichen Folgen, vor denen Steiner ausdrücklich warnt.[38]

In der Waldorfpädagogik hat daher die Anwendung des Temperamentsbegriffs eine besondere Bedeutung, die sich von jeder Typisierung unterscheidet. Der Lehrer ist nämlich erst in zweiter Linie zu einer objektivierten Diagnose aufgerufen. Zunächst wird es darauf ankommen, dass er seinen eigenen seelischen Habitus erkennt und mögliche Einseitigkeiten und Beschränkungen zu überwinden versucht. Die Erkenntnis des Kindes setzt nämlich voraus, dass der Pädagoge die Stärken und Schwächen der Grundtemperamente aus eigenem Erleben kennt oder sie doch zumindest nachempfinden kann: «Man muss als Lehrer sämtliche vier Temperamente in harmonischem Zusammenwirken in sich tragen.»[39] Pädagogischer Umgang mit dem Temperamentsbegriff in der Waldorfpädagogik erfordert daher vor allem die Bereitschaft zur Selbsterkenntnis und zur Selbsterziehung als Grundlage für das individualisierende Unterrichten.

Pädagogik im gesellschaftlichen Wandel

Selbsterkenntnis und individuelle Förderung im Unterricht sind nicht unabhängig von den Bedingungen der jeweiligen gesellschaftlichen Situation zu fassen. Der gesellschaftliche Wandel, den wir seit 1919 in Mitteleuropa erfahren haben, wirft die Frage auf, inwieweit Grundsätze der Waldorfpädagogik heute umgesetzt werden können. Es zeigte sich ja im ersten Kapitel, dass der Unterricht die jeweiligen Lebensbedingungen sehr stark aufzugreifen hat: Wenn Steiner fordert, dass Kinder Achtung vor der älteren Generation haben sollten, so ist dies aber vor allem ein Anspruch, der sich an die Erwachsenen richtet. Denn Kinder orientieren sich nicht an abstrakten Idealen, sondern an realen Menschen. Und die ältere Generation hat demgemäß zu prüfen, welche Anlässe sie den jungen Menschen gibt, Achtung und Respekt vor der Leistung der Älteren zu erleben.

Konkret ist zu fragen: Welches Können und welche Lebensreife nehmen Kinder an der jeweiligen Erwachsenengeneration wahr? Die heutigen Eltern und Lehrer prägen durch ihre alltäglichen Lebensverrichtungen das Bild, das für die Kinder zur Grundlage eigener Wertungen wird: Für die Unterstufenschüler bis etwa zum neunten Lebensjahr ist «gut», was Eltern und Lehrer vorleben. Auch wenn allmählich eine kritische Distanz den Erwachsenen gegenüber eintritt, bleibt deren Verhalten doch ein wesentlicher moralischer Maßstab für eigene Entscheidungen der jungen Menschen. Für die Entwicklung der Individualität ist es daher von größter Bedeutung, wie Kinder die ältere Generation wahrnehmen. Erleben sie an den Erwachsenen ein sinnerfülltes, produktives Handeln? Ist das Bild, das Kinder sich gegenwärtig von der älteren Generation machen, von realer Begegnung oder eher durch Film und Fernsehen geprägt? Können junge Menschen erleben, wie Erwachsene mit wichtigen Lebensentscheidungen umgehen?

Was die heutigen Eltern und Lehrer den Kindern in dieser Hinsicht vorleben, ist wiederum abhängig von ihrer eigenen Sozialisation. Über drei Generationen hin – Großeltern, Eltern, Kinder – lassen sich deutliche Tendenzen einer Wandlung der Lebenswirklichkeit erkennen. Gemeint ist hier eine Veränderung des Verhältnisses von primärer Sinneserfahrung zur medial vermittelten Sekundärerfahrung mit den entsprechenden Begleiterscheinungen. Konkret heißt das: Die heutigen Eltern mit Geburtsjahrgängen etwa ab 1960 sind selbst bereits in einer Zeit aufgewachsen, in der allgemeiner wirtschaftlicher Wohlstand und medial (vor allem durch das Fernsehen) vermittelte Wirklichkeit die eigene Lebenswelt prägten. Das war für die Generation der jetzigen Großeltern bei weitem noch nicht der Fall. Es ist aber z.B. ein fundamentaler Unterschied, ob ein Zuschauer im Fernsehen wieder erkennt, was er zunächst durch die eigenen Sinne selbst erfahren konnte (wie dies bei den heutigen Großeltern der Fall ist), oder ob man durch das Medium mit einer Welt vertraut gemacht wird, von der man keine selbst erworbene Anschauung besitzt (wie das für heutige Eltern und Kinder nicht selten zutrifft). Im Folgenden soll nun versucht werden, den gesellschaftlichen Wandel mit seinen Auswirkungen für die Lebenswelt der heutigen Kinder im Hinblick auf die Frage der Individualisierung nachzuzeichnen.

Die Kindheit heutiger Großeltern

Die Generation der heutigen Großeltern erlebte ihre Kindheit zwischen 1940 und 1950, in einer Zeit der Zerstörung und der Angst. Im Zentrum des Denkens und Handelns standen oft die Erhaltung des Lebens, die Sorge um die nächsten Angehörigen und die Beschaffung der lebensnotwendigen Dinge: Nahrung, Kleidung und Obdach. Viele Länder Europas lagen in Trümmern; die Umgebung war denkbar ungeeignet, um Kindern ein Aufwachsen in seelischer und körperlicher Gesundheit zu ermöglichen. Und doch haben die jungen Menschen diese Lebensbedingungen mit einer Vorbehaltlosigkeit angenommen, die uns betroffen machen kann. Die Schriftstellerin Christine Nöstlinger schildert in einem Jugendbuch das Kriegsende, das sie als Neunjährige in Wien erlebte.

«Als die Bombe in unser Haus einschlug, sauste und krachte und wackelte es auch nicht mehr als vor einer Stunde, als das Nachbarhaus kaputtgegangen war. Doch der ganze Keller war voll Mauerstaub, und der Verputz fiel von den Wänden und ein paar Ziegelsteine hinterher. Dem Herrn Benedikt fiel ein Ziegelstein auf den Kopf. Der Herr Benedikt bekam große Angst. Er wollte aus dem Keller. Er schlug wild um sich. Er boxte alle, die ihm im Weg waren, zur Seite. Er trat mich in den Bauch. Das tat weh.

Unsere Nachbarin brüllte: ‹Wir sind verschüttet! Wir sind lebendig begraben! Wir kommen da nie mehr heraus!› Das war aber nicht wahr. Wir waren nicht verschüttet. Die Kellertür war aus den Angeln gerissen und lag zerbrochen auf der Kellertreppe, und darauf lagen die gusseiserne Bassena und die Hausleiter und der Vogelkäfig der Hausmeisterin (ohne Vogel) und Ziegel und Schutt. Doch das war leicht wegzuräumen.

Unser Haus sah aus wie ein trauriges Puppenhaus. Die eine Hälfte war eingestürzt, und die andere Hälfte stand hilflos und sehr allein mit offenen, halben Zimmern. Das Stiegenhaus war auch weg. Die Frau Benedikt konnte nicht begreifen, dass im zweiten Stock, an die rosa Zimmerwand gedrückt, ihr Kleiderschrank lehnte und dass ihr niemand den dicken Mantel aus dem Schrank holen wollte. Ich kroch über den großen Schutthaufen. Das war verboten. Wegen der Einsturzgefahr. Doch niemand kümmerte sich um mich.

Im Schutt lagen viele Sachen, die ich kannte. Die Pendeluhr vom Herrn Benedikt, unser grüner Küchenvorhang, die große braune Gurgelwasserflasche unserer Nachbarin und ein Teil vom roten Samtsofa der Frau Brenner. Ich fand ein Puppenwagenrad und war mir nicht sicher, ob es zu meinem Puppenwagen gehörte. Und ich fand eine große weiße Schachtel. Darin lagen zwischen Holzwolle zwölf bunte, glitzernde Christbaumkugeln. Keine einzige Kugel war zerbrochen.

Ich stocherte im Ziegelstaub, zerbröselte Mauer zwischen den Fingern, riss Holzsplitter von Balken, zog Schilfrohrstücke aus Verputzbrocken und tupfte vorsichtig mit dem Zeigefinger auf Glassplitter. Der Haushaufen, auf dem ich saß, war ungefähr fünf Meter hoch. Vorher war das Haus vierzehn Meter hoch gewesen. Ich dachte daran, eine Stange zu suchen, eine fünf Meter lange Stange. Ungefähr fünf Meter unter mir musste mein Bett sein. Oder saß ich über der Küche?»[40]

An Schulbesuch war in dieser Zeit nicht zu denken. Unvergessliches hat das Mädchen dagegen im Umgang mit den Erwachsenen gelernt. Die älteren, vertrauten Menschen zeigen plötzlich ganz neue Eigenschaften, und mit den russischen Soldaten, die bald darauf in die Stadt kommen, hat sie eindrucksvolle Begegnungen, besonders mit einem Schneider, der im Krieg die Aufgabe eines Kochs zu verrichten hat. «Meine Schwester meinte nachher, der Koch sei der hässlichste Mensch, den sie je gesehen habe. Hildegard meinte nachher, der Koch sei der stinkendste Mensch, den sie je gerochen habe. Meine Mutter meinte, er sei der verrückteste Mensch, den sie je gehört habe. Für mich war er jedenfalls der erste hässliche, stinkende, verrückte Mensch, den ich geliebt habe. Ich habe ihn wirklich geliebt, und ich hoffe, er hat es auch gemerkt. Außer mir hat ihn nämlich niemand geliebt, die Russen auch nicht.»[41]

Wenn wir heute Berichte aus der Nachkriegszeit hören oder lesen, müssen wir jede Neigung zum Romantisieren strikt vermeiden. Und dennoch sollten wir uns klar darüber sein, dass Erziehungsprobleme damals im Bewusstsein der Menschen nicht an erster Stelle waren. Es heißt nicht, dass es keine Erziehungsaufgaben gegeben hätte; aber die bloße Lebensbewältigung machte es doch notwendig, dass die Kinder sich häufig selbst überlassen blieben und Erfahrungen machten, die den Erwachsenen verborgen blieben. So schreibt Heinrich Böll in einem Brief vom September 1983:

«Kürzlich fand ich in der Hinterlassenschaft unseres verstorbenen Sohnes Raimund eine Notiz, die uns ‹aus allen Wolken fallen ließ›. Er beschrieb die Trümmerlandschaft, in der er in Köln geboren wurde und aufwuchs, als ‹Gebirgslandschaft voller Blumen und Pflanzen› – fast als ein Paradies. Während wir ‹Erwachsene› nur Staub, Dreck, Hunger und Elend erlebten und in Erinnerung halten, uns Sorgen machten, ob diese Trümmer für aufwachsende Kinder wohl der richtige Ort seien, erlebte er diese Zeit als glückliche Zeit, vielleicht gar als die glücklichste seines Lebens.»[42]

Man kann vielleicht sagen: Die Pädagogik der Kriegs- und Nachkriegszeit bestand zu einem großen Teil darin, dass Kinder die Lebensbewältigung ihrer Eltern und Angehörigen miterlebten und mittrugen. Ihre ethische Erziehung ergab sich aus der differenzierten Wahrnehmung von Situationen, in denen klarer Verstand und Geistesgegenwart notwendig waren.

Die Kindheit heutiger Eltern

Die heutige Elterngeneration erlebte dagegen ihre Kindheit etwa dreißig Jahre später, d.h. (soweit sie in Westdeutschland stattfand) in einem reichen, hoch industrialisierten Land. Die Erwachsenen hatten ihre regelmäßige Arbeit, die Kinder gingen zur Schule; auch der Kindergartenbesuch wurde für viele zur Normalität. Zunehmend entdeckten die Erziehungswissenschaftler die wesentliche Bedeutung des Spielens für die menschliche Entwicklung. «Spiel ist für Kinder, Jugendliche und Erwachsene eine Lebensnotwendigkeit. Denn es ist eine der Grundformen der Auseinandersetzung mit der Umwelt, die sich von der durch irgendwelche Sorgen aufgezwungenen Auseinandersetzung, zu der auch die Arbeit gehört, grundsätzlich unterscheidet. Sorgen zwingen dazu, uns um die Beseitigung ihrer Ursachen zu bemühen. Wer spielt, ist in vieler Hinsicht frei in seinen Entscheidungen. Gib daher anderen Gelegenheit zum Spiel und unterlass es nicht, selbst zu spielen!»[43]

Andererseits sollen kleine Kinder auch die Arbeit der Erwachsenen respektieren lernen, und sie sollen erfahren, wie sehr ihr eigenes Wohlergehen von vieler Menschen Arbeit abhängt, «dass der Vater das Geld für die warmen Kleider verdienen muss, dass der Bäcker mitten in der Nacht anfängt, die Brötchen zu backen, dass viele fleißige Hände sich gerührt haben, bis der elektrische Strom ins Haus kommt und man das Licht anschalten kann usw.»[44] Das gesunde Kind freut sich, wenn es selbst durch kleine Arbeiten mithelfen darf und dabei lernt, dass es Freude bereitet, für andere Menschen tätig zu sein.

Zugleich ist aber der Fernseher mehr und mehr zum Zentrum der Familienfreizeit geworden. Nicht selten richtet sich der Tagesrhythmus nach den einschlägigen Zäsuren im Programmablauf – Kindersendungen, Vorabendserien, Werbung, Nachrichten, Spielfilme etc.

Sonntags lösen sich zu einer bestimmten Zeit die im Freien spielenden Kindergruppen auf, wenn «Bonanza» beginnt – und die Erkennungsmelodie der Westernserie begleitet Millionen von Menschen ein Leben lang. Harmlose zwei bis drei öffentlich-rechtliche Programme sind es damals noch, die den Menschen die Ereignisse der ganzen Welt ins Wohnzimmer flimmern lassen. Der französische Marxist Henri Lefebvre schreibt in den siebziger Jahren dazu:

«Stimmt es, dass durchs Fernsehen das weltweite Geschehen in den Alltag eingeführt wird? Ja, es stimmt. Das Fernsehen bringt das Spektakel der Welt in jedes Heim – aber eben nach der Art des *Spektakels,* d.h. der *Nicht*teilnahme und rezeptiven Passivität.» Und weiter heißt es: «Zurückgelehnt in seinem Sessel, umgeben von Frau und Kindern, schaut der Fernsehzuschauer dem Universum zu. Nachrichten, Zeichen und Bedeutungen schwappen in immer gleichen Wellen heran, jeden Tag zur selben Stunde, ausgeschüttet und wieder ausgeschüttet, einander schon darum immer gleich, weil sie Spektakel sind: Sie sind niederschmetternd und faszinierend. Die ‹Nachrichten› überschwemmen den Zuschauer, sie tauchen ihn ein in eine Monotonie der Neuheiten und Aktualitäten, die jede Sensibilität abstumpft und den Wunsch nach Erkenntnis entkräftet.»[45]

In diesen prägnanten Worten entwirft Lefebvre ein Gegenbild zu dem, was Rudolf Steiner für die Schule vorgeschlagen hatte. Wo der Alltag mehr und mehr von der Sekundärerfahrung bestimmt wird, erlahmen die Willenskräfte. Die Arbeit tritt als Ausdruck des Menschlichen gegenüber spektakulären Enthüllungen zurück. Die erlebte Wirklichkeit fordert nicht mehr zur bewussten Auseinandersetzung heraus, wenn die Medienereignisse pausenlos aufeinander folgen. Und vor allem: Die ständige Verfügbarkeit von Informationen und Erlebnissen jeder Art fordert das spontane Urteil heraus. Erwartungsvolle Offenheit, Geduld und das Leben mit langwierigen Reifungsprozessen stehen der schneller werdenden Flut von Bildern und Nachrichten entgegen.

Dabei entsteht durch die allgegenwärtige Sekundärerfahrung eine eigenartige Widersprüchlichkeit. Denn einerseits werden dem Zuschauer am Bildschirm ferne Ereignisse sinnlich fassbar gemacht – die geheimnisvolle Welt der Tiefsee zum Beispiel oder die Tiere der afrikanischen Savanne. Doch andererseits kann das elektronische Bildmedium nur liefern, was sich seinen Gesetzen unterwirft: Der Film schneidet einen Teil der Wirklichkeit heraus, sodass alle begleitenden Sinneserfahrungen – Geruch und Geschmack, Tasteindruck und Geräusche, Körperempfinden und Bewegung – ganz oder teilweise vom Inhalt der Bilder abgelöst werden. Dadurch entsteht eine

Zerrissenheit zwischen äußerem Schein und erlebter Wirklichkeit. Kameraschwenk und Filmschnitt müssen den suchenden Blick des Menschen ersetzen, Hintergrundmusik erregt und unterstützt die Entstehung von Emotionen. Auf diese Weise werden nicht nur fremde Welten in greifbare Nähe gerückt; auch Geschehnisse der nächsten Umgebung erschließen sich dem Zuschauer erst durch die Sekundärerfahrung des Fernsehens: Die Kenntnisse vom vermeintlichen Privatleben Prominenter zum Beispiel oder auch Vorstellungen über die Arbeit der Polizei sind stärker von Filmen als von der Wirklichkeit geprägt. Aber weil das reale Erlebnis fehlt, kann sich das Bewusstsein nicht von der Fesselung an die Bilder lösen. Auf diese Weise entsteht keine wirkliche Urteilsfähigkeit.

Reale Sinneserfahrung gibt uns die Möglichkeit, vom Erlebnis zum erfüllten, lebendigen Begriff voranzuschreiten. Das bemerken wir etwa, wenn wir uns mit dem Wesen von Bäumen beschäftigen. Die große, frei stehende Linde etwa, die ich in der Landschaft wahrnehme, gibt mir bei jeder Begegnung ein reiches Erlebnis: Die mächtig aufragende Gestalt, die großen, hellen Blätter, der ausströmende Blütenduft, die Oberflächengestalt der Borke, all das vereinigt sich in der inneren Anschauung zu einem Ganzen. Indem ich es nun durch eigene Anstrengung unternehme, vor dem inneren Blick die Linde noch einmal nachzubilden, bemerke ich, dass das Wesen dieses Baumes in mir ein Leben zu entfalten beginnt. Die Regelhaftigkeit dieses Vorgangs kann man als die charakteristische Bildegebärde der Linde auffassen. So wird die Primärerfahrung zum Ausgangspunkt für eine wesenhafte, lebendige Begriffsbildung, die durch fertige, geronnene, medial vermittelte Anschauungen gerade unterdrückt wird.

Mit der allgemeinen und leichten Verfügbarkeit von Informationen und Unterhaltungsprogrammen verbanden sich große Hoffnungen für die Entfaltung einer demokratischen Kultur. (Dass die Politik fortan zum Medienereignis wurde, hat allerdings mehr zur Selbstinszenierung der vermeintlichen Volksvertreter beigetragen als zu einer kritischen Urteilsbildung bei der Bevölkerungsmehrheit.) Darüber hinaus sorgten Bildungsprogramme für Kinder aller Altersgruppen dafür, dass sie über viele Zusammenhänge aus Wissenschaft, Technik und Warenproduktion informiert wurden und somit ihre

Eltern verbessern und belehren konnten: «Dass der Bäcker um 3 Uhr nachts beginnt, die Brötchen zu backen, weiß ich schon aus dem Fernsehen.»

Dennoch erfüllten sich die Erwartungen der Produzenten von Kindersendungen letztlich nicht. Wer nämlich glaubte, dass Kinder aus benachteiligten Bevölkerungsschichten ihren Welthorizont erheblich erweitern würden, um damit größere Bildungschancen zu gewinnen, sah sich enttäuscht. Die Sendung «Sesamstraße» verfolgte zum Beispiel systematisch das Ziel, den Handlungsspielraum ihrer jungen Zuschauer zu erweitern. «Da wurde etwa gezeigt, wie zwei Freunde, sieben bis acht Jahre alt, zu spät nach Hause kommen. Der eine wird schon an der Haustür von seinem Vater erwartet. Nach kurzer Strafpredigt bekommt er eine Ohrfeige und geht weinend ins Haus. Der andere bleibt gelassen und sagt zum Vater des Freundes: ‹Bei uns zu Hause wird aber zuerst über alles geredet und nicht gleich geschlagen.› Er dreht sich um und lässt den verdutzt dreinschauenden Vater zurück.»[46]

Die Produzenten hatten erwartet, dass die Kinder beim Ansehen des Films nachdenklich und urteilsfähig würden. Stattdessen aber erfuhren sie: «Die meisten befragten Kinder identifizierten sich mit dem bestraften Jungen und erklärten: ‹Richtig, der hätte nicht zu spät kommen sollen.› Es waren jene Kinder, denen es in vergleichbarer Situation ähnlich ergehen würde. Für sie hatte der Film also keineswegs eine verhaltenserweiternde Wirkung, sie fühlten sich im Gegenteil durch ihn bestärkt. Aber auch jene fühlten sich bestätigt, deren häusliche Situation der des anderen Jungen entsprach; sie identifizierten sich mit ihm und nicht mit dem Bestraften.»[47]

Durch solche Einsichten wurden die Grenzen des Mediums deutlich: Offenbar bestimmen die existenziellen Erlebnisse der wirklichen, den Sinnen zugänglichen Welt die Wirkungsmöglichkeiten der Sekundärerfahrung. Was die Produzenten enttäuschen mochte, konnte manche Kritiker beruhigen, da die simulierten Welten weniger übermächtig erschienen, als befürchtet worden war. Und dennoch verändern die Kommunikationsmedien auch die Wirklichkeit der Primärerfahrung langfristig in erheblichem Ausmaß. Nicht nur Filme, Nachrichtensendungen und Fernsehshows werden für das Massenpublikum produziert. Viele Ereignisse wie die

Spiele der Fußball-Bundesliga, die Olympischen Spiele und große Veranstaltungen in Kultur und Politik würden ohne TV-Übertragung gar nicht oder in völlig anderer Form stattfinden. In den USA werden selbst Gottesdienste allein für die elektronische Verbreitung inszeniert.

Diese Entwicklungen haben im Laufe der Jahre auch die primäre Kommunikation der Menschen verändert. Jedes Gespräch lebt von den Zwischentönen. Unwägbarkeiten und feine Nuancen im nonverbalen Ausdruck geben den Gesprächspartnern die Möglichkeit, ihre Begegnung zu gestalten. (So alltäglich dieses Phänomen ist, so schwer ist es doch, geeignete Beispiele dafür zu finden; denn alle Texte, die für eine Veröffentlichung bestimmt sind, müssen ja eindeutig und situationsunabhängig zu verstehen sein; in ihnen verzichten die Gesprächspartner folglich weitgehend auf die Mittel des spontanen Gesprächs.) Der Schriftsteller Wolfgang Borchert verwendet in seinem Drama *Draußen vor der Tür* gerade solche Mittel, zum Beispiel in einer Szene, in der der Protagonist abends am Elbestrand liegt:

«Mädchen: Ist da jemand? Da hat doch eben jemand gesprochen. Hallo, ist da jemand?

Beckmann: Ja, hier liegt einer. Hier. Hier unten am Wasser.

Mädchen: Was machen Sie da? Warum stehen Sie denn nicht auf?

Beckmann: Ich liege hier, das sehen Sie doch. Halb an Land und halb im Wasser.

Mädchen: Aber warum denn? Stehen Sie doch auf. Ich dachte erst, da läge ein Toter, als ich den dunklen Haufen hier am Wasser sah.

Beckmann: Oh ja, ein ganz dunkler Haufen ist das, das kann ich Ihnen sagen.

Mädchen: Sie reden aber sehr komisch, finde ich. Hier liegen nämlich jetzt oft Tote abends im Wasser. Die sind manchmal ganz dick und glitschig. Und so weiß wie Gespenster. Deswegen war ich so erschrocken. Aber Gott sei Dank, Sie sind ja noch lebendig. Aber Sie müssen ja durch und durch nass sein.

Beckmann: Bin ich auch. Nass und kalt wie eine richtige Leiche.

Mädchen: Dann stehen Sie doch endlich auf. Oder haben Sie sich verletzt?

Beckmann: Das auch. Mir haben sie die Kniescheibe gestohlen. In Russland. Und nun muss ich mit einem steifen Bein durch das Leben hinken. Und ich denke immer, es geht rückwärts statt vorwärts. Von Hochkommen kann gar keine Rede sein.»[48]

Man bemerkt, dass die Wörter von beiden mit unterschiedlichen Bedeutungsnuancen verwendet werden. Oft bleibt es daher rätselhaft, wie es in einem Gespräch überhaupt zum gegenseitigen Verstehen kommen kann. Die Voraussetzung dafür bildet laut Rudolf Steiner ein feines Wechselspiel zwischen Hingabe und Distanz. Einerseits ahmt der Hörer die gedankliche Bewegung des anderen mit der eigenen Seele nach, andererseits schafft er sich Klarheit im Erkennen dessen, was sein Gegenüber gesagt hat. Während die Hingabe das Bewusstsein tendenziell traumartig herabdämpft, erwacht es im Erkennen zur vollen Wachheit.[49] Dieser feine, unmerkliche Rhythmus wird normalerweise durch die Unwägbarkeiten der gesprochenen Sprache ermöglicht. An jeden Ausdruck knüpfen sich Assoziationen und Konnotationen, die einerseits Missverständnisse erzeugen können. Andererseits wird dadurch die menschliche Begegnung intensiviert, denn die Bedeutung des Gesagten muss stets aufs Neue gemeinsam ausgehandelt und bekräftigt werden. Deshalb ist, wie es in Goethes *Märchen* heißt, das Gespräch «erquicklicher als Licht».

Diese belebende Kraft geht verloren, wenn sich der Sprecher bewusst ist, dass er von einem unbeteiligten und unsichtbaren Publikum wahrgenommen wird. Jedes Wort, jede Redewendung wird dann möglichst eindeutig geformt und so verwendet, dass es für jeden möglichen Zuhörer vollkommen verständlich wird. Das behutsam tastende Formulieren, das sich einem Begriff von verschiedenen Seiten annähert, geht verloren zugunsten von stereotypen, fest geprägten Ausdrücken. Andererseits entsteht die Tendenz zu unkonturierten, diffusen Schlagwörtern wie «Entsorgung», «Bildungskatastrophe», «Ökoszene» oder aus der Sprache der Werbung «Tragekomfort», «Sicherheitspaket», «vollmundig» etc. Solche Ausdrücke werden dann im Alltagsgespräch gern sarkastisch oder ironisierend verwendet. Die Tendenz zur Phrase und zum Schlagwort ist sicherlich schon alt, sie wird aber durch die modernen Massenmedien erheblich verstärkt.

Während in den sechziger und siebziger Jahren des 20. Jahrhunderts – in der Kindheit der heutigen Elterngeneration – der Siegeszug der elektronischen Massenmedien stattfindet, vollzieht sich parallel dazu eine Art von «Entsinnlichung». Das wissenschaftliche Denken erobert auf vereinfachtem Niveau das Alltagsbewusstsein, sodass schon in der Grundschule die Kinder ihren eigenen Sinnen nicht mehr trauen. Sie wissen zum Beispiel – belehrt durch Fernsehen, Wissensbücher und moderne Lernmittel –, dass die Erde nicht der feste, fruchtbare Untergrund ist, der unserem Leben eine Stütze gibt, sondern eine rotierende Kugel, auf der wir Menschen wie mikroskopisch kleine Staubkörner unser mehr oder weniger bedeutungsloses Dasein fristen. Es wird immer schwieriger, sich auf die eigene Sinneserfahrung einzulassen, wenn man sich fortwährend vergegenwärtigt, dass wir «in Wirklichkeit» als Teil des Sonnensystems den unermesslich großen Weltraum durchschwirren. Diese – von der Wissenschaft nahe gelegte – Betrachtungsweise macht den Menschen zu einem «extramundanen Subjekt», das sich fortwährend mit seinen Gedanken aus der Welt herauskatapultiert. Der Mensch scheint sich so über die Begrenztheit seiner Sinneserfahrung zu erheben, während im Gegensatz dazu das Bildmedium Fernsehen uns an die visuellen und auditiven Eindrücke fesselt. Denn alle sinnlichkeitsfreien Begriffe wie «Globalisierung», «Freiheit» oder «Verantwortung» müssen ja mit Bildern versehen und mit Geräuschen untermalt werden, damit sie uns per Knopfdruck ins Wohnzimmer gestrahlt werden können.

Also: Nicht nur die Sprache, auch die Wahrnehmung verändert sich durch die Sekundärerfahrung des Fernsehens. Da stehen zum Beispiel zwei Schüler aus der siebten Klasse bei Pausenbeginn in der Nähe der Schultür auf dem Pausenhof. Ein kleines Mädchen kommt herausgerannt, stolpert und fällt in vollem Schwung auf das Gesicht. Spontan fangen die beiden Jungen an zu lachen, und das kleine Kind fühlt sich neben dem physischen Schmerz auch noch verspottet und tief gekränkt. Auf Nachfrage erklären die beiden Siebtklässler ihr Verhalten: «Das sah so witzig aus.» Und in der Tat mochte die Szene wohl an Comicfilme erinnern, wie sie täglich am Bildschirm zu sehen sind. Das Medium sorgt offenbar für Assoziationen, die den Erlebnishorizont der Menschen verändern. Mit Bestürzung konnte man nach dem Mord an einer Lehrerin vor den Augen ihrer Schüler lesen, dass diese wie gebannt zugesehen hatten, denn das Ereignis sei für sie «wie im Film» abgelaufen. Gegen die Überfülle von Bildern und Informationen kann sich der Fernsehkonsument offenbar nur durch eine zunehmende Teilnahmslosigkeit schützen. So mögen

Grausamkeiten und Katastrophen zwar Empörung und Betroffenheit auslösen, und doch bestätigen sie tendenziell das Gefühl, nichts ändern zu können.

Es wird deutlich, dass diese Veränderung der Lebenswelt in Mitteleuropa den Intentionen der Waldorfpädagogik weitgehend entgegensteht. Und man kann berechtigterweise fragen, ob ein Konzept vom Anfang des 20. Jahrhunderts fünfzig Jahre später noch zeitgemäß ist. Die Menschen, die in den siebziger Jahren Eltern waren – die Generation der Kriegs- und Nachkriegsjahre also –, reagierten auf diese Diskrepanz aber gerade mit einem verstärkten Interesse an pädagogischen Fragen, insbesondere an Reformansätzen, die zwischen 1900 und 1925 entstanden waren. (Die «Summerhill»-Schule von A. S. Neill mit ihrer antiautoritären Erziehung wurde z.B. 1921 gegründet.) Die Zahl der Publikationen in diesem Bereich stieg rapide an, auch die Gründung neuer Waldorfschulen nahm ab 1974 einen gewaltigen Aufschwung. Offenbar erlebten die damaligen Eltern die dringende Notwendigkeit, den Fragen der Kindererziehung mehr Aufmerksamkeit zu schenken, als es die vorangehenden Generationen getan hatten.

In der Waldorfschule fanden sie eine Pädagogik, die ausgehend von der erfüllten Sinneserfahrung zu inneren Erlebnissen führen will. Man denke z.B. an den Heimatkundeunterricht in der vierten Klasse. Die Kinder begeben sich mit ihrem Lehrer auf eine Wanderung. Ausgangspunkt ist die Schule, von dort geht es in einem großen Bogen durch angrenzende Wohngebiete, Straßen und Plätze der Stadt, schließlich an einem Wald entlang wieder zurück. Obwohl die Wege den meisten vertraut waren, gab es vieles gemeinsam zu entdecken: eine Gedenktafel, halb versteckte Gärten, unscheinbare alte Häuser, ein besonders mächtiger Baum. Im Rückblick wird noch einmal alles in Erinnerung gerufen, wie es nacheinander auftauchte, jede Einzelheit für sich. – Wie mag der ganze Rundwanderweg wohl von oben für einen fliegenden Bussard aussehen? Wir versuchen, es uns vorzustellen, und malen die Häuser, die Straßen, Plätze und Bäume von oben.

Es lohnt sich, im gemeinsamen Rückblick auf diese Erfahrungen einmal die verschiedenen Erlebnisse zu vergleichen: Bei der Wanderung konnten wir alles aus der Nähe wahrnehmen: den Asphalt oder das

Kopfsteinpflaster unter den Füßen, den Glockenklang vom Rathaus, die kühle Stille im Kirchenraum, den harzigen Duft der Nadelbäume. Jedes Erlebnis hat uns auf seine eigene Weise bereichert. Der vorgestellte Vogelblick gibt den Sinnesempfindungen keine Befriedigung; dafür sehen wir aus einer weiten Überschau alles zusammen: Wie weit ist es vom Marktplatz bis zur Schule? Welches ist wohl der kürzeste Weg? Wir entdecken, dass die Kirche viel näher am Waldrand liegt, als es uns zu Fuß erschienen ist. – So schaffen wir uns eine Orientierung auf Kosten der Erlebnisfülle und bemerken, dass die Vogelperspektive dem erkennenden Denken näher liegt als die Sichtweise beispielsweise eines Hundes, der sich von jeder Duftspur leiten lässt. Später, in der Tierkunde, werden wir uns an diesen Gegensatz erinnern, wenn wir etwa den Adler und das Rind zu behandeln haben und feststellen, wie unterschiedlich sich diese Tiere mit der Welt verbinden.

Und wenn wir noch weiter aufsteigen könnten, so hoch wie ein Flugzeug? Auf dem entsprechenden Bild müssten die Gegenstände so klein gemalt werden, dass wir uns entschließen, Symbole zu benutzen. Und so zeichnen wir eine erste farbige Landkarte mit Zeichen für Kirche, Häuser, Straßen, Laub- und Nadelbäumen – und natürlich wird die Schule nicht vergessen! Vor dem inneren Blick entsteht eine Überschau, in der die Einzelheiten noch deutlicher miteinander in Beziehung treten: Dort ist das Rathaus, daneben die Kirche; auf dem Marktplatz steht der Gedenkstein am Brunnen. Zwischen Kirche und Rathaus beginnt die Straße, die zur Schule führt. – Es ist kein Zufall, dass wir in der Sprachlehre-Epoche anschließend die Präpositionen behandeln: neben, auf, am, zwischen usw. Außerdem werden die Zeitformen besprochen, denn in der Heimatkunde haben wir auch gelernt, wie vor Hunderten von Jahren Menschen an dieser Stelle die ersten Häuser bauten. Wir wissen, wie unsere Stadt heute aussieht, und blicken in die Zukunft: Müssen die alten Häuser bald abgerissen werden, damit eine neue Straße gebaut werden kann? – Wir heben unsere Sprachgewohnheiten ins Bewusstsein und entdecken die Gesetze der Grammatik. Gleichzeitig entsteht eine Empfindung für das Gewordene und Vergängliche unserer vertrauten Umgebung. Innere Fragen nach geschichtlichen Zusammenhängen entstehen, die vom Lehrer in späteren Schuljahren wieder aufgegriffen werden können.

Zweifellos können die Kinder durch die Benutzung verschiedener

Medien (Bücher, Landkarten) eigenständiger lernen, und im Rahmen von Unterrichtsprojekten sollten diese Möglichkeiten unbedingt für sinnvolle Einzelaufgaben genutzt werden. Damit die Schüler zu einer inneren Anschauung von Zusammenhängen kommen, sind aber primäre Sinneserfahrungen und anregende Darstellungen des Lehrers unverzichtbar. An dem Erwachsenen können sie lebensvolle Bilder und inneres Engagement erleben, die eine wesentliche Bereicherung für die eigenen Bemühungen darstellen. Eigenständigkeit und lehrerzentrierter Unterricht sind keine Alternativen, sie können sich vielmehr auf fruchtbare Weise ergänzen. Entscheidend ist, ob die selbstständige Erarbeitung von Unterrichtsgebieten das Bedürfnis nach vertiefenden Darstellungen des Lehrers weckt und ob umgekehrt die Einführung durch den Lehrer die Eigenständigkeit anregt. Es ist nicht das Entweder – Oder, sondern die kraftvolle Dynamik des Wechsels, die den Unterricht belebt.

Phänomene heutiger Kindheit

Die Kinder der siebziger Jahre – etwa in der Zeit nach 1960 geboren – waren die ersten, die mit der Allgegenwart der medienvermittelten Sekundärerfahrung aufgewachsen sind. In dieser Altersgruppe ist heute im Umgang mit ihren Kindern eine starke Verunsicherung und häufig eine große Hilflosigkeit zu bemerken, wenn es darum geht, durch eigenes Handeln etwas zu verändern. Zum Beispiel bei den Eltern des kleinen Matthias: Sie nehmen den Jungen zu einem großen öffentlichen Kinderfest mit, bei dem Künstler mit den Kleinen malen, plastizieren und basteln. Das Kind ist keine zwei Jahre alt und kann sich noch nicht verständlich machen. Statt sich in irgendeine Tätigkeit zu vertiefen, beobachtet Matthias das Geschehen, geht dann zu anderen Kindern und haut, stößt und zwickt sie. Der Vater, ein hoch gebildeter Mann, bleibt unbeteiligt; er ist der Ansicht, dass die Kinder ihr Verhalten gegenseitig korrigieren müssen. Matthias' ältere Schwester ist dagegen ein Kind, das seit vielen Jahren unter der Aggressivität stärkerer Jungen leidet, ohne sich jemals dagegen zu wehren. Der Vater könnte also wissen, dass kleine Kinder ihr soziales Verhalten nicht ohne Hilfe der Erwachsenen verändern. Und doch scheint er für diese Erfahrung nicht zugänglich zu sein.

Dieses Beispiel zeigt eine weit verbreitete Lebenshaltung heutiger Erwachsener: Die alltäglichen Ereignisse werden oft so interpretiert, dass sie das eigene Weltbild nicht in Frage stellen; eine Änderung von Gewohnheiten und Einstellungen erscheint daher in der Regel überflüssig. Die Psychologen sprechen von einer Strategie der «defensiven Stabilisierung» angesichts unbequemer Schwierigkeiten. Der Vorteil für das seelische Gleichgewicht des Betroffenen liegt auf der Hand: «Die Bedrohung verschwindet etwa durch eine Leugnung des Problems (...) sofort, keine Beeinträchtigung des Wohlbefindens ist spürbar, keine (schmerzhafte) Anpassung der Lebensziele und Erziehungsideale ist erforderlich, keine – mühsamen und scheiternsanfälligen – Lösungsbemühungen sind nötig.»[50] Andererseits gibt es zwei Nachteile, die ein Lebensproblem langfristig verschärfen können: «Leugnungen dieser Art müssen erstens immer wieder (ad hoc) bemüht werden (gewähren damit nur je aktuellen Schutz) und entfernen zweitens die Person partiell von der Realität.»[51] Diese Schwierigkeit hat, wie später gezeigt werden soll, weitreichende Folgen.

Durch die skizzierte Bewusstseinsentwicklung der Moderne bringen die heutigen Eltern bestimmte Voraussetzungen für die Erziehung ihrer Kinder mit. Dabei finden die jungen Menschen, die heute eine Schule besuchen, wiederum veränderte Lebensbedingungen vor. Seit den siebziger Jahren häufen sich die Anzeichen für einen allgemeinen Wertewandel, der gerne mit dem Schlagwort «Postmoderne» oder «Postmaterialismus» belegt wird. Um diesen Vorgang zu verstehen, muss man zunächst einen Blick zurück in die vergangene historische Periode werfen.

Materialismus und Postmaterialismus

Durch den *Materialismus* orientierte sich das menschliche Leben an dem Vorrang der physischen Materie. Nicht Ideen und Ideale, nicht religiöse Werte und künstlerisches Streben, sondern die Gesetze des Stoffes bestimmten vor allem anderen das Denken, die Gefühle und das Handeln der Menschen im umfassendsten Sinne. Die bedeutendsten Leistungen, die unter dieser Prämisse entstanden sind, zeigten sich auf zweierlei Weise. Zum einen hat die experimentelle Wissenschaft zu einer bis dahin unvorstellbaren Beherrschung der Natur durch den Menschen geführt. Diese Erfolge hatten eine Vorbildfunktion auch für die Erforschung des menschlichen Lebens: Die Humanwissenschaften wie Psychologie, Soziologie und Wirtschaftslehre machten es sich ausgesprochenermaßen zum Ziel, Gesetze des menschlichen Seelenlebens wie Naturgesetze zu entdecken und anzuwenden. Die materialistische Grundorientierung im Erkenntnisstreben erstreckte sich also auch auf die Lebensgebiete, in denen die physische Materie keinen bestimmenden Einfluss auf die untersuchten Prozesse ausübt.

Neben der Wissenschaft zeigte sich auch in dem Aufschwung der industriellen Produktion die Erfolgsgeschichte materialistischer Gesinnung. Man denke nicht nur an die Menge an Gütern, sondern ebenso an ihre Verfeinerung, die ständige Qualitätssteigerung der Produkte, mit der bis heute vorhandene und vermutete Wünsche der Menschen erfüllt werden. Auch an dieser Stelle blieb es nicht bei der Befriedigung *materieller* Bedürfnisse der bloßen Lebenserhaltung durch Nahrung, Kleidung und Obdach: Die seelischen Triebkräfte, die geeignet wären, um dem Leben einen tieferen Sinn zu verleihen, wie schöpferische Impulse und moralische Ideale, wurden ersatzweise durch materielle Güter scheinbar befriedigt. Darin zeigte sich die Tendenz, die Sinnfrage der Individualität durch bloßes Wohlbefinden zu beantworten.

In den neunziger Jahren des 20. Jahrhunderts erreichte die Erfolgsgeschichte des Materialismus einen entscheidenden Wendepunkt. Der amerikanische Soziologe Ronald Inglehart hat diesen Umschlag als einen kulturellen, wirtschaftlichen und politischen Wandel in 43 Gesellschaften der Erde beschrieben; seine Daten erstrecken sich auf 70 Prozent der Weltbevölkerung. Die Kernaussage seiner Studie lautet: Mit zunehmendem Wohlstand verändern sich die Werte, an denen die Menschen ihre Orientierung finden. Während es in der Zeit der Moderne vor allem um die Sicherung der Lebensgrundlagen durch eine expandierende Wirtschaft ging, sei das «Hauptprojekt der Postmoderne (...) die Maximierung des individuellen Wohlbefindens, was immer stärker von subjektiven Faktoren gesteuert wird. Das Verhalten der Menschen, das bisher von ökonomischen Notwendigkeiten wie Sorge um Nahrungsmittel, Kleidung und Unterkunft dominiert wurde, verschiebt sich auf das Streben, die Lebensqualität zu verbessern.»[52]

Diese Entwicklung zeigt sich innerhalb der Volkswirtschaften als eine relative Steigerung des Dienstleistungssektors wie Computersoftware, Bildung, Forschung, Unterhaltung und Tourismus gegenüber der industriellen Produktion. Aber auch die Herstellung von Gütern hat sich gewandelt; denn es werden relativ immer weniger lebensnotwendige Dinge produziert, stattdessen mehr und mehr Waren, die das subjektive Wohlbefinden steigern. Dabei wird die Bedeutung des Materials immer unwichtiger gegenüber der gedanklichen und emotionalen Stimulierung durch das Produkt: «Computersoftware, Mikrochips und Unterhaltung sind zu den drei größten Exportindustrien der Vereinigten Staaten geworden, aber der Materialwert der Medien Film, Silizium, CD oder Floppy-Disk, auf denen sie gespeichert sind, ist kaum der Rede wert. (...) Ideen und Innovationen sind die wichtigsten Komponenten – und der Wert ergibt sich, indem die Menschen bestimmen, was es ihnen wert ist.»[53]

Die zunehmende Bedeutung immaterieller Werte in der Wirtschaft zeigt sich grotesk übersteigert im Börsenfieber. Die Erwartung, ohne Arbeit, d.h. unabhängig von der Schaffung eines gesellschaftlichen Nutzens, reich zu werden, erfasste weite Teile der Bevölkerung. Diese Menschen setzten ihre Hoffnung auf die zündenden Ideen irgendwelcher Unternehmer, von denen sie sich märchenhafte Gewinne erwarteten. Der massenhafte Kauf von Aktien hat den Wert manches Unternehmens auf dem «Neuen Markt» dermaßen aufgebläht, dass der materielle Besitz von traditionellen Industriebetrieben – Fabrikanlagen, Maschinen und Gebäude – neben diesen virtuellen Vermögen wertlos erschien.

«Postmaterialismus» nennt Inglehart die Tendenz, Hoffnungen und subjektives Wohlbefinden der Menschen höher zu bewerten als materielle Güter. Verbunden ist damit aber ein weitergehender Wertewandel; denn immer mehr Menschen werden auch auf die gesellschaftlichen und ökologischen Auswirkungen des Wirtschaftswachstums aufmerksam. Für diese Menschen ist Reichtum nicht mehr das oberste Ziel. «Für einen wachsenden Teil der Bevölkerung werden Selbstverwirklichung und eine sinnvolle Arbeit immer wichtiger. Die vorherrschende Einstellung zur Arbeit ändert sich: Das Einkommen zu erhöhen hat nicht mehr die höchste Priorität, das Arbeitserlebnis wird stärker betont.»[54] Subjektive Erlebnisse stehen also mehr und mehr im Vordergrund, und das gilt auch für die grundlegenden Fragen des Lebens: «Postmodernismus ist, obwohl der kontinuierliche Verfall traditionaler religiöser Überzeugungen dazugehört, mit einem *wachsenden* Interesse an Sinn und Ziel des Lebens verknüpft.»[55]

In dem gegenwärtigen gesellschaftlichen Wandel liegen offenkundig zwei Möglichkeiten. Zum einen können sich die fundamentalen Gesetze des Materialismus auf den Bereich immaterieller Werte übertragen. Das heißt: Man betrachtet und behandelt das seelische Erleben des Menschen so wie materielle Gegenstände. Das gilt überall, wo uns die Werbung nicht nur ein Produkt verspricht, sondern die Erfüllung von Sehnsucht und Hoffnung. Die Illusion des käuflichen Glücks ist eine Steigerung des Materialismus auf dem Gebiet des Seelenlebens. In diesem Sinne ist eine Aussage Ingleharts zu verstehen: «Postmaterialisten sind keine Nonmaterialisten, und noch viel weniger sind sie Antimaterialisten. Der Terminus ‹*Post*materialist› bezeichnet eine Reihe von Zielen, die betont werden, *nachdem* die Menschen materielle Sicherheit erreicht haben und *weil* sie diese materielle Sicherheit erlangt haben. Deswegen würde der Zusammenbruch der Sicherheit zu einer allmählichen Rückverschiebung zu materialistischen Prioritäten führen. Der Aufstieg des Postmaterialismus spiegelt keine Umkehr der Polaritäten wider, sondern einen Wandel der *Prioritäten*: Die Postmaterialisten bewerten wirtschaftliche und physische Sicherheit nicht negativ – sie bewerten sie positiv, wie jeder dies tut; aber im Gegensatz zu Materialisten geben sie den Zielen Selbstverwirklichung und Lebensqualität noch höhere Werte.»[56]

Dennoch lohnt es sich, hier eine genauere Unterscheidung vorzunehmen. Während *Lebensqualität* als ein Streben nach subjektivem Wohlbefinden nicht als Abkehr vom Materialismus, sondern als seine konsequente Fortsetzung verstanden werden kann, beinhaltet *Selbstverwirklichung* möglicherweise noch etwas anderes: die Ahnung nämlich, dass eine geistige Individualität von der Geburt bis zum Tod danach strebt, ihr eigenes Wesen zu erschaffen. Inglehart glaubt, dass die Tendenz der «Individuierung» sich nur dann zeigt, wenn die leiblichen Bedürfnisse der bloßen Lebenserhaltung als gesichert erlebt werden. Dies mag erklären, warum Menschen in existenzieller Not sich über ihre Selbstverwirklichung keine Gedanken machen. Umgekehrt erklärt seine These aber nicht, warum wir uns überhaupt als ein Ich erleben können, das sich auf den Weg zu sich selbst gemacht hat.

Inglehart stellt in seinem Buch selbst fest, dass die Menschen in den hoch entwickelten Industriegesellschaften mit zunehmender Sicherung ihrer Lebensgrundlagen immer sensitiver gegenüber dem Risiko geworden seien.[57] Er bezieht sich dabei auf eine Diagnose von Ulrich Beck,[58] nach der die früheren Verteilungskämpfe um Güter in der postmodernen Gesellschaft von Verteilungskämpfen um Risiken (z.B. der Atomtechnik, der Genforschung und der Umweltzerstörung) abgelöst würden. «Mit dem Aufstieg der postmodernen Gesellschaft sind die Lebensrisiken unkalkulierbar geworden und entziehen sich immer stärker den Kontrollmechanismen der Gesellschaft.»[59] Ängste und Sorgen sind also nicht geringer geworden, sie haben sich vielmehr auf Bereiche verlagert, die früher gar nicht in das Bewusstsein der Menschen gerieten. Deshalb versteht sich die Suche nach der Wirklichkeit des eigenen Wesens keineswegs von selbst. Sie scheint vielmehr in jedem Menschen veranlagt zu sein und hervorzutreten, sobald sie nicht von einer existenziellen Not überdeckt wird.

Jugend im Postmaterialismus: Das Projekt «Selbstverwirklichung»

Die Wirklichkeit der eigenen Individualität wird heute zu einer drängenden Frage für Jugendliche. Vielen fällt es schwer, sich selbst einzuschätzen, und nach dem Abitur haben nur die wenigsten ein konkretes Berufsziel. Der gesellschaftliche Wandel bringt es mit sich, dass auch ihre Situation nachhaltig verändert ist. Soziologisch betrachtet ist die Jugendzeit eine Phase des Übergangs: Das Kind, das sich noch vertrauensvoll dem Vorbild und der Anleitung hingab, war auf das liebevolle Interesse der Erwachsenen angewiesen. Auf dem Weg zur Eigenständigkeit der Gefühle und Urteile erlebt der Heranwachsende tief einschneidende Veränderungen, die äußerlich zu erkennen sind an verschiedenen «Statusübergängen», wie es in der Soziologie genannt wird:

Die Orientierung an Gleichaltrigen:
Schon mit neun bis zehn Jahren beginnt eine Phase, in der soziale Bindungen an gleichaltrige Freunde zielstrebig gesucht werden. Dabei entsteht meist ein informelles und flexibles Bezugssystem: Man kennt und begrüßt einander, verabredet sich spontan, und vor allem erlebt sich der junge Mensch widergespiegelt im Urteil der anderen Jugendlichen. Dabei erschließen sich die Heranwachsenden auch neue Lebens- und Erfahrungsräume durch gemeinsame Aktivitäten; es entstehen mehr oder minder feste Freundschaftsbeziehungen, klar definierte Gruppen (z.B. in Vereinen) und informelle Cliquen.

Die Lösungskrise:
Junge Menschen lösen sich seelisch und sozial von ihrem Elternhaus ab, indem sie beginnen, einen eigenen Lebensstil auszuprobieren. Sie werden in ihrer Freizeitgestaltung zunehmend eigenständig; oft wird es in der Familie als Einschnitt erlebt, wenn Söhne und Töchter ihren Geburtstag zum ersten Mal ohne die Angehörigen feiern und schließlich auch nicht mehr auf die gemeinsame Urlaubsreise mitgehen. Die räumliche Trennung von der elterlichen Wohnung und die wirtschaftliche Selbstständigkeit markieren dann weitere Schritte der Loslösung.

Die Partnerbeziehung:
In der Pubertät beginnt oft die Aufnahme intensiver und intimer Beziehungen zu einem gegengeschlechtlichen Partner. Bleiben die ersten Paarbildungen meist noch vorübergehend, so gelten sie doch in der kulturellen Tradition als Ausgangspunkt für eine eigene spätere Familiengründung.

Berufseinmündung:
Als Voraussetzungen für die persönliche Berufswahl und eine selbstverantwortliche Erwerbsarbeit sind in Schule und Ausbildung

die notwendigen intellektuellen und praktischen Kompetenzen zu erwerben. Ebenso müssen die jungen Menschen eine soziale Verantwortungsbereitschaft entwickeln, um ihre persönliche Aufgabe in der Gesellschaft zu finden.

Identitätsbildung:
Die Jugendzeit ist schließlich gekennzeichnet durch den allmählichen Aufbau eines eigenständigen Werte- und Normensystems zur allgemeinen Orientierung im gesellschaftlichen Leben. Dazu gehört neben der Ausbildung des eigenen Lebensstils auch die Entwicklung eines autonomen, verantwortungsbewussten Handelns.

Starke Veränderungen im Familienleben und die zunehmende Bedeutung von Informationsmedien haben in den letzten Jahrzehnten dazu geführt, dass sich die Bewältigung der genannten Statuspassagen zeitlich verschoben hat. Es ist nicht zu unterschätzen, dass die Kindheit heute nicht nur zunehmend durch einen medial vermittelten Weltzugang geprägt ist, auch die Eltern dieser jungen Menschen sind bereits in einer vom Fernsehen bestimmten Welt aufgewachsen. Die veränderten Lebensformen wirken sich in der Folgegeneration aber wesentlich stärker aus, wenn schon die Eltern eine vielfältige Sinneserfahrung nicht mehr als Normalität erlebt haben. Wer im Film eine Natur wieder erkennt, die er noch selbst mit allen Sinnen erlebt hat, fühlt sich an eine reiche Welt der Erfahrung erinnert. Wer dagegen solche Naturerlebnisse selbst nicht kennt, für den zeigen die Bilder eine fremde, unwirkliche Schattenhaftigkeit, die mit dem eigenen Leben nichts zu tun hat.

Unter diesen Prämissen beginnt heute die kulturelle Ablösung vom Elternhaus oft schon in der Kindheit – z.B. durch die eigenständige Nutzung von Fernsehen, Radio und Internet. Bei der räumlichen Trennung von der Familie und der Aufnahme heterosexueller Beziehungen gibt es erhebliche individuelle Unterschiede, wenn sich auch oft eine Tendenz zur Verfrühung zeigt. Schließlich wird auch eine politische Urteilsbildung zunehmend schon von Jugendlichen erwartet. Dafür spricht nicht nur die Herabsetzung des Wahlalters, sondern auch die Gründung von Jugendräten, politischen Jugendorganisationen, die Beteiligung junger Menschen an

Protestbewegungen und Bürgerinitiativen. Aber nicht alle Übergänge von der Kindheit zum Erwachsenen sind vorgezogen; denn andererseits wird z.B. die beruflich-finanzielle Selbstständigkeit im Allgemeinen immer später erreicht. Und das bedeutet, dass die Erfahrung produktiver Tätigkeit und eigener Nützlichkeit herausgezögert wird.

Der Übergang in den Erwachsenenstatus zergliedert sich also in eine lose zusammenhängende Abfolge einzelner Statuspassagen, die jeweils anderen zeitlichen und sozialen Mustern folgen. Die verschiedenen Anforderungen dieser Übergänge stehen dabei teilweise in Spannung oder sogar im Widerspruch zueinander. Dass man sich selbst als «erwachsen» erlebt, hängt heute im Allgemeinen vom Lebensalter ab, aber auch vom Aufbau gegengeschlechtlicher Beziehungen und der Ablösung vom Haushalt der Herkunftsfamilie. Keine Rolle für das Bewusstsein, «erwachsen» zu sein, spielt dagegen der Eintritt in das Erwerbsleben. Es wird den Heranwachsenden also eine gesteigerte Autonomie, eine größere Verantwortung für die eigene Lebensgestaltung abverlangt. Andererseits wird aber die Möglichkeit der Bewährung immer weiter verschoben.

Für junge Menschen ist es daher heute immer schwieriger, die Wirklichkeit der eigenen Individualität *durch eine sinnvolle Tätigkeit* zu erfahren. Auch ohne sie ist die Welt offenbar fertig; alles scheint zu funktionieren. Die Jugendlichen können – wenn sie materiell entsprechend ausgestattet sind – am allgemeinen Wohlstand teilhaben. Andererseits erscheint das Leben in einer Welt, in der man nicht gebraucht wird, immer sinnloser. Für Jugendliche im Postmaterialismus ist deshalb die Suche nach «Selbstverwirklichung» kein Luxus, den man sich leisten kann, weil die eigene Existenz wirtschaftlich gesichert ist: Die Wirklichkeit des eigenen Wesens muss überhaupt erst errungen werden in einer Kultur, die offenbar keine glaubwürdigen Antworten bereit hält.

Leben in virtuellen Welten

Durch den verbreiteten wirtschaftlichen Wohlstand und eine simulierte Welt von Schönheit und Luxus, Abenteuer und Souveränität verändern sich auch die Wünsche und Erwartungen großer Bevölkerungsgruppen. Man spricht von Hedonismus und «Spaßgesellschaft». Genauer ließe sich vielleicht sagen, dass die Maßstäbe für das eigene Lebensglück immer stärker von Medien geprägt werden – neben dem Fernsehen trägt auch eine Flut von Illustrierten dazu bei. Die Verwirklichung aller Wünsche scheint durch die fiktive Bilderwelt greifbar nahe. Als sonderlich erscheint es dagegen, auf die Befriedigung des eigenen Begehrens zu verzichten. Schicksalsschläge, Armut und Krankheit werden zu unerträglichen Lasten, die den Anspruch auf persönliches Lebensglück unangemessen einschränken. Auch die Versorgung eigener Kinder droht die Lebensplanung, den Wohlstand sowie die Vereinbarkeit von Beruf und Privatleben zu gefährden.

Die Zeit, in der man sich im Familienverband vor dem Fernseher versammelte, um gemeinsam die Tagesschau zu sehen, einen Krimi oder ein Quiz zu genießen, gehört längst der Vergangenheit an. Schon Grundschüler nutzen heute im Allgemeinen die Medien immer selbstständiger: Spezielle Sendungen für jede Altersstufe, häufig auch eigene Radio- und Fernsehgeräte in den Kinderzimmern verschaffen jedem Familienmitglied weitgehende Unabhängigkeit. Das Medium ist mit zwanzig bis dreißig Programmen und Sendezeiten rund um die Uhr meist allgemein und jederzeit verfügbar – im Unterschied zu den lebendigen Familienmitgliedern, die durch berufliche Verpflichtungen immer weniger präsent sind. Aber durch Gameboy und Computerspiel stehen den Kleinen jetzt interaktive Medien zur Verfügung, von denen ihre Eltern vor dreißig Jahren nur träumen konnten.

Es sind nicht nur die bunten Bilder und witzigen Geräuscheffekte, sondern vor allem die Möglichkeiten der Eigenbetätigung, die Kinder an den Bildschirm fesseln. Da gibt es zum Beispiel ein «spannendes Rechenspiel» für Sieben- bis Zehnjährige, herausgegeben von einem Schulbuchverlag. Auf dem Bildschirm sind in comicartigen Bildern die Hochhäuser und Straßenfluchten einer Großstadt zu sehen. Eine Stimme teilt mit, in der Stadt treibe eine «böse Zahlenbande» ihr Unwesen, und: «Die Polizei braucht deine Hilfe!» An einem Fenster in der Mitte des Bildes leuchtet ein gelbes, siegelartiges Gebilde auf, und das mit dem Medium vertraute Kind weiß: Es muss jetzt mit der Computermaus einen Pfeil an diese Stelle bewegen, klicken, und schon befindet es sich in der nächsten Szene, nämlich in einem Raum des Polizeipräsidiums.

Nachfolgend bekommt der Spieler die Anweisung, eine so genannte «Geheimzahl» auszuwählen, um anschließend eine Reihe von Aufgaben zu bewältigen, bei denen diese Zahl jeweils als Lösung erscheint. Hat man zum Beispiel die «56» gewählt, muss der Spieler durch Bewegung der Computermaus eine Reihe von Gewichten auf eine Waagschale platzieren; hat er sieben Gewichte, auf denen jeweils eine «8» zu sehen ist, an die richtige Stelle verschoben, erscheint als Belohnung das nächste Bild. Das Kind darf jetzt in einer neuen Szenerie nach verborgenen «Fingerabdrücken» der Gangster suchen. Das heißt, man klickt an verschiedenen Stellen des Bildes, bis ein grüner Strahl, ein Geräusch und ein stilisierter Fingerabdruck anzeigen, dass die richtige Stelle gefunden wurde. Im folgenden Bild wird jetzt ein Teil einer zunächst geschwärzten Räuberphysiognomie sichtbar – und die nächste Aufgabe beginnt, bis schließlich die ganze hässlich verzerrte Grimasse eines Bösewichts zu erkennen ist. Zwischendurch taucht immer wieder eine Comic-Maus im Bild auf, die irgendwelche witzigen und stimulierenden Kommentare abgibt. Das Spiel ist schließlich erfolgreich beendet, und das nächste kann durch Auswahl einer neuen «Geheimzahl» beginnen.

Mit dem kritischen Blick junger Erwachsener aus den sechziger Jahren betrachtet, sind solche simplen Konditionierungsabläufe erschreckend. Kein noch so vergröbertes Klischee wird ausgelassen, um das Kind an den Computer zu fesseln. Gelernt wird, durch Versuch und Irrtum zum Erfolg zu kommen. Und dabei ergibt sich keinerlei Verständnis für mathematische Gesetzmäßigkeiten. Allerdings verfolgen die Produzenten solcher Spiele auch nur im Ausnahmefall pädagogische Ziele. In der Regel steht die Unterhaltung im Vordergrund. Dabei wirkt das Medium mit einer enormen Faszination, weil ganz bestimmte Bedingungen berücksichtigt werden: «Damit Spiele ankommen, müssen sie z.B. durch attraktive Spieltätigkeiten einen primären Reiz entfalten und dann Leistungsanforderungen stellen, die man mit Anstrengung bewältigen kann – wobei ungewiss (und damit spannend!) bleibt, ob und wann dies der Spielerin gelingt.»[60] Die Vorlieben der Mädchen liegen dabei eher auf Spielhandlungen wie «hüpfen und springen, viel gehen und Sachen einsammeln, schwimmen und tauchen, Rätsel lösen und geheimnisvolle Gänge entdecken».[61] Jungen bevorzugen dagegen Betätigungen, bei denen sie Veränderungen in rasantem Tempo erleben und sich reaktionsschnell auf Neues einzustellen haben. Das wird z.B. durch Wettrennen, vor allem aber durch Kampfspiele erreicht.

Die jungen Spieler identifizieren sich gefühlsmäßig mit ihren «elektronischen Stellvertretern» und erleben deren Erfolge und Niederlagen als eigene. Andererseits müssen die Spieler im Umgang mit dem Computer lernen, wie eine Maschine zu reagieren, also ohne Gefühl, absolut perfekt und automatisch.[62] Im Vergleich zum Fernsehen wird ein stärkeres Engagement, aber auch größere Anstrengung und Konzentration erlebt. Der Anreiz liegt vor allem in dem Gefühl, eine mehr oder weniger anspruchsvolle Situation unter Kontrolle zu bringen. Dennoch geben die meisten Kinder an, am Computer vor allem «aus Langeweile», zur Ablenkung oder zum Stressabbau zu spielen. Anderen, realen Beschäftigungen wie Sport und Spiel mit Gleichaltrigen wird erklärtermaßen der Vorzug gegeben.

Es gibt eine bestimmte Altersspanne, in der die jungen Menschen bevorzugt zum Computerspiel greifen: «Die typische Entwicklung sieht etwa so aus: Mit dem 7. bis 10. Lebensjahr beginnen die Kinder, ihre ersten Erfahrungen mit Videospielen zu machen. Zwischen 10 und 14 Jahren können Homecomputer (...) dazukommen. Am Anfang ist das Interesse sehr groß und wird durch neue Spiele aufrechterhalten. Zwischen 10 und 14 liegen auch die intensivsten Spielphasen. Danach erlahmt bei den allermeisten spürbar die Begeisterung für Computerspiele. Bei den von uns Befragten liegt die ‹Bruchstelle› zwischen dem 15. und 16. Lebensjahr.»[63] Gerade die Altersgruppe, die seit jeher die Welt mit der größten Begeisterung zu entdecken suchte und besonders stark mit Gleichaltrigen spielte, nämlich die Zehn- bis Vierzehnjährigen, sitzt offenbar bevorzugt allein vor dem Computer. Werner Paul Mayer befürchtet deshalb, «hier könnte eine Generationsgestalt entstehen, welche sich immer mehr in Richtung auf eine virtuale Realität hin entwickelt und dann der Simulation mehr Bedeutung zukommen lässt als der Realität».[64]

Es ist zu erwarten, dass die Erfahrungen am Computer auch die Persönlichkeitsentwicklung der jungen Menschen beeinflussen. Die

Tatsache, dass der Spieler einem Wechselbad starker Emotionen ausgesetzt ist, die aber fortwährend zurückgehalten und beherrscht werden müssen, bringt eine Tendenz zur ironischen Distanz und zum «Cool»-Sein hervor. Eine japanische Studie von 1985 ergab darüber hinaus, dass die junge Generation «nicht mehr in einer Art Folgerungslogik (denkt), sondern in simultan ablaufenden mehrdimensionalen Bilderwelten – bedingt durch tägliches Computerspielen und cartoongesteuertes Lernen».[65] Die Beherrschung schnell veränderter Situationen und die Austauschbarkeit von virtuellen Lebensinhalten führt außerdem zu einem «praktizierten Pluralismus», der für die ältere Generation immer schwerer nachvollziehbar sei. Und «Information wird (...) als beliebig wegwerfbar und erneuerbar betrachtet. Die Computerkids sind einerseits vom Intellekt her fortgeschritten, andererseits aber kindlich retardiert. Die Computerspielewelt kann keine Reife vermitteln.»[66]

Die Kinder der Jahrtausendwende

Nun bilden Fernsehen und Computerspiel zwar einen symptomatischen, aber doch nur einen kleinen Ausschnitt der heutigen Lebenswelt von Kindern. Gegenüber der Großelterngeneration ist auch eine zunehmende Auflösung der Familie zu beobachten. Die berufliche Eigenständigkeit des betreuenden Elternteils erfordert häufig eine ganztägige Betreuung der Kinder in entsprechenden Einrichtungen. Zudem erleben die Jungen und Mädchen während ihrer Schulzeit zum Teil einen oder mehrere Wechsel der Lebenspartnerschaft ihrer Eltern. Ein Drittel der in Deutschland geschlossenen Ehen werden zur Zeit geschieden, und Klassen, in denen über 30 Prozent der Kinder bei allein erziehenden Elternteilen (meist den Müttern) leben, sind keine Seltenheit.

Da, wie gesagt, die primäre Lebenswelt die Wirkung sekundärer Erfahrungen entscheidend prägt, stellen sich hier drängende Fragen: Wie mögen angesichts wechselnder und zum Teil unpersönlicher Lebensverhältnisse die Inhalte von Fernsehen, Computerspiel und Internet auf heutige Kinder wirken? Und wie stehen Eltern gegenwärtig den anspruchsvollen Erziehungsaufgaben gegenüber, wenn sie selbst bereits eine von elektronischen Medien mitgeprägte Sozialisation erlebten? Wiederum muss man prüfen, ob von der Waldorfpädagogik noch Lösungen für heutige Erziehungsprobleme zu erwarten sind.

Immer mehr Jungen und Mädchen im Schulalter leiden darunter, sich nicht konzentrieren zu können und ständig zu impulsiven Bewegungen getrieben zu sein. Die Symptome werden zusammengefasst unter der Bezeichnung «Aufmerksamkeits-Defizit- und Hyperaktivitätssyndrom» (ADHS). Diese Kinder gelten als verträumt, chaotisch und unordentlich, aber ebenso als gefühlvoll, ehrlich, unbestechlich, kreativ, musisch, künstlerisch und begeisterungsfähig.[67] Oft handelt es sich um überdurchschnittlich intelligente Schüler, die sich aber den üblichen Leistungsanforderungen in Elternhaus und Schule verweigern. Dadurch geraten sie häufig in eine Spirale von Versagen und Kritik, die sich immer weiter steigert, bis die betroffenen Eltern, Lehrer und Kinder gleichermaßen entmutigt und verzweifelt reagieren. Nicht selten durchbricht erst ein beruhigendes Medikament mit dem Wirkstoff Methylphenidat den Teufelskreis und schafft den Kindern erstmals die Erfahrung von Lernfortschritt und Lob. Und so werden die entsprechenden Präparate seit Jahren in steigendem Maße verschrieben – am häufigsten in den USA, aber auch in Deutschland mit zunehmender Tendenz –, obwohl über die Nebenwirkungen und Risiken einer Dauerbehandlung nur wenig bekannt ist. Die Therapie ist unter Medizinern heftig umstritten. Die einen sehen die Entlastung, die es Eltern und Lehrern überhaupt ermöglicht, sich den Kindern helfend und fördernd zuzuwenden. Kritiker betonen dagegen, dass ein von der Gesellschaft erzeugtes Problem unterdrückt werde, indem mithilfe von Psychopharmaka gleichförmige, immer funktionierende Menschen geschaffen würden.[68] Die Alternative liegt in einer langfristigen Therapie, die am besten von Kindern, Lehrern und Eltern gemeinsam in Angriff genommen werden sollte: klare Verabredungen, verlässliche Tagespläne, präzise Aufforderungen und – als «Zaubermittel» – Konsequenz. Und das bedeutet vor allem für die Erzieher: Sie müssen sich ihrer pädagogischen Ziele sicher sein und bereit, die notwendigen Folgen durchzusetzen und mitzutragen.

In engem Zusammenhang mit ADHS wird in letzter Zeit auch von Kindern berichtet, die völlig andere, neue Fähigkeiten auf die Welt mitbrächten als alle früheren Generationen. Es seien Seelen, die sich durch eine besondere Reife und «geistige Mündigkeit» auszeichneten. Die amerikanische Pastorin Nancy Ann Tappe, die für diese jungen Menschen den Namen «Indigo-Kinder» geprägt hat, beschreibt sie als «computerisiert», damit meint sie, sie seien «mehr Kopf als Herz»: «Es sind technologieorientierte Kinder, was für mich besagt, dass sie sogar noch stärker auf Technologie ausgerichtet sein werden als wir heute. Mit drei oder vier Jahren begreifen diese Kinder Computer, die Erwachsene mit fünfundsechzig nicht verstehen.»[69] Man mag an dieser Stelle fragen, was mit «begreifen» gemeint ist – vielleicht handelt es sich doch eher um ein Bedienen.

Jedenfalls werden gerade an solchen Kindern, die sich jedem gängigen Erziehungskonzept entziehen, Anzeichen einer bislang ungeahnten Eigenständigkeit und Bestimmtheit bemerkt. Durch herausforderndes Verhalten oder schlichte Verweigerung gegenüber den üblichen pädagogischen Maßnahmen stellen diese Kinder schon im frühesten Alter einen hohen Anspruch an ihre Erzieher. Sie lassen sich nämlich offenbar nur durch solche Erwachsenen leiten, die ihnen mit größtem Respekt und mit der vollen Glaubwürdigkeit ihrer eigenen Individualität entgegentreten.

Dieses Phänomen, das die Pädagogen vor gewaltige Aufgaben stellt, wird als Anbruch einer neuen Ära betrachtet. Mit den so genannten «Indigo-» oder «Sternkindern» betrete in wachsender Anzahl eine neue Generation die Erde, und das sei das bedeutendste Geschehen in unserem Zeitalter.[70] Wer in den vergangenen zwanzig Jahren in Kindergarten oder Schule gearbeitet hat, kennt die Merkmale, die den «neuen Kindern» zugeschrieben werden: ihren ernsthaften, reifen Blick, die Eigenwilligkeit im Handeln, auch die Unzugänglichkeit für Belohnung oder Strafen. Sie sind spontan, «im Jetzt lebend» und langweilen sich häufig in der Schule. Immer wieder kann man den Rat hören, man solle mit diesen Kindern schon im frühesten Alter unbedingt alles besprechen.

Ob diese Erscheinungen wirklich so neu sind, mag dahingestellt bleiben. Auch die These, dass die «Lebensfarbe» der beschriebenen Kinder Indigo sei, wie die Amerikanerin Ann Tappe behauptet, wird nicht leicht zu prüfen sein. Beim Lesen der einschlägigen Bücher[71] mag man überdies die Frage stellen, ob die Beschreibung einer besonderen Art von Kindern überhaupt einer Realität entspricht. Die verschiedenen Beiträge in dem von L. Carroll und J. Tober herausgegebenen Buch (auf das sich auch Kühlewind im Wesentlichen bezieht) sind nämlich so widersprüchlich, dass die 27 Autoren offenbar unter der gleichen Bezeichnung sehr Unterschiedliches verstehen. Zum Beispiel wird dort einerseits von Kindern gesprochen mit Merkmalen, die «neu und ungewöhnlich sind».[72] Andererseits wird aber behauptet, 90 Prozent der Unter-Zehnjährigen seien «Indigo-Kinder».[73] Ihnen wird eine «hohe ethische Bewusstheit» zugeschrieben,[74] andererseits wird betont, dass sie keine Angst kennen und für ihre Vorstellungen im Extremfall zu Mördern und Verbrechern werden.[75]

Dennoch beeindruckt in vielen Beiträgen das ernsthafte Bemühen um ein Verständnis für die Eigenarten dieser Kinder. Gerade in den USA ist es üblich, das auffällige und unbequeme Verhalten vieler begabter Kinder mit medizinischen Mitteln einzudämmen. Das Medikament Ritalin wird zunehmend verordnet, um eine übermäßige Bewegungsaktivität zu unterdrücken. Obwohl die Wirkung dieses Medikaments darauf abzielt, die Symptome eines Aufmerksamkeitsdefizit- und Hyperaktivitätssyndroms (engl. ADHD) kurzfristig zu mildern, wird es oft über Jahre verabreicht. Das *Time*-Magazin vom 30.11.1998 wird mit der Feststellung zitiert: «Die Ritalinproduktion hat in den vergangenen acht Jahren mehr als das Siebenfache erreicht, und 90 Prozent werden in den USA eingenommen.»[76] Weiter heißt es: «Der Trend im Laufe der letzten Jahre ist eindeutig: Der Prozentsatz an Kindern mit der Diagnose ADHD (oder ADD), die die Arztpraxis mit einem Rezept in der Tasche verlassen, ist von 55 Prozent im Jahr 1989 auf 75 Prozent in 1996 gesprungen.»[77]

Gegen diesen Trend, individuelle Entwicklungsbedürfnisse durch Medikamente zu unterdrücken, wenden sich die Autoren der verschiedenen Beiträge; sie setzen sich einhellig dafür ein, die «Indigo-Kinder» individuell zu respektieren und ihre besonderen Begabungen zu fördern. Nicht alle, aber die meisten dieser Kinder seien zumindest partiell hochbegabt.[78] Ihr Verhalten sei aber häufig unangepasst, sodass bei ihnen nicht selten ein ADHD diagnostiziert wird. Statt medikamentöser Behandlung mit dem Risiko massiver schädlicher Nebenwirkungen bräuchten die Kleinen nach Ansicht der Autoren verständnisvolle Erzieher.

Neu sind vielleicht weniger die Merkmale der gegenwärtigen Kindergeneration, auf jeden Fall aber bestimmte Erziehungsprobleme der Erwachsenen. Das Neue jedoch besteht offenbar vor allem darin, dass Kinder durch ihr Verhalten immer drängender fordern, als individuelle geistige Wesen behandelt zu werden. In dem erwähnten Buch von Carroll und Tober findet sich ein Beitrag der Psychologin Melanie Melvin über den «respektvollen Umgang mit Indigo-Kindern». Darin gibt die Autorin sehr differenzierte und hilfreiche Ratschläge für Eltern: Zum Beispiel seien die charakterisierten Kinder verwirrt und bestürzt, wenn ihre Eltern nicht wüssten, dass auch sie selbst mehr als alles andere «spirituelle Wesen» seien.[79] Die Erzieher müssten ihren Kindern gegenüber aufrichtig sein und «das, was sie wirklich sind».[80] Melvin macht darauf aufmerksam, dass die jungen Menschen Orientierung und Grenzen bräuchten: «Zu den gängigsten Fehlern, die ich an modernen Eltern sehe, gehört, dass sie sich völlig verbiegen, um ihrem Kind nie ‹psychische Verletzungen› oder einen ‹psychischen Schaden› zuzufügen. Was ist mit dem Schaden, der angerichtet wird, wenn Sie Ihren Kindern die Zügel schießen lassen in einer Welt, die für sie zu groß ist, um ohne Führung durch ihre Eltern zurechtzukommen?»[81]

Die Freiheit sei diesen Kindern etwas sehr Wichtiges, diese Freiheit sei aber von Verantwortung nicht zu trennen, und diese müsse wiederum dem Reifegrad der Kinder entsprechen.[82] Ein bemerkenswerter Rat der Psychologin betrifft auch das Aussprechen von Verboten angesichts der besonderen Entschlossenheit der Kinder: «Es ist besser, die Gründe der Kinder anzuhören und sorgsam abzuwägen, bevor Sie ihnen antworten. Wenn Sie nein sagen und dann nachgeben, lernen die Kinder schnell, dass sie nur so lange nerven müssen, bis sie bekommen, was sie wollen. Das heißt nicht, dass Sie ihnen alles geben sollen, was sie haben wollen, sondern es heißt eher, dass Sie das, was Sie sagen, auch wirklich meinen sollten, wenn Sie mit ja oder nein auf die Bitte Ihrer Kinder antworten.»[83] Die Ausführungen münden schließlich in die These, Liebe sei der Schlüssel zu dem Wesen eines «Indigo-Kindes». Diese Hinweise entsprechen so weitgehend den Maximen der Waldorfpädagogik, dass man tatsächlich bezweifeln kann, ob wir es mit ganz neuen Phänomenen zu tun haben. Gelten die Ratschläge von Melvin nicht vielmehr für alle Kinder?

Aufgaben einer zeitgemäßen Pädagogik

Mir scheint, dass die Charakterisierung «besonderer» Kinder weder schlüssig noch fruchtbar für die Pädagogik ist. Es verbindet sich damit nicht nur die Gefahr der Abwertung anderer, sondern auch das Problem übersteigerter Erwartungen an die hervorgehobenen jungen Menschen. Die Handreichungen der Psychologin Melvin zeugen von intensiven Erfahrungen im Umgang mit Kindern, und sie zeigen sehr deutlich, dass alle Kinder, auch die vermeintlichen «Indigos», eine verantwortungsvolle Erziehung brauchen. Diese Herausforderung ist für heutige Eltern scheinbar kaum zu erfüllen. Denn die Ratschläge betreffen im Allgemeinen so elementare Regeln nicht nur der Erziehung, sondern des sozialen Umgangs überhaupt, dass man sie für selbstverständlich halten könnte. Und doch ist für eine Generation, die unter der allgegenwärtigen Einwirkung elektronischer Massenmedien aufgewachsen ist, auf dem Gebiet der zwischenmenschlichen Beziehungen möglicherweise nichts mehr selbstverständlich. Das heißt: Die Eltern und Lehrer können sich gegenwärtig nicht mehr auf allgemeine Lebensgewohnheiten verlassen. Sie werden vielmehr durch die Kinder gezwungen, ihre pädagogischen Aufgaben vollkommen bewusst zu ergreifen.

In diesem Sinne lohnt es sich, noch einmal zu den im ersten Kapitel genannten Motiven zurückzukehren, die Rudolf Steiner für den Schulbeginn vorgeschlagen hat. Stichwortartig zusammengefasst lauten sie:

1. Wandlung; 2. Nachfolge; 3. Liebe zur Autorität; 4. erwachendes Bewusstsein; 5. Arbeit als Ausdruck des Menschlichen; 6. Üben von Fähigkeiten; 7. Erwartungen.

Diese sieben Stufen einer Pädagogik sind kein Trainingsprogramm; sie orientieren sich vielmehr vollständig an der Entwicklung der kindlichen Individualität. Damit stehen sie im Gegensatz zu Lebensbedingungen unserer gegenwärtigen Kultur, von denen ein starker Anpassungsdruck an den Bedarf von Wirtschaft und Technik ausgeht. So wird an dieser Stelle deutlich: Hinter dem Streit um die richtige Behandlung der ADHS-Kinder verbirgt sich in der Tat eine grundlegende Auseinandersetzung: Benötigen die betroffenen jungen Menschen und ihre Eltern medizinische Hilfe, damit sie gegenüber den wirklichen oder vermeintlichen Erwartungen der Umwelt bestehen können? Oder erhalten sie den Freiraum, um ihren individuellen Entwicklungsbedingungen zu folgen?

Die programmatischen Forderungen Rudolf Steiners sind radikal und exakt auf die Bedürfnisse heutiger Kinder, seien sie nun «besonders» oder «normal», zugeschnitten.

- Das Motiv «Wandlung» bedeutet für die menschliche Biografie, sich durch Selbstüberwindung den großen Lebensaufgaben zu stellen und das eigene Ich auf einer höheren Stufe immer wieder neu zu finden.
- Mit «Nachfolge» ist ein zielstrebiges Bemühen um Ideale gemeint bei gleichzeitiger Anerkennung der Leistung anderer. Die jüngeren Schulkinder orientieren sich zunächst an Erwachsenen, die selbst Ideale zu verwirklichen suchen; im Jugendalter lösen sie sich immer stärker von den Vorgaben der Älteren und suchen zunehmend nach ihren eigenen, individuellen Zielen.
- Die Liebe zur Autorität beinhaltet eine vorbehaltlose Hingabefähigkeit des Kindes an den Erwachsenen; es ist für die Entwicklung der Schüler ein Glück, wenn sie ihren Lehrer lieben können. Für den Erwachsenen bedeutet dies, so zu leben, dass er die Liebe der Kinder verdient.
- Wenn das Bewusstsein der Kinder für gewohnheitsmäßige Lebensverrichtungen geweckt werden soll, so heißt das: In jeder Umgebung und in jeder Kultur kann ein Kind Erfahrungen machen, die wertvoll genug sind, um sie in das Bewusstsein heraufzuholen. Sie brauchen allerdings Pädagogen, die ihnen helfen, diese kostbaren Entdeckungen in ihrer vertrauten Lebenswelt zu machen.
- Das fünfte Motiv erinnert an die besondere Würde und Verantwortung des Menschen; denn nur wir können mit unseren Händen für die Erhaltung und Pflege aller Wesen auf der Welt tätig werden. Es stellt sich daher die Frage, inwieweit die Kinder diese sinnerfüllte Arbeit bei den Erwachsenen wahrnehmen können.
- Die Fähigkeiten, die wir dazu brauchen, erwerben wir durch wiederholendes Üben; es ist deshalb eine besonders wichtige Aufgabe der Pädagogik, dass Kinder bemerken, wie ihre Fähigkeiten durch

die Übung wachsen. Das fällt ihnen leichter, wenn auch ihre Erzieher selbst bereit sind, durch Übung ihr Können zu steigern.
- Schließlich gilt es, durch Erwartungen an zukünftige Erlebnisse jede einzelne Bemühung in einen großen, sinnvollen Zusammenhang zu stellen. Das erfordert Geduld und Vertrauen in langfristige Prozesse der Reifung.

Nun zeigt sich, dass dieses pädagogische Programm zuallererst eine Herausforderung für die Erzieher darstellt. Unter diesem Blickwinkel könnte es sein, dass viele der heutigen Kinder durch ihr auffälliges Verhalten eine entsprechende Selbsterziehung der Erwachsenen einfordern. Von den jungen Menschen ist daher nicht unbedingt zu erwarten, dass sie die Versäumnisse der Elterngeneration wettmachen. Stattdessen machen sie eindrucksvoll deutlich, dass mit Handreichungen und Rezepten allein nichts zu erreichen ist.

Eine nahe liegende Lösung könnte darin bestehen, auffällige Kinder für krank zu erklären und mit Psychopharmaka auf den Weg der gesellschaftlichen Normalität zurückzubringen – wie es bereits millionenfach geschieht. Die Berechtigung einer solchen Maßnahme ist im Falle menschlicher Notlagen gewiss nicht in Zweifel zu ziehen. Dennoch könnte dieser Schritt Ausdruck einer «defensiven Stabilisierung» sein mit der Gefahr, sich von der Realität zu entfernen. Die Alternative läge darin, die individuelle Entwicklung der heutigen Kinder durch eigene Anstrengungen zu unterstützen. Aber das stellt hohe Ansprüche an die Erwachsenen. Wer die sieben oben genannten Stufen ehrlich auf ihre Realisierbarkeit prüft, wird bemerken, dass Selbstüberwindung sowie Verzicht auf Ansprüche und lieb gewordene Gewohnheiten mit ihnen verbunden sind. Möglicherweise liegt aber die Lösung der Erziehungsprobleme in der Bereitschaft einzelner Menschen, diese Schritte aus eigenem Entschluss zu gehen. Insofern hat sich die Situation gegenüber den siebziger Jahren tatsächlich verändert. War damals eine ganze Generation von Eltern an pädagogischen Fragen interessiert und entsprechend engagiert, so ist es heute die Sache der Einzelnen, was sie in Elternhaus und Schule aus den Herausforderungen ihrer Kinder machen.

Von der Unvergleichbarkeit jedes Kindes

In dem oben erwähnten Beitrag will M. Melvin den Eltern über praktische Ratschläge hinaus auch ein verändertes Bewusstsein für ihre Kinder vermitteln: «Denken Sie daran, dass dieses Kind so viele (oder mehr) Leben hinter sich hat wie Sie und dass es von daher ein spirituelles Wesen ist, genau wie Sie, mit bestimmten Erfahrungen, Talenten, einem bestimmten Karma und bestimmten Charakterzügen. Ihre Kinder haben sich inkarniert, um mit Ihnen zusammen zu sein. Sie haben Sie als Eltern ausgesucht, um bestimmte Lektionen zu lernen, Erfahrungen zu sammeln, bestimmte Seiten ihres Wesens zu entwickeln und daran zu arbeiten, Bereiche ihrer spirituellen Entwicklung zu stärken, in denen sie Schwächen aufweisen.»[84]

Der Erziehungsratgeber mündet hier in einen Appell, im Kind vor allem das geistig-seelische Wesen wahrzunehmen. In der anthroposophischen Pädagogik ist der Weg umgekehrt: Zuerst geht es um die Erarbeitung einer Menschenkunde, denn der Pädagoge muss von der geistigen Wirklichkeit des Menschen etwas wissen, damit er diese Dimension in der konkreten Begegnung überhaupt bemerken kann. Steiner meint das durchaus sehr konkret: «Von einer übersinnlichen Welt sprechen, heißt ja nicht, sich in fantastischer Mystik zu ergehen und von Dingen zu reden, die einem – ich sage das in Gänsefüßchen – ‹verborgen› sind, sondern von übersinnlichen Welten reden heißt gerade dem Leben gegenüber von den wirklichen Realitäten sprechen.»[85]

Auf dieser Grundlage können Erfahrungen gemacht werden, aus denen wiederum eine Orientierung für das pädagogische Handeln entsteht. Man kann zum Beispiel bei genauer Beobachtung bemerken, wie es wirkt, wenn man Schülern etwas beibringen möchte, was man selbst nicht durch eigene Anstrengung erfahren hat. Die eigenen Fragen des Erziehers und seine selbst errungenen Antworten – und seien sie noch so unvollkommen – lassen die Kinder an einem authentischen Erkenntnisprozess teilhaben. Steiner sagt daher: «Der Lehrer kann das, was er halbwegs gelernt hat, so oder so an die Jugend heranbringen. Man erlebt zum Beispiel, dass einer, der etwas an die Jugend heranbringen will, mit einem Notizbuch oder sogar mit einem gedruckten Buche, das nicht von ihm ist – vielleicht enthält auch das Notizbuch manchmal Dinge, die nicht von ihm sind, ich will das aber nicht voraussetzen –, vor seiner Klasse steht und wacker aus diesem Buche heraus drauflos unterrichtet. Dabei setzt man nur wirklich voraus, dass es keine übersinnliche Welt gibt.»[86]

Setze man nämlich die Existenz der übersinnlichen Welt voraus, so rechne man als Pädagoge mit den geistigen Wesen der Schüler; und die beurteilten den Unterricht ganz anders, als es äußerlich zum Ausdruck komme: «Wenn man vor einer Klasse sitzt und meinetwillen dreißig Schüler hat und mithilfe eines Buches oder Heftes lehrt, dann wird man vielleicht diese dreißig Schüler dazu trainieren können, dass sie das mit ihrem offenbaren Menschen als etwas Natürliches anschauen; aber alle dreißig verborgenen Menschen, die da vor einem sitzen – dessen kann man ganz sicher sein – urteilen anders. Die verborgenen Menschen sagen: Der will mir etwas beibringen, was er selber in diesem Momente erst ablesen muss. Ich möchte einmal wissen, wozu ich das wissen soll, was der im Momente erst abliest.»[87]

Die Authentizität eines Lehrers, der um Erkenntnis und Entwicklung bemüht ist, kann für Kinder zur entscheidenden Voraussetzung für eigene Lernbemühungen werden. Das vorliegende Buch beruht auf der Auffassung, dass die Konzeption der Waldorfschule in diesem Sinne für die «neuen Aufgaben» der Pädagogik gerüstet ist,[88] weil Waldorflehrer aufgerufen sind, ihren Lehrplan und ihre Methoden stets neu zu erfinden und sich dabei von den Kindern belehren zu lassen. Dieses Konzept muss also immer wieder von jedem einzelnen Pädagogen neu entdeckt und neu realisiert werden. Waldorfpädagogik kann in diesem Sinne keine Fortschreibung von Traditionen sein, sondern eine stetige Neuschöpfung. Das gilt insbesondere angesichts der Forderung, die Kinder individuell anzusprechen.

Dabei geht es nämlich zunächst einmal darum, an den Schülerinnen und Schülern die Signatur ihrer unvergleichbaren Individualitäten zu erkennen. Im täglichen Umgang mit Kindern hat man vor allem ihre individuellen leiblichen Merkmale vor Augen: die Gestalt mit ihren Proportionen, Haut- und Haarfarbe, Physiognomie usw. Auch der Bewegungshabitus, die fein- und grobmotorische Geschicklichkeit,

Koordination und Sicherheit in der Raumorientierung deuten darauf hin, wie das Kind den eigenen Leib innerlich ergreift. Dies geschieht niemals ohne innere Erlebnisse, denn jede Bewegung hat einen seelischen Ausdruck.

In der menschengemäßen Begegnung richten wir unsere Aufmerksamkeit viel stärker auf das seelische Wesen des Gegenübers als auf dessen Leib. Beides aber – Leib und Seele – bezeichnet Steiner als «Hüllen» der eigentlichen (geistigen) Wesenheit, die sich dieser Hüllen bedient und durch sie individuell in Erscheinung tritt. Wenn früher davon die Rede war, dass die Bildsamkeit der Kinder zum Teil auf ihre individuellen Dispositionen zurückgeht, so war damit gerade nicht gemeint, dass sich jeder Mensch – z.B. durch körperliche Merkmale, soziale Umfeldbedingungen und persönliche Begabungen – von allen anderen unterscheidet.

Denn: das Ich ist nicht eine Summe von Merkmalen, sondern ein Wesen, das sich selbst fortwährend durch die eigene Tätigkeit schaffend hervorbringt. Als tätiges Subjekt bin «ich» aber der Selbstreflexion nicht zugänglich. Immer, wenn ich über mich nachsinne, wenn ich mir zum Objekt der Selbstbetrachtung werde, erfasse ich doch nur das Bild, das ich mir von meiner eigenen Person mache. Daher betont Steiner, dass der Mensch von seinem eigenen Ich nicht durch Gedanken, sondern durch eine höhere Stufe der Wahrnehmung weiß – durch eine *Intuition.*[89] Wie aber kann der Lehrer dann überhaupt etwas von dem eigentlichen Wesen, der Individualität eines Kindes, erfahren, um es mit seinem Unterricht zu erreichen?

Das «Erfahrenerwerden» als Ausdruck der Individualität

Im April 1919 hielt Rudolf Steiner einen Vortragszyklus über *Vergangenheits- und Zukunftsimpulse im sozialen Geschehen.*[90] Vor Mitgliedern der Allgemeinen Anthroposophischen Gesellschaft führte er in diesem Rahmen am 6. April unter anderem Folgendes aus: Die innere Entwicklung des menschlichen Lebens gliedere sich in drei Teile. «Der eine umfasst dasjenige, was wir als unsere Begabungen, unsere Talente, unsere Fähigkeiten empfinden. Der zweite Teil umfasst alles dasjenige, was wir im Verkehr mit unseren Mitmenschen, durch die Wechselwirkung unseres Bewusstseins mit dem Bewusstsein anderer Menschen entwickeln. Und das dritte Gebiet umfasst unsere Erfahrung.»[91]

Die menschliche Individualität komme nun weder in den persönlichen Begabungen noch in der sozialen Wechselbeziehung unmittelbar zum Ausdruck. In der mündlichen Darstellung heißt es: «Im Grunde genommen, so paradox Ihnen das klingt, je genialer heute ein Mensch ist, desto weniger ist er eigentlich ein individueller Mensch. Denn unsere Begabungen, unsere individuellen Fähigkeiten, sie werden erzeugt durch eine Wechselwirkung des Kosmos vor unserer Geburt beziehungsweise vor unserer Empfängnis, mit den Kräften der Vererbung durch viele Generationen hindurch.»[92]

Entsprechendes gelte auch für die zwischenmenschliche Wechselwirkung. Die Erfahrungen dagegen, oder genauer: im «Erfahrenerwerden» drücke sich das Individuelle aus.[93] Diese knappe Bemerkung wird am Beispiel von Goethes Biografie erläutert.

Für die allgemeinere Frage nach den Spuren der kindlichen Individualität im schulischen Lernen ergibt sich hier eine interessante Anregung, wenn es gelingt, diesen Lernvorgang als ein individuelles *Erfahrenerwerden* zu beschreiben. Zum Beispiel käme es bezogen auf die anfangs erwähnten Kinder Lydia und Jan weniger darauf an, die Genialität ihrer «Erfindungen» und «Entdeckungen» zu bemerken. Stattdessen könnte man den Fragen nachgehen, welche Erfahrungen die beiden wohl an einem ganz normalen Schultag gemacht haben und wie sich ihre Bildung dadurch gestaltet.

Die Pointe von Steiners Aussage liegt darin, dass eine bloße Förderung einseitiger Begabungen (auch bei Hochbegabten) nicht ausreicht, um die Individualität – die «eigentliche Wesenheit» – in ihrer Entwicklung zu unterstützen. Auch wenn die Schülerinnen und Schüler durch Unterricht befähigt werden, eine gesellschaftlich nützliche Aufgabe im Zusammenwirken mit anderen Menschen zu erfüllen, so kommen dadurch die individuellen Impulse einer Biografie noch nicht zur Wirksamkeit. Das *Erfahrenerwerden* deutet dagegen auf einen Entwicklungsvorgang hin, der im Laufe der ersten etwa acht Schuljahre besonderen Bedingungen unterliegt, weil sich das Verhältnis des Kindes zu seiner Umgebung in dieser Zeit dramatisch verändert. Rudolf Steiner spricht in diesem Zusammenhang von einem «vollständigen Umwenden der menschlichen Natur».[94] Dieser Vorgang soll später genauer dargelegt werden.

Die Besinnung auf anthroposophische Menschenkunde bedeutet andererseits, das einzelne Kind als «Bürger dreier Welten» wahrzunehmen: Durch *Leib, Seele* und *Geist* sucht sich jeder Mensch gleichzeitig drei Weltzugänge. Diese Dreiheit charakterisiert Steiner in seiner Schrift *Theosophie* folgendermaßen:

«Das Erste sind die Gegenstände, von denen ihm (dem Menschen, d. Verf.) durch die Tore seiner Sinne fortwährend Kunde zufließt, die er tastet, riecht, schmeckt, hört und sieht. Das Zweite sind die Eindrücke, die sie auf ihn machen und die sich als sein Gefallen und Missfallen, sein Begehren oder Verabscheuen dadurch kennzeichnen, dass er das eine sympathisch, das andere antipathisch, das eine nützlich, das andere schädlich findet. Und das Dritte sind die Erkenntnisse, die er sich als ‹gleichsam göttliches Wesen› über die Gegenstände erwirbt; es sind die Geheimnisse des Wirkens und Daseins dieser Gegenstände, die sich ihm enthüllen.

Deutlich scheiden sich diese drei Gebiete im menschlichen Leben. Und der Mensch wird daher gewahr, dass er in einer dreifachen Art mit der Welt verwoben ist.»[95]

Soll das *Erfahrenerwerden* aufgrund der beschriebenen Weltzugänge charakterisiert werden, so führt das zu drei individuellen Leistungen, die jeder Mensch immer nur selbst aufbringen bzw. erleben kann. Diese drei Leistungen hängen damit zusammen, wie der Mensch jeweils «mit der Welt verwoben ist»:

- «Die erste Art ist etwas, was er vorfindet, was er als eine gegebene Tatsache hinnimmt.» Die entsprechende Leistung des Lernenden besteht in der *Aufmerksamkeit*.
- Durch die zweite Art macht er die Welt zu seiner eigenen Angelegenheit, zu etwas, das eine Bedeutung für ihn hat.» In diesem Sinne muss sich die Individualität durch *Verbindlichkeit* einer Aufgabe, einem Gegenstand oder einem anderen Menschen zuwenden, um eine neue Erfahrung zu machen.
- Die dritte Art betrachtet er als ein Ziel, zu dem er unaufhörlich hinstreben soll.» Damit bezieht sich Steiner auf die Aussage, dass sich der Mensch «als gleichsam göttliches Wesen» Erkenntnisse er-

werben könne über die Geheimnisse des Wirkens und des Daseins der Gegenstände, die sich ihm enthüllen (s.o.). Das Erlebnis einer solchen Erkenntnis stellt sich für den Lernenden mit einer unvermittelten inneren Gewissheit ein, die als *Evidenzerfahrung* bezeichnet wird.

Durch das folgende Beispiel sollen diese drei Stufen des Lernens verdeutlicht werden.[96]

Der Dreischritt im Lernen

Es gibt eine Altersstufe, in der Kinder mit besonders großem Eifer Rätsel lösen, und es ist sehr anregend, sie dabei zu beobachten. Der folgende Vers des Dichters Wilhelm Jordan stellt auch für Erwachsene eine Herausforderung dar:[97]

> Als Fessel ist sie stärker
> Für jeden, der es ist,
> Denn Ketten, Schloss und Kerker,
> Gewalt und Wächterlist.
> Du kannst, in ihr gefangen,
> Dich mühelos befrei'n,
> Und hörest, ihr entgangen,
> Schon auf, es selbst zu sein.*

Zuerst hören sie die Worte aufmerksam an, formen die inneren Bilder dazu, vergleichen wieder mit dem Text, raten drauflos, grübeln und sinnen nach. Wer bis dahin noch nicht aufgegeben hat, geht noch einmal systematisch den Wortlaut durch und trägt die einzelnen Komponenten zusammen, lebt sich in die ganze Atmosphäre des

* Die Lösung dieses Rätsels ist nicht angegeben. Hilfreich ist aber die Überlegung, dass das Lösungswort sowohl ein Adjektiv als auch ein Substantiv sein muss.

Rätsels ein. Neben der gesteigerten Aufmerksamkeit gehört dazu eine Verbindlichkeit, die sich z.B. als inneres Drängen zeigen kann: Es lässt einen einfach nicht los.

Es ist deutlich: Alles, was wir wissen müssen, um die Lösung zu finden, steckt in den Worten, sie müssen nur richtig verstanden werden. Wenn das richtige Wort immer noch nicht auftauchen will, hilft es am meisten, mit der Konzentration nachzulassen, die Gedanken schweifen scheinbar ziellos umher, wenden sich einem erweiterten Umkreis zu. Ganz plötzlich stellt sich dann manchmal die Lösung ein, nicht ausgedacht und konstruiert, sondern aus einer Tiefe, zu der das Bewusstsein scheinbar keinen Zugang hat. Und in diesem Moment klärt sich auf einmal der verworrene Zusammenhang; ein Evidenzerlebnis taucht das Rätselhafte in ein Licht, in dem jetzt alles so selbstverständlich und geklärt erscheint, wie etwas ganz Vertrautes. Und man wundert sich, warum der Blick vorher verstellt war.

Allgemein ist die Tatsache, dass ein Kind momentan die Erfahrung von Gewissheit machen kann, für seinen individuellen Weltzugang sehr wichtig. Solange nämlich die Lösung einer Aufgabe nur durch das Urteil des Lehrers für richtig befunden werden kann, wird eine elementare Verunsicherung des Schülers nicht restlos überwunden; es entsteht Autoritätsglaube statt Einsicht. Mit der Evidenzerfahrung tritt der Begriff oder die Idee einer Sache in die subjektive Erfahrung; Beobachtung und Denken schließen sich im inneren Erleben zusammen.

Die drei Schritte im Lernen – *Aufmerksamkeit, Verbindlichkeit* und *Evidenzerfahrung* – sollen in den drei folgenden Kapiteln ausführlich dargestellt werden. Denn über sie wendet sich jeder Mensch durch Leib, Seele und Geist der Welt zu und wird dabei erfahrener. Wenn wir als Eltern und Lehrer verstehen, auf welche Weise das einzelne Kind den Dreischritt vollzieht, kommen wir dem Rätsel seiner Individualität näher.

Aufmerksamkeit und Interesse im Unterricht des Klassenlehrers

Sieht man ein Kind der ersten oder zweiten Klasse morgens zur Schule kommen, dann kann es scheinen, als sei es noch gar nicht ganz aufgewacht. Wie träumend blickt es vor sich hin, voll Vertrauen, dass die Beine es – wie von selbst – schon zum rechten Ort bringen werden. Da kommt ein kleiner Junge in den Raum der zweiten Klasse und will gerade im gleichmäßigen Trott den vertrauten Weg zu seinem Platz zurücklegen, als er von der Lehrerin angesprochen wird: «Willst du mich denn gar nicht begrüßen?» – Etwas überrascht blickt er auf, bemerkt die Lehrerin vorn an der Tafel. Tatsächlich hatte er nicht vorgehabt, eigens zu ihr zu gehen; zu sehr war er noch in seinen betrübten Gedanken versunken gewesen, denn gestern hatte er seine Anstecknadel verloren – ein Geschenk von seinem großen Bruder. In seinem Kummer mochte er sich der Freundlichkeit seiner Lehrerin kaum öffnen. Nun bleibt ihm aber offensichtlich nichts anderes übrig, er geht nach vorn, reicht ihr die Hand – und bemerkt im Händedruck einen kantigen, spitzen Gegenstand zwischen den Fingern. Die Lehrerin lächelt ihn freundlich an, offenbar froh, dass ihr die Überraschung gelungen ist. Glücklich über seine wiedergefundene Anstecknadel bedankt sich das Kind. Und: Es merkt sich diese kleine Begebenheit über Jahrzehnte, wenn es auch sonst nur wenige, bruchstückhafte Erinnerungen an seine erste Schulzeit behält.

Das Wörtchen «merken» hat ursprünglich die Bedeutung: «mit einer Marke versehen», oder man sollte vielleicht besser sagen: «markieren». In dem Strom gleichgültiger Ereignisse wird durch das Bemerken eine Einzelheit hervorgehoben, bekommt eine besondere Bedeutung im Weltverständnis des Kindes – vielleicht für ein ganzes Leben. Während der Ausdruck «bemerken» nicht ohne Objekt verwendet werden kann (es muss immer etwas geben, das bemerkt wird), ist dem Wort «aufmerken» eine größere Offenheit und Unbestimmtheit zu eigen. Im Aufmerken entsteht ein momentanes Bewusstsein für etwas Besonderes, für einen Gegenstand, der sich absondert aus einer ungegliederten Masse, oder für ein Ereignis, das sich aus dem Strom beliebiger Vorgänge heraushebt. Überraschung, Verblüffung, aber auch Staunen oder eine fragende Grundstimmung ist oft mit dem Bemerken des Ungewöhnlichen verbunden.

Interessant wird dieser Vorgang gerade dadurch, dass jeder Beobachter unter Umständen im gleichen Geschehen auf etwas anderes aufmerksam wird. Was für den einen zur selbstverständlichen Alltagsgewohnheit gehört, mag den anderen in Staunen versetzen. Dieser kann dabei vielleicht manche Einzelheit bemerken, die dem routiniert Handelnden völlig entgeht.

So ist es erstaunlich, welche Details etwa ein Forschungsreisender an den alltäglichen Gewohnheiten einer fremden Kultur beobachtet. Das folgende Beispiel stammt von einem Afrikaner, der auf einer Reise durch Deutschland 1912 eine Feier zu Ehren des Geburtstages von Kaiser Wilhelm II. miterlebte:

«... Dann beginnt das Rauchmachen.

Sie lassen gerollte, trockene Blätter einer seltenen Pflanze kommen, reiben Feuer und zünden die Rollen an einem Ende an. Das andere Ende halten sie mit den Zähnen fest, schließen die Lippen und saugen, sodass Rauch in den Mund hineingeht. Aus dem Mund blasen sie den Rauch in die Luft, und dann ist bald der ganze Raum mit Rauch erfüllt, den sie ausgeblasen haben.

Von der Zeit an sprechen alle über die Art der Rauchrollen, wie viel Rauchrollen jeder Einzelne täglich verbrennt, ob er an kleinen oder großen Rollen saugt und wie viel die einzelne Rauchrolle kostet. Dabei machen alle sehr ernste Mienen. Jetzt lassen sie Gefäße mit einer braunen, stinkenden Flüssigkeit hinstellen und sprechen sehr laut von dem weißen Schaum, der auf der Flüssigkeit schwimmt und den sie ‹die Blume› nennen. ‹Die Blume kommt zu dir› oder ‹Prost Blume›.

Wenn das Rauchmachen begonnen hat, gehen sie einzeln hinaus und kommen nach kurzer Zeit wieder herein.»[98]

Im aufmerksamen Betrachten hebt sich das Besondere hervor; aber indem wir es erkennen, beziehen wir es auf unsere vertrauten Begriffe. Erkennen bedeutet immer auch ein Zurückgreifen auf das bereits Bekannte. Wie soll der Afrikaner Lukanga Mukara das von ihm beobachtete Phänomen anders beschreiben, als dass er zwei ihm vertraute Begriffe zu einem neuen zusammenfügt: Aus «Rauch» und «Rolle» macht er die Bezeichnung für einen Gegenstand, der ihm bis dahin unbekannt war. Diese Art, auf Bekanntes zurückzugreifen, liegt jedem aufmerksamen Erkennen zugrunde.

Vor dem Hintergrund des Vertrauten das Besondere bemerken

Das Bemerken des Besonderen würde für sich genommen nur zum Erlebnis der Überraschung und des geschärften Bewusstseins führen. Erst der Bezug auf Bekanntes ermöglicht ein Erkennen. So wird zum Beispiel der Geografieunterricht bei der Behandlung der afrikanischen Vegetation im tropischen Regenwald und an den Wendekreisen an die Kenntnisse der Kinder über unsere heimischen Blütenpflanzen anknüpfen: Das Besondere, das unter extremen klimatischen Bedingungen in Erscheinung tritt, wird erst vor dem Hintergrund des Vertrauten zum Erlebnis. Dieser Zusammenhang zwischen dem Bemerken des Besonderen und dem Rückgriff auf Vertrautes ist ein erstes Charakteristikum von Aufmerksamkeit.

Tatsächlich scheint die Ausgewogenheit zwischen diesen Polaritäten bedeutsam für den Akt des Aufmerkens zu sein. Denn wenn ein Erstaunen über das Ungewöhnliche vollkommen dominiert und der Unterricht zu einem Feuerwerk von Verblüffungseffekten wird, kann das betrachtende Kind womöglich wie gebannt davor stehen bleiben. Umgekehrt führt das schnelle Erkennen ohne eine Besonderung nur zum gleichgültigen Registrieren.

Dass das Aufmerken eine Ausgewogenheit zwischen Neuem und Vertrautem in sich schließt, ist deutlich zu erleben in dem Bemerken von «merk-würdigen» Einzelheiten in der gewohnten Umgebung. Ein Lehrmeister auf dem Gebiet der Wahrnehmung alltäglicher Gegenstände ist der blinde französische Schriftsteller Jaques Lusseyran: «Die Bewegung der Finger war sehr wichtig, sie durfte nicht unterbrochen werden. Denn es ist eine Illusion zu glauben, dass die Gegenstände starr an einen Punkt gebunden, auf immer an ihn gefesselt und in eine einzige Form gepresst sind: die Objekte leben, selbst die Steine. Mehr noch: sie vibrieren, sie erzittern. Meine Finger fühlten deutlich dieses Pulsieren, und wenn sie darauf nicht mit eigenem Pulsschlag antworteten, waren sie sogleich hilflos und verloren ihr Gefühl. Wenn sie jedoch den Dingen entgegengingen, mit ihnen pochten, dann erkannten sie sie.»[99]

Aufmerksamkeit können wir am eindrucksvollsten an uns selbst erleben, wenn es uns gelingt, in der Ausgewogenheit von Staunen und Erkennen die Besonderheiten der alltäglichen Lebenswelt ins Auge zu fassen.

Ein zweites Charakteristikum von Aufmerksamkeit ergibt sich aus der Art, wie wir die Welt durch unsere Wachheit ordnen. Man versetze sich in den traumartig-versunkenen Bewusstseinszustand eines Erst- oder Zweitklässlers, der den Lehrer mit großen Augen anschauen kann, ohne ihn zu sehen. Vielleicht klingen noch Bilder von einer zuvor gehörten Geschichte oder der eigenen Fantasie in seiner Seele nach. Das Kind hört seinen Namen. Woher kam die Stimme? War es der Lehrer, der es angesprochen hat? Der Blick des Kindes wird klar, die Augen zentrieren sich auf die Gestalt des Lehrers, plötzlich steht er deutlich wahrnehmbar vor der Wandtafel. Und in diesem Moment ordnet sich die sinnenhafte Umgebung: Der Gegenstand aufmerksamer Wahrnehmung tritt im voll-wachen Bewusstsein klar hervor und hebt sich von seinem Hintergrund ab.

Der Hintergrund wird notwendigerweise mit wahrgenommen, verbleibt aber in der traumartig-halbbewussten Sphäre der Zuwendung. Damit der Gegenstand in voller Klarheit hervortreten kann, bedarf er dieses träumend mit-gewussten Hintergrundes – eines ist die Bedingung für das andere. Sobald ich als aufmerksam wahrnehmendes Subjekt meine Sinne auf einen anderen Gegenstand richte, verschwimmen die übrigen Einzelheiten meines Umkreises zu dessen Hintergrund. So kann sich der Blick genauso wie das aufmerksame Lauschen, Tasten, Riechen oder Schmecken einem Gegenstand nach dem anderen zuwenden – immer verwandelt sich der traumhaft anwesende Hintergrund mit. Er selbst kann als solcher – obwohl er stets gegenwärtig bleibt – nie vom aufmerksamen Bewusstsein fokussiert werden, denn dann würde er zum Gegenstand werden und einen neuen, eben seinen eigenen Hintergrund erhalten.

Am ersten Schultag nach den Ferien können wir Kinder in ihrem neuen Klassenraum sehen, die Umgebung aufmerksam, erwartungsvoll erkundend, staunend über manch Unbekanntes, oder auch erkennend, wovon ein Geschwisterkind früher berichtet hat. – Ein plötzlicher, unerwarteter Krach lässt das ruhig hingegebene Kind aufschrecken. Kam der Lärm vom Schulhof? Ist im Flur ein Bild von der Wand gefallen? Plötzlich macht sich etwas aus der Welt draußen bemerkbar, aus einer Sphäre, die nicht den Gegenstand seiner Betrachtung und auch nicht dessen Hintergrund umfasst. Und so sehr das unerwartete, störende Geräusch erschrecken kann: dass es außerhalb der wahrgenommenen Umgebung noch eine bekannte und mehr oder weniger vertraute Welt gibt, ist natürlich für das Kind nicht überraschend. Diese Welt ist gewissermaßen als möglicher Herkunftsort irgendwelcher Überraschungen auch die ganze Zeit über gegenwärtig, aber eben nicht als Gegenstand wacher Aufmerksamkeit, auch nicht als dessen Hintergrund, sondern als ein Wahrnehmungshorizont, der in einem schlafenden Bewusstseinszustand anwesend ist. Zu diesem Horizont gehört also die ganze subjektive Lebenswelt des Kindes, aus der jederzeit einzelne Dinge oder Ereignisse in den Lichtkegel des aufmerksamen Bewusstseins eintreten können – entweder durch eine unvermittelte Sinneswahrnehmung oder auch in Form einer Vorstellung.

Wacher, träumender und schlafender Weltbezug

Im Moment des Aufmerkens gliedern wir also die Welt in einen Bereich voller Wachheit – das ist das Gegenstandsbewusstsein –, einen Bereich träumend-halbbewusster Gegenwärtigkeit – den Hintergrund unserer Gegenstände – und in den schlafend mitgewussten Horizont. Alle gängigen Aufmerksamkeitstheorien beziehen sich nur auf die erste dieser drei Kategorien, nämlich auf die Leistung eines Menschen im wachen Bemerken einzelner Gegenstände. Und tatsächlich meinen wir ja auch, wenn wir ein Kind als «unaufmerksam» bezeichnen, dass es ihm eben an dieser Fähigkeit zumindest vorübergehend mangelt.

Dass aber ein Aufmerken auch ein Gliedern der Welt in träumend und schlafend-unbewusst erfahrene Bereiche beinhaltet, ist nicht ohne Bedeutung. Das merken wir natürlich, wenn es uns als Lehrer nicht gelingt, die Lerninhalte im Gegenstandsbewusstsein der Kinder zu platzieren. Das, was uns als das Wichtigste des ganzen Unterrichts erscheint, bildet dann für die Schüler allenfalls einen Hintergrund für das, was sie eigentlich interessiert. Die Stimme des Lehrers wird zum Beispiel zur Geräuschkulisse für das Gespräch mit dem Mitschüler.

Wichtiger als der ständige Kampf um das aufmerksame Bewusstsein der Kinder ist es aber zu akzeptieren, dass die Kinder ihre wahrgenommene Umgebung nicht immer in der gleichen Weise strukturieren können wie der Lehrer. Damit die schulfernen Lebensbereiche – die Familie, das Haustier, die Erlebnisse auf dem Schulweg – in den Wahrnehmungshorizont absinken können, müssen sie zumindest momentan unproblematisch sein. So gibt es Kinder, die sich auf nichts konzentrieren können, weil zu Hause das Meerschweinchen krank ist, oder andere Kinder, die keinem Gedanken in Ruhe folgen können, weil die Eltern sich gerade trennen wollen. Aufmerksamkeit ist deshalb nur im Zusammenhang mit den anderen Bereichen der kindlichen Lebenswelt sinnvoll zu betrachten. Und dazu gehört zum Beispiel auch die Frage, ob die Gestaltung des Klassenraumes einen geeigneten Hintergrund bereitstellt.

Ein drittes Merkmal dieses eigenartigen Vorganges wird erkennbar in der Unterscheidung von Aufmerksamkeit und Konzentration. Eine viel zitierte Bestimmung des Konzentrationsbegriffs bezeichnet ihn «als die zuchtvolle Organisation der Aufmerksamkeit durch das Ich für das Erfassen und Gestalten bei bestimmten Aufgaben» (Karl Mierke). Man könnte also sagen, dass im Sich-Konzentrieren die Wachheit des Bewusstseins womöglich noch einmal gesteigert und der Gegenstand noch stärker konturiert ist. Damit geht aber auch eine verstärkte Anspannung im Beobachten oder Denken einher. Im Mathematikunterricht sollen die Kinder zum Beispiel eine Aufgabe nicht staunend aufmerksam betrachten, sondern ihre Gedankenkraft sammeln und ganz auf den Rechenvorgang ausrichten.

Um die Aufgabe «14 mal 35» zu lösen, muss ich die Willenskraft aufbringen, das einzig richtige Ergebnis durch eigene Anstrengung zu finden. Dazu gehört eine Verbindlichkeit gegenüber der Aufgabe, ich muss den guten Willen haben, sie zu lösen, sonst werde ich untätig davor sitzen bleiben wie manche Schulkinder, die sagen «ich kann das nicht», ohne es ausprobiert zu haben. Neben der Verbindlichkeit brauche ich die Fähigkeit, die einzelnen Gedankenschritte auszuführen und dabei gleichzeitig die Zwischenergebnisse und den weiteren Handlungsplan im Bewusstsein festzuhalten. Alle anderen, womöglich ablenkenden Eindrücke muss ich aus eigener Kraft ausgrenzen.

Anspannung, Verbindlichkeit, Ausschließlichkeit und Fixierung sind Merkmale der Konzentration. Aufmerksamkeit ist demgegenüber nicht nur eine schwächere Variante, sondern sie hat für uns eine Qualität, die im Sich-Konzentrieren verloren geht. In der Rechenaufgabe kann neben der Lösung auch noch etwas anderes bemerkt werden: Wir wissen, dass die 14 so viel ist wie 2 mal 7; dass die 35 dagegen 5 mal 7 enthält. Wenn wir diese Faktoren anders zusammenfügen, entsteht eine andere Aufgabe mit dem gleichen Ergebnis: 2 mal 5 = 10; 10 mal 7 = 70; 70 mal 7 = 490.

Man kann sich den Lösungsweg erheblich vereinfachen, wenn es gelingt, in aufmerksamer Offenheit die Eigentümlichkeiten einer Aufgabe zu betrachten, staunend und voller Erwartung, eine merkwürdige Besonderheit zu entdecken. Natürlich müssen Schulkinder die Fähigkeit besitzen, sich zu konzentrieren. Aber welche Freude kann bei der Arbeit entstehen, wenn die Kinder wissen, dass es immer wieder etwas Reizvolles zu entdecken gibt. Die Motivation entsteht dabei nicht durch irgendwelche Belohnungen, die in keinem Zusammenhang zur Unterrichtstätigkeit stehen, sondern durch die Befriedigung in der Arbeit selbst.

Die französische Philosophin Simone Weil charakterisiert die Qualität der Aufmerksamkeit sehr einprägsam. Sie schreibt unter anderem: «Die Aufmerksamkeit besteht darin, das Denken auszusetzen, den Geist verfügbar, leer und für den Gegenstand offen zu halten, die verschiedenen bereits erworbenen Kenntnisse, die man zu benutzen genötigt ist, in sich dem Geist zwar nahe und erreichbar, doch auf einer tieferen Stufe zu erhalten, ohne dass sie ihn berühren. Der Geist soll hinsichtlich aller besonderen und schon ausgeformten Gedanken einem Menschen auf einem Berge gleichen, der vor sich hinblickt und gleichzeitig unter sich, doch ohne hinzublicken, viele Wälder und Ebenen bemerkt. Und vor allem soll der Geist leer sein, wartend, nichts suchend, aber bereit, den Gegenstand, der in ihn eingehen wird, in seiner nackten Wahrheit aufzunehmen.»[100]

In der «tieferen Stufe», auf der die früher erworbenen Kenntnisse bereit gehalten werden, «nahe und erreichbar», aber ohne dass sie «den Geist berühren», finden wir den Hintergrund und den Horizont unseres Gegenstandsbewusstseins wieder. Für die Rechenaufgabe wäre hier das Wissen von allgemeinen Gesetzen der Zahlen, die Kenntnis der Grundrechenarten und des Einmaleins der Sieben zu nennen. Wer diese Voraussetzungen nicht hat, kann natürlich auch nichts Besonderes an der Aufgabe bemerken. Und wir sehen, wie wichtig es ist, den Kindern einen solchen Fundus von Kenntnissen und Fähigkeiten zu verschaffen, der ihnen in der Zukunft die Möglichkeit gibt, Neues und Außergewöhnliches zu bemerken.

Über die Dauer einer Bewusstseinsspannung schreibt Simone Weil: «Zwanzig Minuten einer beharrlichen Aufmerksamkeit ohne Ermüdung sind von unendlich viel größerem Wert als drei Stunden jenes verbissenen Fleißes mit gerunzelten Brauen, der uns hinterher mit dem befriedigenden Gefühl der Pflichterfüllung sagen lässt: ‹Ich habe tüchtig gearbeitet.›»[101]

Diese Beobachtung verweist auf ein weiteres Merkmal der Aufmerksamkeitsleistung von Kindern. Sie ist nämlich den Gesetzen zeitlicher Abfolge unterworfen. Kurz zusammengefasst könnte man sagen: Jede angespannte, wache Bewusstseinshaltung trägt in sich die Tendenz zur Lösung oder Entspannung bis hin zum Einschlafen. Wir kennen dies von uns selbst und wissen auch, dass die Kinder nicht ununterbrochen über lange Zeit aufmerksam oder gar konzentriert bleiben können. Jede Arbeit, jede Beschäftigung in der Schulstunde hat ihre angemessene Dauer, und die notwendige Bewusstseinsspannung muss stets in rhythmischem Wechsel von träumend miterlebten Phasen des Unterrichts abgelöst werden.

Das «Schlafen» in der Schule würde die Triade von Aufmerksamkeit, Hintergrund und Horizont in geeigneter Weise abrunden. Diesen Bewusstseinszustand finden wir bei den Kindern aber auch, wenn sie sich ganz der Betätigung ihrer Gliedmaßen hingeben können. Obwohl sie äußerlich in den Pausen vielleicht besonders wach erscheinen können, ist der Sachverhalt doch ein anderer. Die Bewegung, und sei sie noch so geschickt und flink, ist niemals vom wachen Bewusstsein geführt. Im Gegenteil: Es ist zum Beispiel für einen Sportler hinderlich, wenn er versucht, die Gliedmaßentätigkeit im Einzelnen bewusst zu kontrollieren. Er muss eine sehr genaue Vorstellung von dem angestrebten Ergebnis seiner Bewegung haben und sie dann willentlich auslösen. Stellt er sich den Sprung nur vor, geschieht natürlich nichts. Was aber zur Vorstellung hinzukommt, der initiierende Wille nämlich, ist dem Bewusstsein verborgen. Dies gilt für Kinder natürlich genauso. Wenn eine neue Bewegungsfolge wie etwa das Seilspringen gelernt werden soll, gelingt es erst in einem unbewussten Moment überraschend, dass Arme und Beine «wie von selbst» das Richtige tun. Und nun, da der Bewegungsablauf einmal erfahren wurde, gelingt es immer wieder – die neue Fähigkeit ist errungen.

Der schlafende Bewusstseinszustand muss nun in dieser Form der gelösten, freudigen Bewegung genauso in den Rhythmus eines Schulvormittages mit einbezogen sein wie aufmerksame Wachheit und träumend-halbbewusste Hingabe. In der Abfolge von Unterricht und Pausen, aber auch in jeder einzelnen Schulstunde müssen diese drei Arten der Zuwendung zur Welt anwesend sein. Die Dreiheit, die im Aufmerken zugleich wirksam ist, findet sich hier zeitlich in einem hoffentlich hygienischen Rhythmus ausgebreitet. Es muss also dem Lehrer gelingen, aus einer künstlerischen Empfindung den Unterricht rhythmisch zu komponieren und damit dem Lebensgefüge der Kinder in seiner zeitlichen Struktur Rechnung zu tragen.

Die Chronobiologie, die die Wirksamkeit der verschiedenen Rhythmen in den vegetativen und kognitiven Prozessen des Menschen beschreibt, steht als Wissenschaft noch in den Anfängen. Deshalb hat der Lehrer von dort noch wenig konkrete Hilfe zu erwarten. Eine potenzielle Gefährdung der hygienischen Abfolge verschiedener Bewusstseinszustände lässt sich aber dort erkennen, wo die Arbeitsschritte im Lernen von technischen Geräten und nicht von Menschen bestimmt sind.

Computer im Unterricht unter dem Gesichtspunkt des Lernrhythmus

Der Einsatz von Computern als *Lernhilfe* im Unterricht kann unter dem Gesichtspunkt der Aufmerksamkeit auf den ersten Blick den Eindruck erwecken, als könne hier der Lernprozess autonom vom Kind dem Rhythmus der eigenen Bewusstseinsspannung angeglichen werden. Dieser Eindruck täuscht. Man darf dabei nämlich nicht vergessen, wie das Phänomen der Zeit in unser Bewusstsein tritt. Zeitliche Vorgänge werden immer im Hinblick auf bestimmte Verwandlungen im subjektiven Erleben wahrgenommen. Diese erlebte Zeit kann sich endlos zur Langeweile ausdehnen, sie kann sich auch verdichten in einem rasenden Wechsel von Ereignissen. Im Rückblick erscheint dann die durchlebte Dauer interessanterweise genau umgekehrt: Die rastlos aufeinander folgenden Vorgänge scheinen in der Erinnerung einen viel längeren Zeitraum einzunehmen als die öde Ereignislosigkeit.

Das Zeiterlebnis entsteht also dadurch, dass sich das Schulkind selbst im Umfeld seiner Lebenswelt ganz unterschiedlich erfährt. Einmal muss es scheinbar unendlich lange warten, bis glücklich alle anderen ihre Hefte ausgepackt haben und die Arbeit beginnen kann. Dann scheint der Zeitraum zum Malen viel zu kurz. (Man erinnere sich an Lydia, die immer wieder meinte, sie habe sich schon eine halbe Stunde lang gemeldet, bevor der Lehrer sie endlich bemerkte; ein anderes Kind fühlte sich dagegen ständig beim Essen seines Frühstücksbrotes gehetzt.) Ein Zeiterlebnis entsteht also im konkreten Zusammenhang einer Lebenssituation und bezieht diese Erfahrung als ein Element der eigenen Identität mit ein – denn das Zeitempfinden ist eben höchst individuell. Und das heißt: Wirkliche Zeit als Erscheinung kann nicht ohne mich als erlebendes Subjekt entstehen.

Der Computer als Lernhilfe impliziert nun zum einen die Austauschbarkeit des Subjekts. Für das Gerät gibt es keinen relevanten Unterschied zwischen den Benutzern, das Kind weiß oder ahnt – auch ohne dass man es ihm erklärt hat –, dass das Lernprogramm auf seine Arbeit nicht angewiesen ist. Es kann jederzeit beginnen, muss auf niemanden warten und kann auch abbrechen, wann es ihm gefällt; für den Computer ist dies alles völlig gleichgültig. Die uneingeschränkte Verfügbarkeit bedeutet auch eine Gleichgültigkeit der zeitlichen Abläufe, die erlebte Zeit verliert ihre Struktur.

Natürlich wissen wir, dass im Umgang mit einer gut gemachten Lernsoftware durchaus ein Wechsel von Erregung und Entspannung erlebt werden kann. Dieses Erleben bezieht sich aber auf einen virtuellen Vorgang, sodass nach Abschluss der Beschäftigung am Computer nicht selten eine unangenehme seelische Leere entsteht. Die am Gerät verbrachte Zeit kann wie ausgelöscht aus dem wirklichen Leben erscheinen. Und um dieses unbefriedigende Gefühl zu vermeiden, hört man am liebsten gar nicht auf, am Computer zu spielen, oder man sucht schnell eine neue Ablenkung. Von einem selbst erlebten, autonomen Rhythmus des Kindes, aus dem heraus die Arbeit am Computer strukturiert werden könnte, kann daher keine Rede sein. Das Bedürfnis des Kindes, seine verschiedenen Bewusstseinszustände in einer rhythmischen Abfolge zu erleben, sollte einen Widerstand an den Bedingungen einer *realen* Situation finden, zum Beispiel in der Begegnung mit anderen Kindern und Lehrern.[102]

Entwicklung der willkürlichen Aufmerksamkeit beim Schüler

Schon seit dem Beginn entsprechender Forschungen wurde die unwillkürliche von einer willkürlichen Aufmerksamkeit unterschieden. Gemeint ist damit Folgendes: Nicht nur der Mensch, sondern auch jedes höhere Tier wendet sich seiner Umgebung immer dann besonders intensiv zu, wenn sich etwas Ungewöhnliches, vielleicht sogar Bedrohliches ereignet. Man spricht von einer «Orientierungsreaktion», die zum Teil sogar reflexartig erfolgt. Diese unwillkürliche Form der Aufmerksamkeit kann in der Schule aber auf sehr verschiedene Weise hervorgerufen werden:

- durch ein neues Bild, das der Lehrer an die Tafel gemalt hat
- eine Umstellung der Schülertische
- die Veränderung einer gewohnten Abfolge von Sprüchen und Liedern
- das Vorzeigen einer Schülerarbeit
- die Verfremdung der Realitätsebenen im Humor.

Fortwährend wird der Lehrer – ohne dies jedes Mal zu seinem vorrangigen Ziel zu machen – die unwillkürliche Aufmerksamkeit der Schüler herbeiführen. Diese ist eine flüchtige Erscheinung, sie wird aber häufig zum Ausgangspunkt für eine intensivere, ausdauernde Beschäftigung mit dem jeweiligen Gegenstand. Man könnte auch sagen: Sie geht in eine Haltung der willkürlichen Aufmerksamkeit über.

Immer dann, wenn ein Schüler sich planvoll-bewusst einer Sache zuwendet, sei es aus eigenem Interesse oder aufgrund einer Aufgabenstellung, erlebt er sich selbst als den Urheber dieser Aktivität. Dazu muss er aber zuvor einen Entschluss gefasst haben und bereit sein, diesen Entschluss auch bis zu Ende auszuführen. Beispiele für die Arbeit auf der Grundlage willkürlicher Aufmerksamkeit lassen sich zuhauf finden. Sie beginnen beim Erarbeiten der einzelnen Zeichnung, beim Schreiben, Rechnen und Lesen. Größere Selbstständigkeit erfordert bereits das Fertigstellen der eigenen Epochenhefte oder ein Dienst im Klassenraum wie zum Beispiel die Blumenpflege.

Schließlich haben die Kinder spätestens ab der sechsten Klasse eigene vorbereitete Beiträge oder ausführlichere Referate im Unterricht vorzutragen. Nun hat sich bei Untersuchungen der menschlichen Hirntätigkeit gezeigt, dass bei Wahrnehmungs- oder Planungsvorgängen aufgrund willkürlicher Aufmerksamkeit andere Teile des Cortex aktiviert sind als beim Auftreten unwillkürlicher Aufmerksamkeit. Im ersten Fall sind es nämlich die Gehirnareale im Stirnbereich – der «präfrontale Cortex» –, während beim unwillkürlichen Aufmerken Zellstrukturen des limbischen Systems (in der Verbindung von Großhirn und Stammhirn) intensiv erregt sind.

Es zeigen sich zum Beispiel bei Patienten mit Hirnverletzungen ganz unterschiedliche Ausfallerscheinungen, abhängig von der lädierten Region. Ist das limbische System geschädigt, sind die Symptome: erhöhte Ablenkbarkeit, schneller Abbruch zielgerichteten Handelns, Neigung zu irrelevanten Assoziationen, begrenzte Gedächtnisstörungen sowie bei schwereren Verletzungen ein traumähnlicher Dämmerzustand, in dem die Patienten nicht mehr zwischen Gegenwart und Vergangenheit unterscheiden, verwirrt sind und konfabulieren.[103]

Die Ausfallerscheinungen an den Stirnlappen machen sich völlig anders bemerkbar. Bei diesen Patienten können die elementaren Formen der unwillkürlichen Aufmerksamkeit und die impulsive Reaktion auf irrelevante Reize sogar pathologisch gesteigert sein. Dagegen sind sie nicht in der Lage – ob mit oder ohne Anweisungen –, zielstrebig und planvoll zu handeln. Sie können sich nicht konzentrieren, sind leicht ablenkbar und haben keine Ausdauer im Erfüllen von Aufgaben. Dadurch wird erkennbar, welche Bedeutung der präfrontale Cortex für ein bewusstes, aufmerksames und entschlossenes Handeln besitzt.

Für die Pädagogik ist es nun wichtig zu wissen, dass diese Strukturen sich erst allmählich entwickeln, dass deshalb die physiologischen Vorgänge beim willkürlichen Aufmerken erst nach dem siebten Lebensjahr möglich sind und erst zwischen dem zwölften bis fünfzehnten Jahr in vollständig ausgebildeter Form auftreten.[104] Die Anforderungen an Schulkinder im Hinblick auf ihre willkürliche Aufmerksamkeit werden sich also, beginnend in der ersten Klasse, nur allmählich steigern lassen.

Alle Unterrichtsbeispiele für die Arbeit aufgrund von willkürlicher Aufmerksamkeit der Kinder haben eine Gemeinsamkeit. Sie alle lassen die Schüler nämlich zu der Erfahrung gelangen, dass ohne ihre persönliche Anstrengung kein Ergebnis zustande käme. Die eigenen «Lehrbücher» in Form der Epochenhefte, die gemeinsame Vorführung auf der Monatsfeier, die Gemüsebeete im Schulgarten, die Geschichtsepoche, in der jeder sein Referat beiträgt, das Klassenspiel, in dem jeder seine Rolle erfüllt – alle diese Arbeitsleistungen kommen zustande durch das planvolle, aufmerksame Handeln jedes einzelnen Mitgliedes der Klassengemeinschaft. «Es kommt auf mich an» – diese Erfahrung machen Kinder in der Schule, wenn ihr aufmerksames Handeln gefordert wird, und dies beinhaltet auch ein Heranwachsen zur Verantwortlichkeit.

Da kommt es zum Beispiel vor, dass ein Kind an einem Gegenstand aufmerkt, den der Lehrer in seiner Unterrichtsplanung gar nicht vorgesehen hat: Es entdeckt eine Biene, die sich durchs Fenster herein verirrt hat, und erlebt jetzt, wie dieses Ereignis zum Anlass für eine kleine tierkundliche Betrachtung werden kann. Oder ein Schüler bemerkt Einzelheiten an einem Gegenstand, die dem Lehrer selbst noch gar nicht aufgefallen waren. Jetzt muss er sich erst bei seinem Fachkollegen kundig machen, und die Kinder warten gespannt darauf, wie sich die Fragen am nächsten Tag auflösen werden. Die aufmerksamen, entdeckungsfreudigen Kinder gestalten den Unterricht mit, ohne dass der Lehrer dabei etwas von seiner Autorität einbüßt; denn diese entsteht nicht aufgrund permanenter Überlegenheit, sondern durch Beweglichkeit und Geistesgegenwart.

Eine weitere Haltung des Lehrers ist ebenfalls Voraussetzung für die Aufmerksamkeit der Kinder: Er muss aufmerksam sein, und das heißt offen fragend, erwartungsvoll und mit der Fähigkeit zu staunen. Das geht nur, wenn der Unterrichtsgegenstand auch für den Lehrer immer neu und zumindest in manchen Teilaspekten unerforscht ist.

Ein letzter Gesichtspunkt muss für das Aufmerken der Kinder genannt werden. Das Phänomen der *willkürlichen* Aufmerksamkeit lässt sich nur schwer gegen die *unwillkürliche* abgrenzen. Denken wir uns etwa die Situation, dass wir an einem Feldweg zu Fuß unterwegs sind und uns vorgenommen haben, Birkenzweige zu schneiden. Wir gehen suchend von einer Abzweigung zur nächsten, entdecken mit Verwunderung, wie viele Eichen es an diesem Weg gibt und dass der silbrig glänzende Stamm einer Esche von ferne an eine Birke erinnert. «Unwillkürlich», wie es scheint, bemerken wir alle hellen Stämme, jedes Gelbgrün in dem vielfarbigen Laub eines Abhanges. Wir bemerken die einzelnen Gegenstände, weil wir uns etwas vorgenommen haben. Es erwacht eine Aufmerksamkeit für die Baumgestalten und Farben der Blätter, die – wenn sich der Vorgang wiederholt – zu einer festen Eigenschaft, einem Habitus werden kann. Man könnte sagen: Es ist ein Interesse erwacht, ausgelöst von einem möglicherweise lange zurückliegenden Entschluss. Das, was uns jetzt wie von allein, scheinbar unwillkürlich «ins Auge springt», geht ursprünglich auf einen Akt willkürlicher Aufmerksamkeit zurück.

Nun erleben wir auch an Kindern, dass sie mancherlei bemerken, was anderen völlig gleichgültig erscheint, dass sie sich für Gegenstände interessieren, die sie in ihrer bisherigen Biografie nie kennen gelernt haben können. Es erscheint so, als hätten sie sich vor langer Zeit etwas vorgenommen, woran sie sich bewusst nicht mehr erinnern. Aber im Moment einer ganz alltäglichen Wahrnehmung tritt unversehens eine Einzelheit ins Licht ihres aufmerksamen Bewusstseins, die ihnen wie eine diffuse Erinnerung erscheinen kann.

Nehmen wir als Beispiel den biografischen Rückblick auf eine Kindheitserinnerung aus dem zwölften Lebensjahr: «Ein Trio hatte sich zu einem Konzert in Vendrell angesagt, ein Pianist, ein Geiger und ein Cellist. Mein Vater nahm mich mit ins Konzert, das im kleinen Saal des Centro Catolico stattfand; Zuhörer waren die Leute aus dem Städtchen, die Fischer und Bauern, die, wie immer bei solchen Gelegenheiten, ihren Sonntagsstaat angelegt hatten. Der Cellist war Josep Garcia, ein Lehrer an der Städtischen Musikschule in Barcelona, ein schöner Mann mit hoher Stirn und einem ‹Es-ist-erreicht›-Schnurrbart. Seine Gestalt passte irgendwie zu seinem Instrument. Als ich sein Cello erblickte, war ich fasziniert; noch nie hatte ich so etwas gesehen. Als dann der erste Ton aufklang, war ich vollends überwältigt; es war, als ob mir die Luft wegbliebe. Dieser Cello-Klang hatte etwas so Zartes, Schönes, Menschliches, ja, so Menschliches an sich. Nie zuvor hatte ich solch schönen Ton vernommen. Glanz erfüllte mich. Als das erste Stück vorbei war; sagte ich zu meinem Vater: ‹Vater, das ist das wundervollste Instrument, das ich je gehört habe, das will ich spielen!›»[105]

Ganz gewiss gibt es nicht viele einzelne Ereignisse, die eine solche nachdrückliche Wirkung entfalten wie das geschilderte bei dem später weltberühmten Cellisten Casals. In derartigen Momenten können sich Erfahrungen einstellen wie beim Wieder-Erinnern an ein vertrautes Bild. Die Seele reagiert, als habe man sich vorgenommen, eine bestimmte Wahrnehmung aufzusuchen. Die subtile Selbstbeobachtung kann ein solches Ereignis unterscheiden von der bloßen Sympathie, die man auch gegenüber gänzlich neuen, fremdartigen Eindrücken empfinden kann. Deshalb könnte es wichtig sein, die Dispositionen individueller Aufmerksamkeit und die besonderen Interessen gerade dann sehr sorgfältig wahrzunehmen, wenn sie sich aus keinen Erlebnissen des Kindes sichtlich herleiten lassen. Aufmerksamkeit und Interesse gehören offenbar so sehr zu den individuellen Merkmalen eines Menschen, dass sie die Aufmerksamkeit und das besondere Interesse des Lehrers verdienen.

Verbindlichkeit im Lernen

Im Unterricht ist es bereits bei Kindern einer ersten Klasse gelegentlich zu erleben, dass sie genau verstehen, was zu tun ist, und dennoch unbeteiligt bleiben: Es fehlt das Erlebnis der inneren Verbindung mit einer Aufgabe. Unter Erwachsenen kommt es vor, dass ein Teilnehmer in einem Arbeitskreis eine Frage stellt, die alle anderen intensiv beschäftigt; wenn beim nächsten Treffen das Problem bearbeitet werden soll, fehlt der Fragesteller womöglich ohne nähere Erklärung. Es entsteht der Eindruck, dass diese Person sich nicht verantwortlich fühlt für den Prozess, den sie selbst veranlasst hat. Eine andere Form der Unverbindlichkeit erleben wir alltäglich in der Anonymität moderner Wohnanlagen, in denen die Nachbarn einander nicht kennen und sich füreinander nicht verantwortlich fühlen. Auch die großen Einkaufszentren und Massenverkehrsmittel lassen die persönliche Begegnung zur Ausnahme werden.

Nun reicht es nicht aus, zunehmende Anonymität und Unverbindlichkeit in den menschlichen Lebensverhältnissen zu beklagen. Schließlich ist es ein Segen, dass Eltern sich z.B. unverbindlich über verschiedene Schulen informieren können, um dann die richtige Entscheidung für ihr Kind zu treffen. Und dennoch ist verantwortliches pädagogisches Handeln nur möglich, wenn alle Beteiligten bereit sind, die Folgen ihrer Entscheidung gemeinsam zu tragen. Für die Kinder sollte es keinen Zweifel daran geben, in welche Schule sie gehen, von welchen Lehrern sie unterrichtet werden, wer ihre Klassenkameraden sind. Dabei handelt es sich um mehr als um bloße Gewohnheiten. Die Wiederholung der vertrauten Verrichtungen muss auch in unvermeidlichen Auseinandersetzungen begleitet sein durch eine Empfindung von Verbundenheit und grundlegendem Einverständnis zwischen Kindern, Eltern und Lehrern: In diesem Lebenszusammenhang kann dann auch eine schwierige Aufgabenstellung zum Erlebnis innerer Beteiligung führen.

Ein treffendes Bild der Verbindlichkeit gibt Antoine de Saint-Exupéry. In seinem berühmtesten Buch sagt der Fuchs zum «kleinen Prinzen»: «Die Menschen haben diese Wahrheit vergessen. Aber du darfst sie nicht vergessen. Du bist zeitlebens für das verantwortlich, was du dir vertraut gemacht hast.»[106] Der Fuchs erinnert damit an Verpflichtungen, die nicht nur Menschen gegenüber, sondern auch im Hinblick auf Tiere oder Pflanzen übernommen wurden. Wenn dabei von «Vergessen» gesprochen wird, so ist zu fragen: Wann kannten die Menschen diese Wahrheit? Was ist seitdem geschehen? Außerdem ist etwas Vergessenes nicht spurlos verschwunden, sondern verwandelt, aber: in was? Was früher einmal den Menschen bekannt war und allmählich verwandelt wurde, ist die Verbindlichkeit.

Vergessene Verbindlichkeit – ein Nachklang von Erfahrungen vor der Geburt

Bemerkenswerterweise ist die Erinnerung an die verlorene Wahrheit offenbar bei Kindern noch viel stärker als im späteren Lebensalter: nicht hinsichtlich der Bewusstheit, aber im Hinblick auf die Selbstverständlichkeit, mit der Kinder Verbindung zu anderen Menschen aufnehmen. Und: je jünger ein Kind ist, umso besser erinnert es sich noch an die fraglose Verbindlichkeit aus der Zeit vor seiner Geburt. Es setzt ohne jeden Zweifel voraus, dass die vertrauten Erwachsenen ihre Verantwortung tragen; deshalb können die kleinen Kinder auch gar nicht anders, als voller Vertrauen auf die Menschen ihrer Umgebung zuzugehen.

Doch so bleibt es nicht: Ihre natürliche Bindungsfähigkeit, die sie im frühesten Alter ausleben konnten, wird sich mit der Zeit verwandeln. Treffen kleine Kinder dagegen nicht auf die liebevolle Pflege, die sie benötigen, so treten die erschütternden Folgen in der Erscheinung des Hospitalismus auf. Bereits im 13. Jahrhundert wurde auf Veranlassung des Stauferkaisers Friedrich II. ein entsprechendes Experiment durchgeführt. Um das Rätsel des Spracherwerbs zu ergründen, wurde den Ammen von Waisenkindern untersagt, mit ihren Schützlingen zu sprechen; alle Kinder starben daraufhin, obwohl ihre leiblichen Bedürfnisse sorgfältig befriedigt worden waren.

Seit der Mitte des 20. Jahrhunderts gibt es genauere Befunde, aus denen hervorgeht: Wenn früh hospitalisierte Kinder noch vor ihrer

Einschulung in gesunde Familien aufgenommen wurden, konnten ihre Entwicklungsrückstände im kognitiven, sprachlichen und motorischen Bereich schließlich ausgeglichen werden. Aber es blieben langfristig erhebliche Störungen im Hinblick auf die Anpassung an Gemeinschaften, also in Bezug auf die Verbindlichkeiten. Die Entwicklungspsychologin Lotte Schenk-Danzinger beschreibt die Spätfolge als eine «infantile Arbeitshaltung», die nur durch unmittelbare Beachtung kurzfristig zu überwinden sei.[107]

Umgekehrt kann man annehmen, dass sich die frühkindliche Bindung an Mutter und Vater normalerweise in eine Verbindlichkeit gegenüber Regeln und Aufgaben in sozialen Zusammenhängen wie Kindergarten und Schule verwandelt. Doch dieser Entwicklungsvorgang erschien lange Zeit so selbstverständlich, dass nur seine Beeinträchtigung in besonderer Weise registriert wurde: In Untersuchungen zur Schulfähigkeit fielen manche Kinder durch ihren Mangel an Verbindlichkeit auf. Schenk-Danzinger beschreibt sie als einen bestimmten «Typ von Schulunreifen, die körperlich und geistig normal entwickelt sind, jedoch keine Anpassungsbereitschaft an Aufgaben und Gemeinschaftsregeln erkennen lassen. (…) Sie zeigen in ihrem Spiel ein starkes Überwiegen des Funktional-Triebhaften und sind nicht richtig zur Werkreife gelangt. Ihr Verhalten ist gekennzeichnet durch Unruhe, Distanzlosigkeit und gesteigertes Geltungsstreben. Das Aufgabenbewusstsein ist so wenig entwickelt, dass die an sich normalen Fähigkeiten nicht zum Einsatz gelangen.» In der Befragung der Eltern konnte ermittelt werden, dass gerade diese Kinder in ihrer frühesten Lebenszeit meist nur zum Schlafen in der eigenen Familie waren: «Ihre Erziehung war fast ausschließlich fremden Personen in Säuglingskrippe, Krabbelstube, Kindergarten und Hort anvertraut.»[108]

Verwandelte Bindungsfähigkeit in Spiel und Arbeit

Es ist zu vermuten, dass sich die frühe Bindungsfähigkeit des kleinen Kindes bei einer gesunden Entwicklung während der ersten sieben Lebensjahre zunächst in die so genannten «Kindheitsidentifikationen» (E. Erikson) verwandelt. Gemeint ist damit, dass Kinder bereits im Vorschulalter zunehmend eine Selbstverpflichtung im Spiel erleben. Sie nehmen bestimmte Rollen an, befolgen freiwillig die Regeln und suchen sich Aufgaben, die sie mit Freude lösen.

Der bekannte Arzt Carl-Ludwig Schleich gibt dafür im Rückblick ein anschauliches Beispiel: Als Kind hatte er im letzten Drittel des 19. Jahrhunderts eine außergewöhnliche Spielgelegenheit. Mit seinen zahlreichen Cousins und Cousinen durfte er immer während der Sommerferien viele Stunden lang ungehindert über eine stille Ostseeinsel streifen, die seinen Großeltern gehörte. Als er einmal während des Indianerspiels gefesselt zurückgelassen und von seinen Kameraden vergessen wurde, erlebte er die Schrecken der hereinbrechenden Dunkelheit, bis er schließlich vom Förster befreit wurde. Nun hatte er nach seiner späten Befreiung vor allem das Bedürfnis, den Hauptschuldigen zur Rechenschaft zu ziehen. Als Erwachsener begründet er rückblickend seinen Zorn: «Ich glaube, mich machte weniger die persönliche Rücksichtslosigkeit so wütend als der bewiesene unerhörte Mangel an Spielernst.»[109]

Tatsächlich setzen die Kinder normalerweise voraus, dass die (z.T. unausgesprochenen) Spielregeln mit der größten Ernsthaftigkeit befolgt werden. Aber die Verbindlichkeit zeigt sich im frühen Schulalter darüber hinaus bei der Suche nach Aufgaben, deren Lösung nicht zu leicht sein darf.

Maria Gräfin von Maltzan, deren bemerkenswerte Lebensgeschichte verfilmt wurde, erinnert sich an ihren kindlichen Ehrgeiz.[110] In ihr war plötzlich eine unerklärliche Putzwut erwacht, die auch vor der kostbaren Uhrensammlung ihres Vaters nicht Halt machte, und so ging sie in einem unbeobachteten Moment daran, eines der wertvollsten dieser mechanischen Geräte bis in alle Einzelteile zu zerlegen und gründlich zu reinigen. Nicht einmal der Schreckensschrei ihrer hinzugekommenen Mutter konnte sie daran hindern, die gesäuberte Uhr mit aller Sorgfalt wieder vollständig zusammenzusetzen. Stolz war sie aber erst, als der herbeigerufene Uhrmacher sie für ihre Arbeit lobte; er erschien ihr momentan als die Autorität, die ein Kind im frühen Schulalter immer unter den Erwachsenen sucht.

Bei den Aufnahmegesprächen vor der Einschulung zeigt sich die verwandelte Verbindlichkeit nicht nur als eine Selbstverpflichtung im Spiel. Wenn der Aufnahmelehrer z.B. ein Kind auffordert, etwas zu zeichnen, zeigt sich dessen Schulbereitschaft besonders in Bemühungen um eine korrekte Ausführung. Schenk-Danzinger formuliert daher: «Kinder, die sich selbst Aufgaben stellen, sind in der Regel auch bereit, ja sogar begierig, Aufgaben von Erwachsenen zu übernehmen. Sie wollen und brauchen fremdgestellte Aufgaben.»[111] Diese Form der Verbindlichkeit, die zu Beginn des Schulalters auftritt, nennt der Schweizer Heilpädagoge Peter Schmid «Aufgabensinn». Dazu gehört «die wachsende Gewissheit, dass Aufgaben einen Sinn haben, einem etwas bedeuten, verlockend sein können als möglicher Quell von Freude. Sinn für Aufgaben haben, umfasst aber auch die Einsicht, dass die Erfüllung von Aufgaben eine Notwendigkeit ist und dass die Dringlichkeit ihrer Erledigung unabhängig vom Wechsel der Stimmungen und Gefühle weiterbesteht. Zu einem reifen Aufgabensinn gehören eben Pflichtbewusstsein und Aufgabenfreudigkeit.»[112]

Führt aber das Erkennen einer Aufgabe notwendigerweise zur Tat? In vielen alltäglichen Situationen erleben wir selbst als Erwachsene eine Kluft zwischen unseren Vorstellungen und dem eigentlichen Willensakt. Diese Kluft kann und soll durch die Verbindlichkeit überbrückt werden, die uns z.B. im Lerneifer des Erstklässlers auf die schönste Weise entgegentritt. Manche Eltern und Lehrer sind dann enttäuscht, wenn die Arbeitsfreude im Laufe der Klassenlehrerzeit mehr und mehr abnimmt. Es ist möglich und erstrebenswert, dass Unterricht auch in der Mittelstufe noch Spaß macht. Aber eine fortschreitende Entwicklung der Verbindlichkeit ist doch notwendig.

Jugendalter: Überzeugungsbildung und Suche nach Identität

Bereits in den fünfziger Jahren hat der amerikanische Psychologe Erik Erikson grundlegende Begriffe für diesen Vorgang geprägt. Er spricht davon, dass aus den Kindheitsidentifikationen in der Adoleszenz die Suche nach der eigenen Identität wird. Dies ist in einer bestimmten Weise bereits ab der vierten Klassenstufe zu erleben. Die Kinder orientieren sich nun viel stärker als zuvor an Verhaltensstilen und Ausdrucksformen der Gleichaltrigen bis hin zu Kleidungsgewohnheiten. Sie suchen ihre eigene Position innerhalb der Klassengemeinschaft, und der Lehrer muss jetzt die Unterrichtsinhalte sorgfältig auswählen, damit sich die Begeisterung an den vielfältigen Erscheinungen der Welt immer wieder neu entzünden kann.

Ernst-Michael Kranich weist darauf hin, dass das Verhältnis der Heranwachsenden zur Schule besonders um das zwölfte Lebensjahr zunehmend problematisch wird. Er stellt die alterstypischen Wandlungen im leiblichen und seelischen Gefüge detailliert dar und macht auf notwendige Konsequenzen für die Unterrichtsmethodik aufmerksam.[113] So sollen die Schüler der siebten bis neunten Klassen nicht nur andere Inhalte, sondern diese auch in anderer Weise lernen. Statt der freudigen Zuwendung zur Ästhetik und Ordnung in der Welt (z.B. in der Naturkunde) beginnt jetzt ein Bedürfnis nach kausalem Verständnis von Zusammenhängen.

Im Zuge dieser Entwicklung wird auch die Verbindlichkeit immer differenzierter erfahren. Nun schiebt sich zwischen Aufgabensinn und Tat ein innerer Klärungsprozess, durch den die Handlung einen individuelleren Charakter annimmt als beim Unterstufenschüler. Das englische Wort «commitment» deutet auf entsprechende Erfahrungen hin. Dieser Ausdruck lässt sich in seinem ganzen Bedeutungszusammenhang kaum im Deutschen wiedergeben. Er wird bezeichnenderweise auf ganz unterschiedliche Weise übersetzt, nämlich als «Engagiertheit und Übernahme einer Verpflichtung», «Zielbindung», «die Eigenschaft der Entschiedenheit» oder «Bindung an eine Identität bzw. die Wichtigkeit eines Aspektes der Identität».

Verbindlichkeit bezieht sich also auch im Lernen auf unterschiedliche Aspekte. Grundvoraussetzung ist aber in jedem Fall, dass das Lernen als eine Art des menschlichen Handelns verstanden wird. Dabei betrachtet man den Menschen nicht als ein Wesen, das auf einen äußeren Reiz in bestimmter Weise reagiert. Von Handlungen spricht man in der Psychologie nur, wenn eine Person Motive für ihr Tun hat und damit die Möglichkeit der Willensfreiheit und Verantwortlichkeit besitzt.

Nun blieb der Willensbegriff in der Psychologie seit den zwanziger Jahren des 20. Jahrhunderts unberücksichtigt. Allein die Anthroposophie bietet eine gedankliche Grundlage für die Untersuchung des menschlichen Willens. Allerdings hat in den achtziger Jahren der Motivationspsychologe Heinz Heckhausen entscheidend dazu beigetragen, den verschollenen Begriff in der Fachwissenschaft erneut hoffähig zu machen.[114] Er unterscheidet in seinem «Handlungsphasenmodell» aufgrund unterschiedlicher Willensqualitäten vier Abschnitte in jedem Handlungsablauf. Es lässt sich zeigen, dass sich Verbindlichkeit oder «commitment» in diesen Phasen jeweils auf besondere Weise verwirklicht.

Die erste Handlungsphase nennt Heckhausen «motivational» oder «prädezisional», weil in ihr der Wille mit der Tendenz auftritt, einen Entschluss zu fassen: Man erkennt z.B. eine Aufgabe, weiß, was zu tun ist, und entschließt sich, die geforderte Handlung auszuführen. In dieser Phase wird commitment als die eigene Engagiertheit und Selbstverpflichtung erfahren. Zwar stellt sich die Frage nach einer Entscheidung nicht, solange ein Schulkind mit selbstverständlichem Lerneifer an die Arbeit geht. Bei individuellen Aufgaben in der ausgehenden Mittelstufe, bei Referaten oder größeren Projektarbeiten stellt sich das Problem der Selbstverpflichtung dagegen sehr wohl.

In der zweiten Phase – nach der Entscheidung – zielt der Wille auf den Beginn der Handlung; Heckhausen nennt sie «präaktional». Den Übergang bemerkt man in der Selbstbeobachtung oft erst dann, wenn er schon vollzogen ist: Plötzlich hat sich die Richtung der eigenen Überlegungen geändert, und nicht mehr das «ob», sondern das «wie» und «wann» wird jetzt zur Frage. Zum Beispiel kann ein Lehrer, der aufgefordert wurde, einen neuen Schüler aufzunehmen, darauf aufmerksam werden: Er hat seine Zustimmung noch nicht gegeben und denkt dennoch schon darüber nach, wie und wann das Kind am besten in die Klasse zu integrieren wäre.

Den inneren Ruck, der den Übergang von der ersten zur zweiten Phase kennzeichnet, belegt Heckhausen mit der «Rubikon»-Metapher (durch das Überschreiten des kleinen Grenzflusses schlug Julius Cäsar einst die Richtung zur Tat, nämlich zum Bürgerkrieg, unumkehrbar ein). Damit ist für jede Handlung ein entscheidender Schritt getan. Nachdem die ersten Überlegungen das Für und Wider «realitätsorientiert» abzuwägen hatten, ist der weitere Schritt nunmehr «realisierungsorientiert». Entscheidend für die beherzte Tat ist jetzt die Intensität, mit der sich der Handelnde an das eigene Ziel gebunden fühlt. (Dennoch können mancherlei Erwägungen einen wankelmütigen Menschen immer noch an der Ausführung hindern, obwohl der Entschluss schon gefasst war.)

Der eigentliche Beginn der Tätigkeit markiert noch einmal eine bedeutende Schwelle. Damit beginnt die «aktionale» Phase, in der commitment dafür zu sorgen hat, dass das Begonnene ohne Ablenkungen bis zum Schluss durchgehalten wird. Zu erleben ist diese Willensqualität als «Entschiedenheit». Schließlich erweist sich in der letzten Phase nach Abschluss der Handlung, dass durch sie die Identität des Subjekts um einen neuen Aspekt erweitert wurde: Im Rückblick wird es sich mit seiner Tat mehr oder weniger bewusst identifizieren. Es übernimmt die Verantwortung, und damit werden gleichzeitig neue Voraussetzungen für künftiges Handeln veranlagt.

Abwägen →	Planen →	Handeln →	Bewerten
prädezisionale Motivationsphase	präaktionale Volitionsphase	aktionale Volitionsphase	postaktionale Motivationsphase
«Rubikon»			
Selbst- verpflichtung	Ziel- bindung	Ent- schiedenheit	Identitäts- bildung

Die vier Übersetzungen des Wortes «commitment» deuten also auf unterschiedliche Qualitäten von Verbindlichkeit im Laufe einer Handlung hin. Auf jeder Stufe hat Verbindlichkeit die Funktion, die Kluft zwischen Vorstellung und Wille zu überbrücken. Dies gilt für das Lernen ebenso wie für jeden anderen Handlungsablauf: Die vergessene Wahrheit des Fuchses bei Saint-Exupéry hat sich verwandelt und könnte uns als ein kostbares Gut zur Verfügung stehen. Wenn unsere gegenwärtigen Lebensbedingungen dieses Gut immer stärker gefährden, wird man allerdings fragen müssen, wie Verbindlichkeit neu gelernt werden kann.

Das Lernen von Verbindlichkeit

Was Verbindlichkeit für ein Kind am Beginn des zweiten Lebensjahrsiebts bedeuten kann, wird an dem biografischen Beispiel aus den Erinnerungen der Maria Gräfin von Maltzan erkennbar. Sie stellte sich ja selbst eine Aufgabe, die sie dann mit der größten Ernsthaftigkeit zu erfüllen suchte. Dabei lassen sich anhand des «Handlungsphasenmodells» die vier Schritte unterscheiden, in denen die Kraft der Verbindlichkeit in unterschiedlicher Weise erfahren wird: als Selbstverpflichtung, Zielbindung, Entschiedenheit und schließlich als Verantwortlichkeit durch eine Identifikation mit der Tat. [115]

1. Die Entscheidung, die Uhr auseinander zu nehmen, ergab sich aus einer Mischung von Faszination, der selbst gestellten Aufgabe, für Sauberkeit zu sorgen, und einer beherzten Entschlussfreudigkeit: «Da ich vor Schwierigkeiten nie zurückschreckte, entschloss ich mich, die Uhr anzuhalten und den Mechanismus genauer zu betrachten.»
2. Gedacht, getan: Nach dem Entschluss folgten die zielstrebigen Vorbereitungen auf das eigentliche Unternehmen. «Ich besorgte mir ein Tablett, auf das ich einen weißen Bogen Papier legte, und einen Bleistift ...». (Offenkundig gehörte das Mädchen nicht zu den wankelmütigen Charakteren.)
3. Die Säuberungsaktion begann und wurde mit der größten Entschiedenheit durchgeführt. «Diese Tätigkeit nahm mich völlig gefangen. Plötzlich ging die Tür auf. Meine Mutter betrat den Raum und stieß einen Schrei des Entsetzens aus. Ich drehte mich zu ihr um und sagte in aller Ruhe: ‹Bitte, bitte, störe mich jetzt nicht und schimpfe nicht, denn sonst weiß ich hinterher nicht mehr, wo die einzelnen Schräubchen und Rädchen hingehören.›»
4. Die abschließende Bewertung der erfolgreichen Tat wurde nicht nur von dem Kind selbst vorgenommen: Der Uhrmacher wurde zur Überprüfung ins Haus bestellt; «der besah sich den angeblichen Schaden und meinte: ‹Das hat das Komtesschen großartig gemacht.› Dieses Lob bedeutete mir so viel wie eine Kaiserkrone.»

Das Ereignis liegt nun bald ein Jahrhundert zurück. Und inzwischen müssen wir bemerken, dass die selbstverständliche Verbindlichkeit, mit der Kinder damals vielleicht ihre selbst gestellten oder vorgegebenen Aufgaben erfüllten, nicht mehr allgemein vorausgesetzt werden kann. Entweder entdecken die Kinder in ihrer Umgebung keine angemessenen Herausforderungen und kommen zu keiner *Selbstverpflichtung*. Vielleicht entschließen sie sich auch, etwas zu unternehmen, und bringen es doch nicht bis zur Tat – es fehlt die Kraft der *Zielbindung*. Oder eine Sache wird begonnen und durch einen Mangel an *Entschiedenheit* bei der nächsten Störung einfach abgebrochen. Es ist auch nicht selbstverständlich, sich im Nachhinein mit der eigenen Handlung zu identifizieren und damit die eigene *Verantwortlichkeit* zu verspüren. Liegt es daran, dass die Kinder von einer Welt der Unverbindlichkeit umgeben sind?

Es ist nicht überraschend, dass sich im Jugendalter die entsprechenden Erscheinungen besonders deutlich bemerkbar machen, z.B. an den Stilen der Freizeitgestaltung: «Die jungen Leute bevorzugen Gruppenstile, die Spaß machen, Zerstreuung und Unterhaltung bieten, die unkomplizierten Umgang mit Gleichgesinnten ermöglichen, ohne dass man dabei längerfristige Verpflichtungen eingehen muss.»[116] Tendenziell tritt die Identifikation mit sozialen Organisationen (Kirche, Parteien, Vereine etc.) und vorbildlichen Persönlichkeiten zurück gegenüber dem Anspruch, die eigene Biografie selbst zu gestalten. Das entspricht dem Charakter des Jugendalters als einem Zeitraum der Überzeugungsbildung: Heranwachsende tendierten schon immer mehr oder weniger stark dazu, ihre soziale Umgebung z.B. durch Überlegung und Diskussion zu erkunden und die eigene Identität in diesem Zusammenhang zu bestimmen.

Typen der Überzeugungsbildung bei Jugendlichen

Von dem amerikanischen Psychologen J. E. Marcia stammt eine interessante Unterscheidung von individuellen Stilen der Identitätsentwicklung. Ausgehend von den beiden Dimensionen «commitment» (Verbindlichkeit) und «Ausmaß der Exploration» (Erkundung) gelangt er zu vier typischen Formen:[117]

		Ausmaß der Exploration	
		hoch	niedrig
commitment	hoch	Entschiedene	Festgelegte
	niedrig	Suchende	Diffuse

In der oberen Zeile finden wir diejenigen Jugendlichen bezeichnet, die sich ihren Aktivitäten mit einem hohen Grad von Verbindlichkeit zuwenden. Sie unterscheiden sich dadurch untereinander, dass sie entweder mit starken individuellen Impulsen der Welt entgegentreten (die «Entschiedenen») oder sich verhältnismäßig reibungslos in vorgegebene, z.B. traditionelle Wertordnungen einbinden lassen (die «Festgelegten»). Die größere pädagogische Herausforderung bieten uns aber solche Persönlichkeiten, die nur eine geringe Verbindlichkeit zu Aufgaben und Zielen erfahren. Die «Suchenden» unter ihnen bemühen sich intensiv um ein Verständnis ihrer Lebenswelt; sie leiden aber womöglich unter der eigenen Bindungslosigkeit. Diejenigen, denen auch die Kraft und das Engagement zur Exploration fehlt, nennt Marcia «Diffuse». Wenn nun tatsächlich die sozialen Verbindlichkeiten allgemein ihre Tragfähigkeit verlieren, so ist zu fragen, wie der Unterricht den Bedürfnissen gerade dieser Gruppe gerecht werden kann.

Dabei kann es sich nicht um die Rückkehr zu alten Erziehungsformen handeln: Dass Eltern und Lehrer über die Zukunft der Jugendlichen entscheiden, würden wohl allenfalls die von Marcia so genannten «festgelegten» Persönlichkeiten akzeptieren. Denn sie verzichten auf die eigene Erkundung und erleben dennoch eine starke Verbindlichkeit gegenüber den vorgegebenen Zielen. Der Arzt C. L. Schleich kann als Beispiel für diesen Typus gelten. Er selbst beschreibt, wie er (am Ende des 19. Jahrhunderts) aufgrund des väterlichen Wunsches seine Neigung zur Musik zurückstellte, um Arzt zu werden wie sein Vater.[118]

Verbindlichkeit in einer Zeit der Individualisierung

Dass traditionelle Lebensformen und -werte (auch in der Waldorfschule) zunehmend problematisch werden, kann man zwar beklagen, weil dadurch eine wichtige Orientierungsmöglichkeit für die Heranwachsenden verloren geht. Andererseits eröffnet sich dadurch eine großartige Herausforderung für eine Pädagogik, die sich der Entwicklung der autonomen Individualität verpflichtet hat. Wo die Verbindlichkeit der äußeren Einrichtungen zerbricht, muss etwas Neues an ihre Stelle treten: die Verbindlichkeit gegenüber dem eigenen Ich.

Hier liegt eine zentrale Zukunftsaufgabe für die Waldorfpädagogik, weil sie ihre Begründung von einem Verständnis des menschlichen Ich-Wesens herleitet. Der individuelle Wesenskern des jungen Menschen erfährt und entwickelt sich selbst an der Berührung mit den Dingen und Wesen der Welt. «Zwischen den Dingen sein», auf lateinisch «inter-esse», kennzeichnet diese Tendenz des Ich, sich mit den Welterscheinungen zu verbinden. Wenn Schüler von sich aus weder Anzeichen von Interesse erkennen lassen noch eine innere Bindung verspüren, fordern sie daher die Unterstützung des Pädagogen auf doppelte Weise heraus: Verbindlichkeit dem eigenen Ich gegenüber muss das Interesse an den Welterscheinungen mit einbeziehen; es handelt sich um zwei Seiten der gleichen Medaille.

Diese Aufgabe ist nicht allein durch die zahlreichen Bemühungen um Individualisierung im Unterricht zu lösen (etwa durch kleinere Klassen oder methodische Binnendifferenzierung). Hierbei wird mit Recht das einzelne Kind in den Mittelpunkt gestellt mit seinen besonderen Begabungen und Eigenschaften, durch die es sich von anderen unterscheidet. «Individuell» bedeutet in diesem Sinne das Anders-Sein als die gleichaltrigen Mitschüler.

Förderung von lernschwachen oder hochbegabten Schülern, Lese-Rechtschreib-Hilfe und Einzeltherapien sind selbstverständlich notwendig, um den persönlichen Möglichkeiten eines Kindes gerecht zu werden. Das «Ich» erreichen wir aber nicht in einer vergleichenden Betrachtung der persönlichen Besonderheiten; es ist vielmehr der Ursprung aller individuellen Wirksamkeit und Entwicklung.

Auf diesen Grundsatz wies Rudolf Steiner im April 1919 nachdrücklich hin, als er in dem oben erwähnten Vortrag formulierte, dass sich gerade in dem Erfahrenerwerden das Individuelle eines Menschen ausdrücke.[119] Damit deutet Steiner auf einen wichtigen Zusammenhang: Das Ich des jungen Menschen findet seinen Ausdruck gerade in der Verbindlichkeit, mit der es die Dinge und Wesen der Welt erfährt.

Nun scheint die Art und Weise des Erfahrenerwerdens bei den heutigen Kindern und Jugendlichen anders zu sein als früher. Um ihnen gerecht zu werden, muss man zunächst von der Einsicht ausgehen, dass kein Erzieher die eigenen Erfahrungen auf ein Kind oder einen Jugendlichen übertragen kann. Er muss vielmehr erkunden, welche Erfahrungen die Schüler von sich aus an einer unterrichtlichen Situation gewinnen können. Die Schüler selbst nehmen die Verwandlung der eigenen Persönlichkeit zunächst nicht wahr. Dennoch tritt eine Verbindlichkeit gegenüber der eigenen Individualität auf, wenn die betreffende Person sich selbst als wirkendes und Erfahrung machendes Ich erleben kann.

«Erfahrung machen» ist nur möglich durch eine Verbindlichkeit gegenüber den Dingen und Wesen der Welt, die man sich vertraut macht; darin liegt die notwendige Ergänzung zum Erlebnis der eigenen Anstrengung, des eigenen Könnens und der Erfahrung, eine Gesetzmäßigkeit selbst verstanden zu haben. Dies alles sind Merkmale eines individuellen Lernvorgangs (der natürlich in verschiedenen Altersstufen jeweils anders zu verwirklichen ist). Dafür gibt es Belege aus der empirischen Unterrichtsforschung.

Bei der gezielten Förderung leistungsschwacher Schüler ließ sich zeigen, dass es vor allem auf den Erwerb und die gewohnheitsmäßige Verwendung von Lernstrategien ankommt. Diese werden von Kindern besonders dann erfolgreich eingesetzt, wenn sie von der Wirksamkeit der eigenen Tätigkeit überzeugt sind. Deshalb zielen neuere Verfahren des so genannten «remedialen Lernens» auf das Selbst-System der Schüler; es soll erreicht werden, dass Lernende die Ergebnisse ihrer Leistungen auf ihre eigene Anstrengung zurückführen. In einer Untersuchung[120] führte eine gezielte Förderung von Schülern, die gleichzeitig auf deren Selbstwirksamkeitsüberzeugung zielte, zu «höheren Behaltensleistungen und einer längerfristigen Beibehaltung der gelernten Strategien, die auch stärker auf andere

Lernaufgaben transferiert wurden. Zudem nahm die Impulsivität der geförderten hyperaktiven Kinder ab.»[121]

Hier zeigt sich, was es bedeuten kann, Kinder entsprechend ihrer Selbstwirksamkeit zu unterstützen – nämlich so, dass sie sich als Urheber ihrer Handlungen erleben. Oder anders gesagt: Die Kinder müssen ihr eigenes Ich in altersgemäßer Weise als Tätigkeitsquell erfahren.

Verbindlichkeit als Selbstwirksamkeit und Interesse

Lernen als ein individuelles Erfahrenerwerden ist ohne Verbindlichkeit gegenüber den eigenen Aufgaben nicht denkbar. Wenn diese Bedingung aber nicht mehr selbstverständlich in der Alltagswelt erlebt wird, muss sie selbst gelernt werden, und zwar als eine Verbindlichkeit dem eigenen Ich gegenüber auf allen vier Stufen: Selbstverpflichtung, Zielbindung, Entschiedenheit und Verantwortlichkeit als Ausdruck der Identifizierung. Auch das Kind erfährt seine eigene Individualität nicht im Ausleben willkürlicher Wünsche und Begierden – diese sind meist alles andere als individuell und zudem höchst manipulierbar. Stattdessen geht es darum, Aufgaben zu erkennen und anzunehmen, an der Schwierigkeit den Willen zu entfalten, das eigenen Können und die eigene Einsicht in Verbundenheit zu den erkannten Dingen und Wesen der Welt selbst zu erfahren. Lernen von Verbindlichkeit setzt deshalb die Achtung vor den individuellen Erfahrungsmöglichkeiten der jungen Menschen voraus.

Die Formen der Verbindlichkeit verändern sich während der ersten acht Schuljahre ebenso deutlich wie die Art, denkend in Weltzusammenhänge einzudringen. Beide Entwicklungen sollten vom Unterricht so unterstützt werden, dass im individuellen Lernprozess Verbindlichkeit auf einer neuen Grundlage entstehen kann, wie es Ernst-Michael Kranich formuliert:

«Zunächst erlebt er (der junge Mensch; d. Verf.) seine Selbstständigkeit als Gegensatz zur umgebenden Welt. Dann durchdringt er sich in den Kräften der Selbstständigkeit mit dem Wesen der Dinge. Aus dieser Verbindung kann sich eine moralische Erziehung zu den Dingen entwickeln. Denn wenn der Mensch in der Tiefe der Persönlichkeit etwas vom Wesen der Dinge erfährt, dann wird die Beziehung zur Welt verbindlich. Man erlebt, dass man verantwortlich ist.»[122]

Die Evidenzerfahrung im Lernen

Neben der Aufmerksamkeit und Verbindlichkeit gibt es eine dritte Erfahrung, die nur die Individualität des lernenden Menschen selbst machen kann, nämlich die eigene Einsicht. Wir achten auf dieses wichtige Ereignis besonders dann, wenn es sich nicht einstellt. Da gibt es z.B. in der vierten Klasse die Aufgabe, $1/4$ und $1/3$ zu addieren. Was ist zu tun? Eine Regel ist schnell formuliert: Hauptnenner suchen, Brüche erweitern, zusammenzählen, fertig. – Aber warum ist das so? Stimmt das Ergebnis wirklich? Die Kinder glauben dem Lehrer natürlich, wenn er die gefundene Lösung für richtig erklärt; aber haben sie wirklich verstanden, warum es genau so sein muss?

Lassen wir die Kinder selbst ein wenig tüfteln: Zunächst stehen sie vor einem neuen Problem, in das sie mit ihrem Denken eindringen sollen. Vielleicht hilft eine Zeichnung oder Kreisausschnitte aus Tonpapier? Die beiden Teile werden zusammen hingelegt, die Größe geschätzt. Offenbar ist die Summe mehr als $1/2$, aber wie viel genau? An anderen Beispielen kann man vielleicht zu der Einsicht gelangen, dass nur gleichartige Gegenstände addiert werden können: Äpfel und Kirschen lassen sich nur zusammenzählen, wenn ich beide als «Früchte» betrachte oder wenn ich sie wiege und ihre Gewichte addiere.

Angewendet auf die Brüche heißt das: Wir müssen $1/4$ und $1/3$ so verwandeln, dass sie gleichartig werden, ohne ihre Größe dabei zu verändern. Die Kreisausschnitte werden deshalb abermals zerteilt in gleich große Stücke, nämlich Zwölftel: $1/4 = 3/12$; $1/3 = 4/12$. Diese können wir nun zusammenzählen.

Für denjenigen, der die Problemlösung selbst gefunden oder mitvollzogen hat, kann sich momentan ein Erlebnis der erhellenden, klärenden Einsicht einstellen. Wie bei der Lösung eines Rätsels ist es plötzlich klar: «So muss es sein!» Wir sehen gleichzeitig aber auch viele Schüler, die dieses «Aha-Erlebnis» nicht haben. Es kann sogar eine ganze Rechenepoche vergehen, in der alle Kinder lernen, Brüche richtig zu addieren und zu subtrahieren, und immer noch gibt es einige, die nicht wissen, warum die Sache mit dem Hauptnenner funktioniert.

Das Evidenzerlebnis kann ihnen nicht beigebracht werden, es ist Ausdruck der eigenen Ich-Beteiligung im Lernen. Durch dieses Erlebnis eigener klärender Gewissheit macht sich das Kind einen wesenhaften Zusammenhang nämlich so zu Eigen, dass eine tiefe Sicherheit entstehen kann. Ich erkenne selbst, was richtig oder falsch ist. Dadurch werde ich frei von dem Lehrer als Beurteiler; seine Autorität beruht mehr und mehr darauf, dass er meinen Blick öffnet und mich für die Welt begeistert, nicht darauf, dass ich von seiner Machtfülle abhängig bin.

Individualisierung im Unterricht durch das Evidenzerlebnis

Durch wiederkehrende Evidenzerlebnisse entsteht eine Individualisierung besonderer Art. Im Allgemeinen wird unter Individualisierung in der Schule eine Differenzierung der Unterrichtsmethoden verstanden – sei es, dass Kinder in Leistungsgruppen getrennt werden, sei es, dass man durch eine didaktische Binnendifferenzierung versucht, jedem einzelnen Schüler mit seinen Fähigkeiten gerecht zu werden. Dass dies notwendig ist, ist unbestreitbar. Diese Differenzierungen beruhen aber letztlich immer auf den Unterschieden der Schüler. Individualisierung im Sinne von Leistungen des unvergleichbaren Ich-Wesens meint etwas anderes: Eine Gesetzmäßigkeit oder ein Wesenszusammenhang der Welt wird in das eigene Ich aufgenommen. Besonders im Evidenzerlebnis durchdringt sich das Ich des Kindes verstehend mit der Gültigkeit von bestimmten Erkenntnissen.

Diese Erfahrung vermittelt deshalb eine Sicherheit für das eigene individuelle Wesen, obwohl jede einzelne Erkenntnis durch immer neue Einsichten ergänzt oder ersetzt wird und obwohl sich ein anfängliches Verständnis später als Irrtum erweisen kann. Nicht Unfehlbarkeit der Evidenzerfahrungen gibt die Sicherheit, sondern das Fortschreiten von Gewissheit zu Gewissheit.[123]

Der Schweizer Urs Aeschbacher weist nachdrücklich auf die Bedeutung der fortschreitenden Evidenzerfahrungen im Lernen hin.[124] Er schreibt: «Mit einigermaßen komplexen Denk- und

Lernproblemen selbstständig umgehen kann nur, wer selber zu beurteilen vermag, wann ein Sachverhalt verstanden ist. Zu erkennen, ob man verstanden hat, verlangt aber schlicht, dass man diesen inneren Zustand ‹kennt›.»[125] Die Kinder sollten also nicht nur richtige oder gute Ergebnisse hervorbringen; sie müssen vielmehr nach und nach lernen, selbst zu bemerken, ob ein Ergebnis richtig ist und ob sie verstanden haben, warum dies so ist. Also nicht nur Aufgaben richtig lösen, auch nicht nur verstehen, wie es geht, sondern auch noch: das eigene Verstandenhaben bemerken!

In Aeschbachers Buch ist die Evidenzerfahrung allein auf kognitive Lernvorgänge bezogen, aber darauf beschränkt sich die pädagogische Arbeit im Unterricht natürlich nicht. Mathematische Fähigkeiten stehen z.B. in einem sehr engen Zusammenhang mit einer sicheren Koordination der Körperbewegungen und einer guten Raumorientierung. Sicherheit in der Körperbeherrschung entsteht aber nicht durch momentane Aha-Erlebnisse, sondern durch eine Gewissheit im Ablauf eigener Tätigkeit. Ein Verständnis für die bildenden, schaffenden Kräfte im Pflanzenreich entsteht durch das empfindsame Einleben in die Vorgänge der Natur. Evidenz kann also auf unterschiedliche Weise erfahren werden, je nachdem, ob sie sich stärker auf Lernprozesse im Denken, Fühlen oder Wollen bezieht.

Das «Wie» im Lernen

Nun kann man bemerken, dass die einzelnen Kinder häufig eine dieser drei Arten des Lernens bevorzugen, wobei dies durchaus für die verschiedenen Fächer differieren kann. Das hängt damit zusammen, dass unser Wissen auf dreierlei Weise repräsentiert sein kann. Von dem Amerikaner Jerome Bruner stammt diese Unterscheidung:

- Enaktives Wissen ist uns gar nicht so bewusst, dass wir es in klaren Worten mitteilen könnten. Es steht uns aber in all unseren Tätigkeiten mit großer Sicherheit zur Verfügung; z.B. kennen wir die notwendigen Bewegungsabläufe beim Fahrradfahren, wir besitzen die entsprechende Gewissheit, könnten aber kaum beschreiben, was wir alles dabei tun. Diese Art der Wissensrepräsentation entspricht der Evidenzerfahrung im Willen.

- Ikonisches Wissen ist uns in einer bildhaften Form vertraut. Wir erleben z.B. die Stimmigkeit in einem Kunstwerk, etwa bei der Vertonung eines Gedichts. Kaum ließe sich explizit angeben, woher unsere Gewissheit stammt, dennoch erleben wir immer wieder, dass man solche Erfahrungen teilen kann. Es handelt sich dabei um eine Evidenzerfahrung im Bereich des Fühlens.
- Symbolische Wissensrepräsentation bezieht sich auf die zeichenhafte Wiedergabe von Gedanken und Vorstellungen, z.B. in der Mathematik. Der einfache Zusammenhang a = b, b = c, also folgt a = c, kann ohne jegliche innere Einsicht auswendig gelernt und wiedergegeben werden. Es kann sich aber, gerade in der Mathematik, ein Evidenzerlebnis einstellen, dessen Klarheit und Helligkeit nicht von außen vermittelbar ist.

In allen drei Fällen handelt es sich um eine Individualisierung in dem Sinne, dass sich ein Ich ganz und gar mit einer Gewissheit durchdringt. In der Waldorfschule wird versucht, alle drei Formen zu berücksichtigen, indem die Kinder in allen Seelenfähigkeiten angeregt und gefördert werden. Neben den Anstrengungen im Denken sorgen künstlerische und handwerkliche Fächer sowie Bewegungsschulung für umfassende und vielfältige Lernerfahrungen.

Bei den Evidenzerfahrungen gibt es allerdings auch Misch- und Übergangsformen, zum Beispiel eine, die der äußeren Beobachtung relativ leicht zugänglich ist: das Verstehen von Witzen. Man kann niemanden, auch kein Kind, zwingen, einen Witz zu verstehen. Eine Rechenaufgabe lässt sich immer erklären, bis «der Groschen gefallen ist»; versucht man das bei einem Witz, so weiß man nachher nicht mehr, warum man ihn eigentlich erzählt hat. Nun gibt es in vielen Klassen verhältnismäßig junge Kinder, die einen seelischen Entwicklungsschritt noch nicht gleichzeitig mit den Mitschülern vollzogen haben. Sie stehen manchmal dabei, wenn andere Witze erzählen, und versuchen ständig, an der richtigen Stelle zu lachen. Eigentlich ist es eine dauernde Überforderung, die solche Kinder wiederum individuell sehr unterschiedlich bewältigen. Vollzieht sich das Gleiche im Unterricht (der ja nicht nur aus Witzen besteht), so ist zu überlegen, wie wir allen Kindern zu den ihnen gemäßen Evidenzerlebnissen verhelfen können. Normalerweise machen alle Kinder diese Erfahrungen immer wieder während ihrer Schulzeit. Aber: Bemerken wir es auch?

Wie das einzelne Kind aufmerkt, wie es sich mit Menschen, aber auch mit Aufgaben verbindet, auf welche Weise es schließlich seine Evidenzerlebnisse macht, darin drückt sich das individuelle Lernen aus. Wenn man darauf achtet, wie ein Kind lernt, wird man erstaunliche Entdeckungen machen. Da gab es z.B. ein Mädchen, das eine spezielle Art hatte, mit dem Rechnen umzugehen. Wenn nämlich eine Reihe von Aufgaben gestellt war, schrieb Sonja diese zuerst mit beispielhaft wohlgeformten Zahlen ab. Für alle vorhersehbaren Umwandlungsformen malte sie anschließend die Rechenzeichen und vor allem eine wunderschöne Reihe von untereinander angeordneten Gleichheitszeichen. Danach legte sie den Stift zur Seite, schaute sich ihr kleines Kunstwerk befriedigt an und wartete, was geschah. Was hat Sonja im Mathematikunterricht gelernt? Sie konnte nach und nach auch verschiedene Aufgaben lösen, aber ihre Evidenzerlebnisse hatte sie wohl eher im Bereich ikonischer Wissensrepräsentation. Mathematik wird in ihrer Erinnerung wahrscheinlich die Vorstellung von schön gemalten und wohlgeordneten Zeichen wachrufen.

Kerstin war durch die ersten acht Schuljahre hindurch selbst davon überzeugt, nicht rechnen zu können. Nun wurde in der siebten Klasse einige Zeit geübt, aus großen Zahlen die Quadratwurzeln zu ziehen. Kerstin schaffte es, ebenso wie ihre Freundinnen, die ganze Epoche mit Herumraten, Auf-dem-Bleistift-Kauen oder Abschreiben zuzubringen. Dann wurde die Klassenarbeit geschrieben. Die drei Mädchen saßen nebeneinander, hatten sichtlich keine Ahnung, was sie tun sollten. Aber es war ihnen offenbar peinlich, leere Blätter abzugeben. Natürlich hätte jede von ihnen allein arbeiten müssen, aber in ihrer Not achteten sie auf keine Anordnung. Sie fingen an, sich gegenseitig zu erklären, was sie im Unterricht mitbekommen hatten. Und so bewirkte die Anspannung dieser Situation, was in einer ganzen Epoche nicht möglich gewesen war: Alle drei lernten in einer Stunde, wie man sechsstellige Zahlen radiziert. In diesem Fall hatte sich die notwendige Verbindlichkeit erst durch den «Ernstfall Klassenarbeit» eingestellt.

Das «Was» im Lernen

Tagtäglich wird in der Schule etwas gelernt, die Frage ist nur: *Was* lernt das einzelne Kind eigentlich? Was es lernt, muss schließlich nicht dem entsprechen, was der Lehrer ihm vermitteln wollte. Folgender Vorgang in einem naturwissenschaftlichen Gymnasium ist daher nicht ungewöhnlich: Für einen Schüler der zehnten Klasse war es im Chemieunterricht vor allem interessant, wie die Beurteilungen im Zeugnis zustande kamen. Der Lehrer schaute sich während des Unterrichts immer aufmerksam danach um, wer sich auf seine Fragen meldete. Von denen konnte er ja immer nur einen aufrufen, und dennoch vermerkte er die bloße Bereitschaft zum Antworten positiv. Also verfolgte der Schüler die Strategie, sich immer in dem Moment zu melden, wenn jemand anders bereits aufgerufen war. Das ersparte ihm die Notwendigkeit, selbst eine Antwort zu wissen; der Lehrer nahm dagegen seinen vermeintlichen Arbeitseifer ständig wahr. Im Zeugnis erschien schließlich eine gute Note, ohne dass der Junge irgendetwas von Chemie verstanden hätte. Die Note war insofern berechtigt, als er ja durch aufmerksame Beobachtung und Geistesgegenwart etwas gelernt hatte – nur eben nicht das, was der Lehrer ihm nahe bringen wollte. Wenn man dagegen bedenkt, welche innere Beziehung zur Welt durch die Chemie angeknüpft werden könnte, ist das Ergebnis enttäuschend: Eine wertvolle Chance ist verpasst.

Lehrer und Schüler achten auf ganz verschiedene Komponenten des Unterrichts. Die Kinder interessieren sich im Allgemeinen weniger für den Unterrichtsstoff als für bestimmte soziale Vorgänge. In einer Befragung unter Abiturienten, die 1997 veröffentlicht wurde, antworteten 77 Prozent von ihnen, dass Mitschüler und Freunde für sie das Wichtigste an der Schule seien.[126] Nur 36 Prozent fanden dagegen die Lerninhalte wenigstens zum Teil sinnvoll (gegenüber 62 Prozent der Lehrer).[127]

Die Frage, was ein Kind im Unterricht lernt, ist schwieriger zu behandeln als die Frage nach dem «Wie». Einerseits gibt es Lernziele, die keinen Zweifel darüber entstehen lassen, was die Kinder lernen sollen. Andererseits ist es aber kaum zu ermessen, was für das Ich des Kindes so relevant ist, dass es aufgenommen, angeeignet, vielleicht sogar nach vielen Jahren wieder erinnert oder zu Fähigkeiten umgebildet wird. Wer an seine Schulzeit zurückdenkt, wird manche Bilder vor sich auftauchen sehen, die in der Unterrichtsvorbereitung des Lehrers damals womöglich gar keine Rolle gespielt haben. Woran werden sich die heutigen Schüler in dreißig Jahren erinnern?

Dennoch hat die Waldorfschule auf die Frage nach dem «Was» des individuellen Lernens eine Antwort. Das möchte ich durch ein Beispiel aus dem Geografieunterricht erläutern. In der fünften Klasse können wir mit den Kindern ein Bild vom Hochgebirge erarbeiten. Wir erzählen von den hoch aufragenden Gipfeln, weit oberhalb jeder Vegetation, von der lebensfeindlichen Umgebung, aber auch von der Erhabenheit der gewaltigen Felsformationen. Dann malen wir in hellen, klaren Farben den durchlichteten Raum einer Gletscherlandschaft, sprechen über die wenigen Tiere, die in die großen Höhen vordringen: über den Steinbock etwa und den Adler. Auch vom Leben der Menschen, die weit unterhalb der Gipfel in ihren Bergdörfern wirtschaften, werden wir berichten, vom Almauftrieb und vom Winter in den Tälern. Diese Landschaft wird charakterisiert als der Ursprungsort der großen mitteleuropäischen Flüsse; gespeist vom Gletschereis und von der Schneeschmelze im Gebirge, nehmen sie ihren Lauf durch die Landschaften Mitteleuropas bis zum Meer.

Nun zeichnen wir gemeinsam ein Bild z.B. der niederländischen Küstenlandschaft – ein Land, das dem Meer abgerungen ist, stets von der Überflutung bedroht. Mit welcher Anstrengung haben die Menschen hier Deiche errichtet, den Meeresboden trocken gelegt und mit ihren Windmühlen entwässert. Niemals durften sie nachlassen, um den fruchtbaren Boden zu bewahren, auf dem ihr ganzes Leben gründet. Lässt man den Blick über das grüne Marschland schweifen, so ist bis zum Horizont keine Erhebung zu erkennen. Die Ebene ist durchzogen von regelmäßig angelegten Entwässerungsgräben und Kanälen, Schafe und Kühe weiden und befestigen gleichzeitig den lockeren Grund, in dem kein einziger Stein oder Fels zu finden ist.

Und dann die Mitte: die bedeutenden Kulturlandschaften an den mitteleuropäischen Strömen. Nur noch an wenigen Stellen des Rheintals findet man Reste der ursprünglichen Flussniederung. Alljährlich wurde sie von dem gewundenen Wasserlauf überschwemmt, sodass die Siedlungen nur an höher gelegenen Orten entstehen konnten. Und doch: Welches Leben konnte sich in diesen bedeutenden Städten schon zur Römerzeit entfalten! Im Mittelalter liefen dann große Handelswege hier zusammen, Stapelplätze lockten die Menschen von weither an: Kaufleute und Handwerker ließen sich nieder, Kirchen und reiche Häuser wurden errichtet, Nahrungsmittel und Waren aller Art gelangten aus der ganzen Welt an Orte wie Köln oder Hamburg. Man könnte auch von Prag erzählen, der prächtigen Residenz deutscher Kaiser, als Gründungsort der ersten mitteleuropäischen Universität ein Zentrum von Wissenschaft und Kunst.

In dieser Dreiheit finden wir, ohne es auszusprechen, ein geografisch-historisches Bild für die Seelenfähigkeiten, die jedes Kind an sich selbst erlebt: die Erhabenheit des klaren Denkens, abgewandt von den Lebensvorgängen der Menschen, das unermüdliche Ringen mit den Naturgewalten im menschlichen Willen und schließlich den Reichtum der Gefühlswelt im Bild der lebendig pulsierenden, vom ausgleichenden Element des Wassers durchströmten Landschaft. Im Blick auf die Erscheinungen der Welt findet das Menschen-Ich sich selbst.

Die Unterrichtsinhalte sollen so ausgewählt werden, dass dem Kind etwas mitgegeben wird, was, wie Rudolf Steiner sagt, «doch wieder für das ganze Leben bleibt». Weiter sagt er den ersten Waldorflehrern: «Zuletzt wird alles in der Auffassung des Kindes zusammenströmen müssen in der Idee vom Menschen. Diese Idee vom Menschen darf bleiben. Alles, was Sie dem Kinde mitgeben, wenn Sie ihm eine Fabel erzählen und sie anwenden auf den Menschen, wenn Sie in der Naturgeschichte Tintenfisch und Maus auf den Menschen beziehen, wenn Sie beim Morsetelegraf ein Gefühl erregen von dem Wunder, das sich durch die Erdleitung vollzieht – alles das sind Dinge, welche die ganze Welt in ihren Einzelheiten verbinden mit dem Menschen. Das ist etwas, was bleiben kann. Aber man baut den Begriff vom Menschen ja erst allmählich auf, man kann dem Kinde nicht einen fertigen Begriff vom Menschen beibringen. Hat man ihn aber aufgebaut, dann darf er bleiben. Es ist sogar das Schönste, was man dem Kinde von der Schule ins spätere Leben mitgeben kann, die Idee, die möglichst vielseitige, möglichst viel enthaltende Idee vom Menschen.»[128]

Die Bedeutung des Schlafes für das Lernen

Dasjenige an einem Begriff, was «für das ganze Leben bleibt», erschließt sich häufig nicht im ersten Moment. Für das «Erfahrenerwerden» ist daher die Wirkung des Nachtschlafes von besonderer Bedeutung. Tatsächlich weisen besonders die rhythmischen Phänomene der nächtlichen Ruhezeiten beeindruckende Merkmale auf, die vor dem Hintergrund verschiedener Hinweise Steiners besonders anregend wirken.

Der Schlafzustand ist nicht ein passives Hingegebensein, sondern er wird aktiv ausgelöst.[129] Dass wir dabei heute aufgrund der Beobachtungen am ruhenden Menschen verschiedene Stadien beschreiben können, ist in der Literatur hinreichend dargestellt.[130] Bereits Aristoteles wies auf Phasen der schnellen Augenbewegungen hin, die mit den Träumen des Schläfers einhergehen. Bemerkenswert ist vor allem das rhythmisch schwingende Eintauchen in verschiedene beobachtbare Zustände. Die Messung der Hirnstromaktivität durch das EEG (Elektroenzephalogramm) liefert eine genaue Abgrenzung der physiologischen Schlafphasen.

Beim Einschlafen wechselt die Frequenz der messbaren Ströme im Gehirn von 8 bis 12 Hz (die so genannten «α-Wellen») in die «β-Wellen» von 13 bis 40 Hz. In einem zweiten Stadium werden diese β-Wellen von vereinzelten Ausschlägen überlagert, um schließlich im dritten Stadium der Schlaftiefe von den langsamen σ-Wellen (ca. 3 Hz) abgelöst zu werden. Der eigentliche Tiefschlaf als viertes Stadium mit den langsamsten Hirnstrombewegungen von einer Welle pro Sekunde («δ-Wellen»), der so genannte «slow wave sleep» (SWS), setzt dann nach etwa zwanzig Minuten ein. Diese Phase kann, wenn sie zum ersten Mal in einer Nacht auftritt, bis zu dreißig Minuten andauern; allerdings erreichen wir nur zwei-, selten dreimal während einer sieben- bis achtstündigen Ruhezeit diese Schlaftiefe, und zwar nur zu Beginn der Nacht.

In den Phasen 3 und 4 steigt besonders prägnant der Anteil der Wachstumshormone im Blutplasma an. Und wenn in entsprechenden Versuchen Menschen gezielt immer zu Beginn dieser Tiefschlafphasen geweckt wurden und nur die anderen Stadien durchlaufen konnten, so klagten sie am folgenden Tag über starkes physisches Unwohlsein und deutliche Beschwerden im Körpergefühl. Im SWS entfalten offenbar die aufbauenden, lebenspendenden Bildekräfte des von Steiner so genannten «Ätherleibes» ihre besondere Wirkung im zentralen Nervensystem.

Nach dem vierten Stadium, also nach etwa fünfzig Minuten, beginnt zum ersten Mal der «Rückweg» durch die anderen Zustände, der etwa zwanzig Minuten lang andauert. Er mündet in eine Phase des so genannten «paradoxen Schlafes» ein. Dieser «REM-Schlaf», so genannt wegen der beobachtbaren schnellen Augenbewegungen (REM = rapid eye movement), kündigt sich kurz zuvor durch deutliche Körperbewegungen an. Die Herzschlagfrequenz nimmt kurzfristig stark zu und ist dann während der ganzen REM-Phase starken Schwankungen unterworfen (zwischen fünfzig und neunzig Schlägen pro Minute). Auch die Atmung wird jetzt schneller und unregelmäßiger. Der Körper bewegt sich kaum noch, selbst der Muskeltonus, der sonst ein Absinken der Körpertemperatur verhindern kann, setzt in dieser Zeit aus. Gleichzeitig sind die charakteristischen Augenbewegungen hinter geschlossenen Lidern zu erkennen. Auch die feinen Muskeln der Mittelohrknöchelchen, die zur Selektion bestimmter Hörphänomene dienen, werden betätigt.

Immer während dieser Phase durchleben wir unsere Träume, selbst wenn wir uns später nicht mehr an sie erinnern. Obwohl die Hirnstromfrequenz durch die jetzt auftretenden β-Wellen dem Übergangszustand vom Wachen zum Schlafen entspricht, ist der Schläfer niemals so schwer zu wecken wie gerade während dieser Zeit. Eigenartigerweise gibt es keinen neurophysiologischen Unterschied zwischen diesem Schlafzustand und der vollen Wachheit. Wird aber durch gezielte Eingriffe der paradoxe Schlaf für längere Zeit unterbunden, so klagen die Versuchspersonen über psychische Störungen; sie fühlen sich angespannt und irritiert, zeigen ein aggressives Verhalten, Ängstlichkeit und Argwohn, aber auch deutliche Gedächtnislücken. Es gibt Hinweise darauf, dass die REM-Phasen der Konsolidierung des Gedächtnisses zugute kommen. Im Sinne der anthroposophischen Menschenkunde kann man annehmen, dass in diesem Zustand das geistig-seelische Wesen des Menschen für kurze Zeit eine intensive Verbindung zum leiblich-physischen Gegenstück eingeht – fast so intensiv wie im Wachzustand.

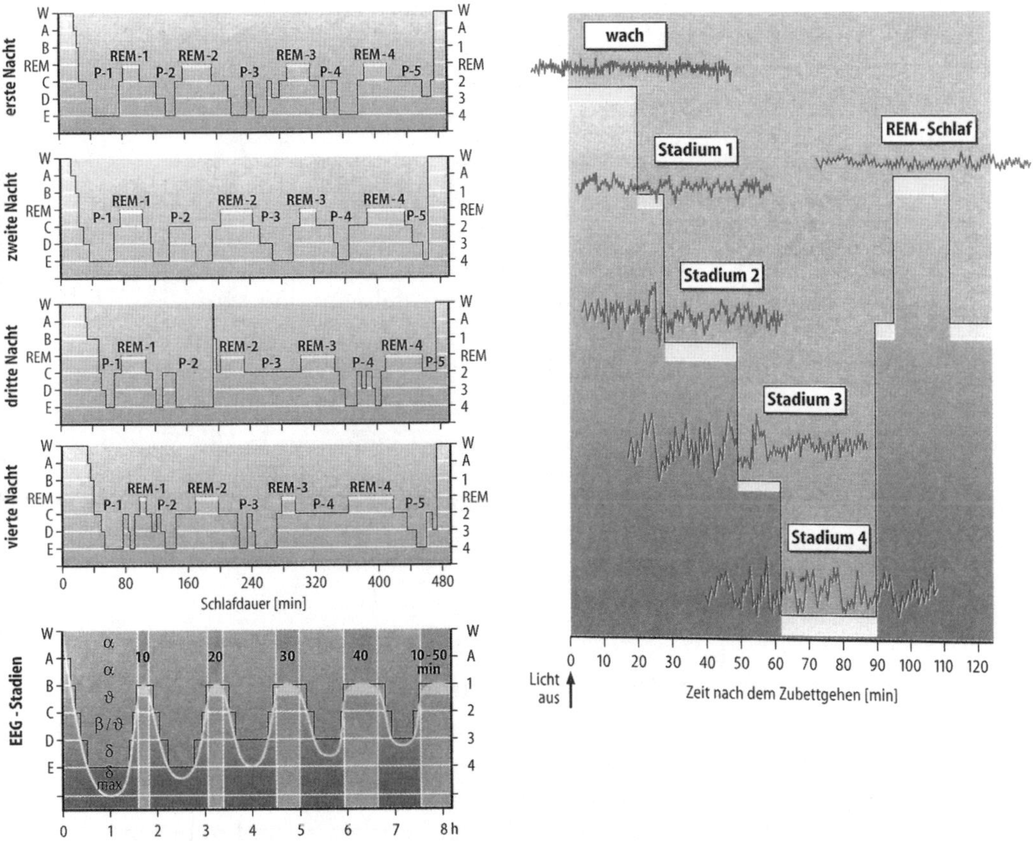

Abbildung aus Robert F. Schmidt / Gerhard Thews (Hrsg.), Physiologie des Menschen, S. 147/148.

Nach diesem Abschnitt können wir kurz erwachen, um dann erneut die nächtliche Reise anzutreten. Der ganze Weg vom Einschlafen bis zur ersten REM-Phase dauert im Mittel etwa neunzig Minuten und besteht aus diesen vier, etwa gleich langen Teilen:

a) Eintauchen, Phasen 1 bis 3, ca. 20 Minuten Länge
b) Tiefschlaf, Phase 4, ca. 30 Minuten Länge mit der Tendenz, sich in jedem Durchgang zu verkürzen
c) Zurückschwingen, Phasen 3 bis 1 in umgekehrter Reihenfolge, ca. 20 Minuten
d) paradoxer oder «REM»-Schlaf, ca. 20 Minuten mit der Tendenz, sich in jedem Durchgang auszuweiten.

Nur zweimal in der ersten Nachthälfte kommt es zur vollen Schlaftiefe, während die Zeit des paradoxen Schlafes kontinuierlich zunimmt, bis sie gegen Morgen 40 Prozent eines solchen Durchganges ausmachen kann.

Bemerkenswert ist, dass der beschriebene Ablauf nur geringen individuellen Schwankungen unterworfen ist. So ist bei Menschen, die gewohnheitsmäßig nur kurze Zeit schlafen, der Anteil des Tiefschlafes erhöht, bei Langschläfern dehnen sich vor allem die Zeiten von Stadium 2 und dem paradoxen Schlaf aus. Im Übrigen gilt das Muster des fünfmaligen Auf- und Abschwingens von je neunzig Minuten Länge für alle erwachsenen Menschen. Der ganze Bogen, den wir über das wiederholte Eintauchen in die Welt des Schlafes vollziehen, ist durch ein langsames, fünf Stunden währendes Absinken der Körpertemperatur um 0,5 °C und anschließende Erwärmung gekennzeichnet.

Traumbilder und ihre Vorbereitung

Die Träume während des paradoxen Schlafes sind unserer Erinnerung in vollem Umfang nur zugänglich, wenn wir unmittelbar nach einer solchen Phase erwachen. Sie erscheinen häufig wirr und stehen in keinem eindeutigen Zusammenhang zum vorangegangenen Tageserleben. Die Tatsache, dass kleine Kinder besonders ausgedehnte Traumzeiten durchleben, zeigt, dass die entstehenden Bewusstseinsinhalte zunächst kaum von der physischen Welt bestimmt sein können. Insgesamt ist der Anteil des paradoxen Schlafes bei Neugeborenen mit ca. 50 Prozent (von sechzehn Stunden Schlaf) am höchsten und sinkt dann bis auf 18,5 Prozent beim zwölfjährigen Kind ab. Er steigt dann noch einmal auf 22 Prozent beim jüngeren Erwachsenen an, um schließlich nach und nach auf bloße 13,5 Prozent beim alten Menschen zurückzugehen.[131]

Dass auch die Qualität der Träume sich verändert, deutet Rudolf Steiner an: Die Träume des kleinen Kindes offenbaren demnach die Gestaltungskräfte, die aus der geistigen Welt heraus am physischen Leib tätig seien. Beim Erwachsenen dagegen seien die Trauminhalte

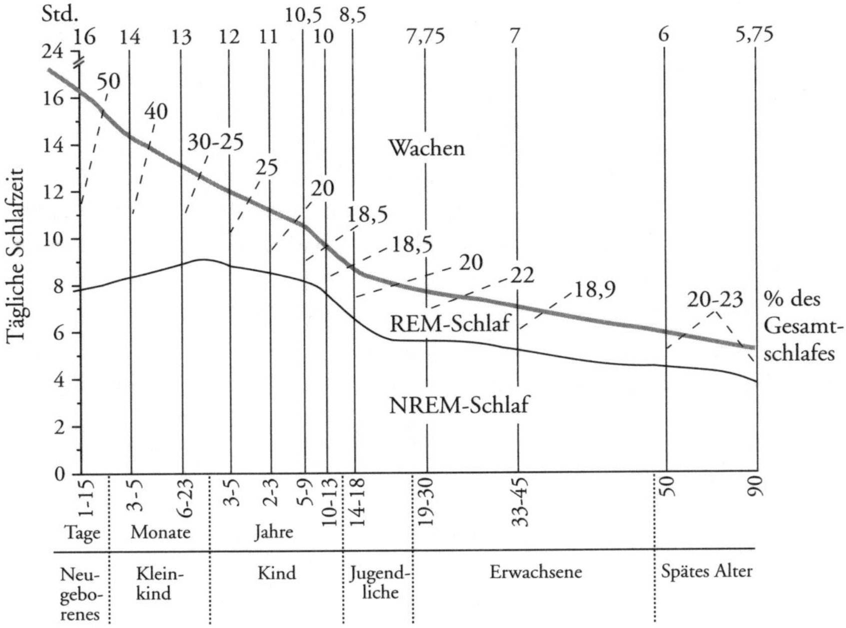

Aus Robert F. Schmidt / Gerhard Thews (Hrsg.), Physiologie des Menschen, S. 149.

verwirrt und müssten erst durch den physischen Leib beim Aufwachen in eine raum-zeitliche Ordnung eingefügt werden.[132] Der Zugang zur Traumwelt des kleinen Kindes ist verloren gegangen. Nur durch eigene Anstrengung kann sich der Erwachsene der Welt schaffender geistiger Kräfte im Schlaf nähern.[133]

Wie der Traum die Domäne des kleinen Kindes ist, so sind umgekehrt aber nach Steiners Aussage nur die älteren Kinder und Erwachsenen in der Lage, Reminiszenzen des Wacherlebens in die Welt des Schlafes hineinzutragen.[134] Dies geschieht offenbar während der Tiefschlafphasen. Es hat sich nämlich gezeigt, dass nicht nur während des paradoxen Schlafes erinnerbare Bewusstseinsinhalte entstehen. Auch Versuchspersonen, die während des «slow wave sleep» geweckt wurden, konnten von Schlaferlebnissen berichten, die nicht aus einer vorangegangenen REM-Phase stammten. Solche Erlebnisse waren allerdings viel stärker von geordneten Elementen aus dem vorangegangenen Tageserleben aufgebaut.

So ergibt sich der Eindruck, dass in den Tiefschlafphasen die folgenden Traumerlebnisse gewissermaßen vorbereitet werden. Die Wacherlebnisse werden in die Tiefen der geistigen Welt hineingetragen, während im paradoxen Schlaf die Bilder auftauchen können, die den gestaltenden Kräften entstammen. Diese Kräfte müssen sich auch in Bildern unserer sinnlich erfahrbaren Welt ausdrücken; und so tauchen Gegenstände und Menschen in unseren Träumen auf, die irgendwann einmal in unserem Leben eine Rolle für uns gespielt haben. Während des paradoxen Schlafes sind sie aber so miteinander verbunden, dass die Gesetze von Zeit und Raum ständig durchbrochen werden, sodass auch kein Zusammenhang mit den Ereignissen des vergangenen Tages zu erkennen ist.[135]

Der Zeitpunkt, von dem an das Tagesgeschehen in die Welt des Schlafes hineingetragen werden kann, liegt nach Steiner um das siebte Lebensjahr. Nur so weit, wie das Kind bereits in der Lage sei, die Erlebnisse des irdischen Wachseins in die geistige Welt der Nacht hineinzutragen, ist es der Erziehung zugänglich: «Und gerade so viel, als im Schlafzustande von irdischer Welt hineinkommt und nicht mehr drinnen ist von Überwelt, gerade in demselben Maße eröffnet sich uns die Möglichkeit, in dem Lebensalter zwischen dem Zahnwechsel und der Geschlechtsreife unterrichtend und erziehend an das Kind heranzukommen.»[136]

Erziehung im Schlaf

Wenn in der Schule die Unterrichtsinhalte so vermittelt werden sollen, dass sie im Schlaf bildend und gestaltend weiter wirken, ist eine wichtige Unterscheidung zu machen. Die eigene Bewegung – etwa im Eurythmieunterricht – hat nach Steiner ebenso wie die gestaltende Tätigkeit im Formenzeichnen die Tendenz, sich im Schlaf zu vervollkommnen. Die Folge ist eine Fähigkeitsbildung, die besonders durch den Wechsel von Tag und Nacht unterstützt wird.

Für die Evidenzerfahrung ist dagegen ein anderer Vorgang von Bedeutung, der z.B. durch den Physik- oder den Geschichtsunterricht angeregt werden kann. Durch die Vermittlung eines naturwissenschaftlichen Experiments oder eines historischen Ereignisses muss die willentliche, verständige Wahrnehmung der Kinder angeregt werden. Indem sie ihre Aufmerksamkeit auf die Unterrichtsinhalte richten, ziehen sie nämlich fortwährend *Schlüsse*. Anders gesagt: Die Kinder nehmen nicht eine bloße Aneinanderreihung von Wörtern oder Verhaltensweisen auf, sondern sie erkennen Muster und Gestalten, ordnen Handlungsabläufe und sprachliche Einheiten einander sinnvoll zu. Am besten ist es, wenn die dargestellten Ereignisse sich in eine räumliche und zeitliche Ordnung einfügen lassen, denn dies spricht den ganzen Menschen an; die Schüler müssen sich dabei mit ihrem Willen ganz mit den Kräften und Gesetzen der objektiven physischen Welt verbinden.

Im nächsten Schritt sind nun die bloß vorgestellten Tatsachen zu charakterisieren. Noch einmal wird auf die Inhalte hingeblickt, indem nun aber das Wesentliche unterstrichen und bewertet wird; der Stellenwert verschiedener Einzelheiten für den Gesamtzusammenhang wird beurteilt. Damit wird das Fühlen der Kinder angeregt, bevor sie aus dem Unterricht entlassen werden. Die Schlüsse, die sie zunächst mit vollem Bewusstsein gebildet haben, werden in *Urteile* überführt. Und diese wirken nun während des Schlafes so fort, dass sie einer weiteren Verwandlung unterzogen werden.

Als Menschen sind wir so in die Welt hineinorganisiert, dass wir beobachtete Gegenstände und die ihnen zugehörigen Begriffe getrennt erleben. Der Sinnestätigkeit, die uns nur zusammenhanglose Bruchstücke vermitteln kann, wird durch das begriffliche Denken die Erkenntnis objektiver Weltzusammenhänge hinzugefügt.[137] Dieser Prozess soll nun für die Schüler unterbrochen und durch das Eintauchen in den Schlaf vermittelt werden. Was ändert sich dadurch für die Begriffsbildung?

Die physiologischen Vorgänge im schlafenden Menschen sind ja – wie oben erwähnt – in zwei große Gruppen geteilt. Viele Abläufe weisen allgemein gültige Zeitgestalten auf, die in sich und untereinander in regelhaften Zusammenhängen stehen. Besonders in den Tiefschlafphasen nähern sich die Frequenzen der Hirnströme mit den δ-Wellen den Werten des Pulsschlages an. Der Puls und die Atmung stellen im biologischen Zeitorganismus des Menschen eine ausgleichende Mitte zwischen langwelligen Rhythmen im Bereich des Stoffwechsels und hohen Frequenzen im Nerven-Sinnes-Bereich her.[138]

In der Zeit des paradoxen Schlafes beschleunigen sich die Hirnströme, Herzschlag und Atem werden unregelmäßig. Die Rhythmen lösen sich aus der kosmischen Ordnung und weisen keine geordnete Zeitgestalt mehr auf, bis der Mensch abermals in die Stadien ruhigen Schlafes hinabgleitet. Diese Stadien des Schlafes aber, in denen sich das geistig-seelische Wesen ganz in die Ordnung kosmischer Rhythmen einfügt, sind offenbar von Bedeutung für das Verwandeln der Tageserlebnisse.

Die Gegenstände der wachen Wahrnehmung erscheinen am nächsten Tag als (zunächst) unbewusste Bilder. Wird nun eine Betrachtung über die am Vortag dargestellten Vorgänge mit dem Ziel der Begriffsbildung angestellt, so soll in dieser Nachbereitung gerade das Gesetzmäßige der Vorgänge in das Bewusstsein gehoben werden, damit die im Schlaf entstandenen Bilder kein «wesenloses Dasein» führen.[139]

Im Beobachten eines physikalischen Experiments oder im bloßen Registrieren historischer Ereignisse haben sich die Schüler individuelle Vorstellungen gebildet. Sie konnten Schlüsse ziehen aus dem, was sich ihren Augen und Ohren darbot, konnten erkennen und ordnen – also urteilen – aufgrund ihrer persönlichen Vorerfahrungen. Ziel des Erkenntnisprozesses ist aber der *Begriff*, der dem beobachteten, registrierten Sachverhalt zugehört. Dieser taucht nun für das Denken erst auf, nachdem in der Nacht die bildenden, aufbauenden Kräfte im Nerven-Sinnes-System tätig waren. Auf diese Weise vollzieht der Schüler seinen Erkenntnisschritt zwischen der individuellen Vorstellung und dem Begreifen des überpersönlichen Weltgeschehens im Schlaf. Außerdem kommt es nachts zu einer unbewussten Begegnung mit dem eigenen zukünftigen Wesen.[140] Der Begriff kann dadurch mehr enthalten als das, was sich zunächst für die Beobachtung ergab. Im besten Falle kann im Schüler das Gefühl der Evidenz aufsteigen, die tiefe Gewissheit, eine Wahrheit zu erfahren. Diese Empfindung kann sich als ein Wiedererkennen von etwas Altvertrautem lichtvoll und warm in der Seele ausbreiten.

Es ist offenkundig, dass sich in diesem Dreischritt von *Schließen*, *Urteilen* und *Begreifen* die drei zuvor genannten Leistungen des Ich im Lernvorgang wiederfinden. Denn das Schließen ist ein Ins-Auge-Fassen der Dinge, ein erstes Erkennen, das auf der Aufmerksamkeit des Betrachters beruht. Im Urteilen stellt der Schüler eine besondere Beziehung zu den Phänomenen her, indem er ihnen eine Bedeutung zumisst oder abspricht. Darin zeigt sich der Grad der Verbindlichkeit, den er den Dingen und Ereignissen gegenüber aufbringt. Im Bilden des angemessenen Begriffs kann sich dem Schüler schließlich die Erfahrung der Evidenz ergeben. Unter «Begriff» ist in diesem Sinne nicht ein bloßes Wort zu verstehen, sondern die unmittelbare Einsicht in eine Wahrheit.

Vom Verhältnis des Kindes zur Welt: die «Umwendung der menschlichen Natur»

Individualisierung bedeutet, dass sich eine Individualität strebend zu sich hin entwickelt, das heißt zu den Maximen der eigenen, noch keimhaft veranlagten Biografie.[141] Dazu gehört – wie zuvor erwähnt – die besondere Art des Erfahrenerwerdens. Nun kann aber gerade für die ersten acht Schuljahre im Allgemeinen ein Prozess beschrieben werden, durch den die kindliche Individualität ihr Verhältnis zur Welt und damit zum Lernen vollkommen verändert. Erfahrungen, die zu Beginn der Schulzeit noch verhältnismäßig undifferenziert als Ausdruck eines allgemein Menschlichen erscheinen, werden zunehmend individuell. Auch die Formen von Aufmerksamkeit, Verbindlichkeit und Evidenzerfahrung als die besonderen Signaturen des Ich im Lernen verwandeln sich vollständig. Die Jugendlichen, die nach acht Jahren in die Oberstufe entlassen werden, sind sich daher des individualisierten Charakters der eigenen Erfahrungen durchaus bewusst. Die folgende Darstellung greift aber noch einmal weit zurück in die frühe Kindheit.

Frühe Kindheit: das Kind als Sinnesorgan

Bei einem kleinen Kind können wir an seinem nachahmenden Verhalten eine hingebungsvolle Beziehung zum Umkreis bemerken. Während einer Bahnfahrt spielte sich kürzlich folgende kleine Szene ab: Ein etwa eineinhalbjähriger Junge wollte sich ein wenig von der Mutter entfernen, um seine Umgebung zu erkunden. Er überquerte mit zwei vorsichtigen Schritten den Mittelgang zwischen den Bankreihen und begann, auf den nächsten leeren Platz zu klettern. Der männliche Fahrgast, der daneben saß, wollte ihn freundlich ermutigen und klopfte auffordernd auf den leeren Sitz. Sofort wich das Kind etwas eingeschüchtert zur Mutter zurück, wagte sich aber nach kurzem Innehalten wieder vor und klopfte nun ebenfalls auf den Sitz. Der Mann reagierte darauf mit abermaligem Klopfen, und so ging das nun eine kleine Weile hin und her: Ein neues Spiel war erfunden.

Bemerkenswert ist dabei die unterschiedliche Bedeutung der Gebärde, die das Spiel ausgelöst hatte. Der Erwachsene wollte mit seinem Klopfen etwa ausdrücken: «Komm, setz dich hier auf den freien Platz!» Der kleine Junge reagierte nicht auf die Bedeutung, sondern auf die freundliche Gebärde selbst und ahmte sie nach. Dass der Erwachsene ihm etwas mitteilen wollte, konnte er gar nicht erfassen.

Die Handlung des anderen Menschen wird für das Kind unmittelbar, das heißt unreflektiert, zum Impuls des eigenen Tuns. Mit seinem Willenswesen reagiert das Kind so unvermittelt, dass es selber gewiss nicht das Erlebnis hat, aus einer eigenen Absicht zu handeln. Das kann jeder beobachten, der mit kleinen Kindern umgeht; verstehen kann man dieses Verhalten aber erst, wenn man erwägt, dass der Mensch kurz nach seiner Geburt noch Nachklänge seiner vorgeburtlichen Existenz in sich trägt. Wenn man annimmt, dass das geistig-seelische Menschenwesen vor der Geburt in einer Welt lebt, in der er den anderen Wesen nicht gegenübersteht, sondern diese in sich erlebt, findet man eine mögliche Erklärung für diese eigenartige, uneingeschränkte Hingabe: Der Handlungsimpuls, den der Beobachter in der äußeren Umgebung erkennt, wirkt im Kind von «innen», er ergreift seine Tätigkeit so, wie es beim Erwachsenen nur durch den eigenen Tatwillen geschehen kann.

Die Kräfte der frühkindlichen Nachahmung finden wir mindestens bis zum siebten Lebensjahr und auch noch bis in die ersten Jahre der Schulzeit hinein, allerdings in einer zunehmenden Differenzierung. Nicht jedes Kind ahmt das Gleiche nach und schon gar nicht auf die gleiche Weise. Manches gut gemeinte Vorbild kann auch von Vorschulkindern bereits mit Missachtung oder Ablehnung bedacht werden. Immer werden wir aber finden können, dass es Begebenheiten und Gegenstände in seinem Umkreis sind, die für das Kind bis zum Schulalter Aufforderungscharakter besitzen. Deshalb kann es ja auch durch ganz unbedeutende Dinge – einen Karton, einen Bindfaden oder eine Garnrolle – sogleich zum erfüllten Spiel angeregt werden. Diese wunderbare Kreativität kann man dem Kind allerdings dadurch aberziehen, dass man es mit ständig wechselndem Spielzeug umgibt, das nur auf eine ganz spezielle, vorausbestimmte Weise zu betätigen ist.

Bei der uneingeschränkten Offenheit für Anregungen im Umkreis ist es aber erstaunlich, mit welcher Intensität sich die kleinen Kinder in eine Beschäftigung vertiefen können. Am Strand mit Sand und Wasser – sogar ohne die obligatorischen Eimer und Schaufeln – kann ein hingebungsvolles, lang andauerndes Spiel entstehen. Überraschenderweise lassen sich die Kinder dabei gar nicht so leicht ablenken. Der amerikanischer Pädagoge A. O. Ross spricht deshalb davon, dass die Kinder in diesem Alter eine Art der Aufmerksamkeit bevorzugen, die in übermäßiger Weise andere Wahrnehmungen ausschließt, eine «over-exclusive attention».[142] Natürlich bleibt zu berücksichtigen, dass in der Vorschulzeit im Allgemeinen das Spiel aus einer äußeren Anregung entsteht, dass also die Aufmerksamkeit nicht zielstrebig und planmäßig auf solche Gegenstände des eigenen Interesses gerichtet wird, die zunächst nur in der eigenen Vorstellung existieren.

Es erscheint paradox, dass uneingeschränkte Offenheit und Hingabe einhergehen mit einer Eindringlichkeit, die wir bei älteren Kindern so nicht mehr antreffen. Es handelt sich also nicht nur um die grenzenlose Offenheit gegenüber jedem beliebigen Eindruck. Das kleine Kind wird von dem Vorbild in seinem Umkreis so ergriffen, dass es den Impuls zum Handeln in der eigenen Seele verspürt: Das Vorbild erscheint also nicht im Gegenüber, sondern wird von «innen» nach «außen» im eigenen Tatwillen erfahren.

Die besondere Qualität der Nachahmung zwischen Vertiefung und Offenheit findet ihre mögliche Erklärung, wenn man annimmt, dass das kleine Kind auf der Erde seine vorgeburtliche Entwicklung fortsetzt. Die Art des Daseins, der das Menschenwesen entstammt, scheint gerade dadurch charakterisiert zu sein, dass die geistige Individualität den anderen Wesen nicht gegenübersteht, sondern deren Offenbarung im eigenen Inneren erlebt: Der andere äußert sich durch «mich» hindurch. Unter dieser Prämisse erscheint es folgerichtig, dass die kleinen Kinder noch weit von dem distanzierten Gegenstandsbewusstsein des Erwachsenen entfernt sind.

Lernen durch verwandelte Bildekräfte

Die seelischen Veränderungen, die ein Kind um das siebte Lebensjahr als Zeichen der beginnenden Schulbereitschaft erfährt, wurden systematisch von Jean Piaget beschrieben. Seine Befunde wurden in der Folgezeit durch eine Fülle entwicklungspsychologischer Untersuchungen ergänzt und differenziert. Rudolf Steiner beschrieb die entsprechende Entwicklung so, dass die gleichen Bildekräfte, die in den ersten sieben Lebensjahren den Leib des Kindes gestalten, danach im Bereich des Seelischen zu wirken beginnen.[143] Die Schulreife, oder besser Schulbereitschaft, wird gerade dadurch herbeigeführt. Besonders deutlich zeigt sich dieser Zusammenhang an dem Unterrichtsfach *Formenzeichnen.* Gezeichnet werden zuerst die elementaren Formen, die sich aus der Bildung der eigenen Gestalt herleiten lassen. So ist die gerade, vertikale Linie ein Ausdruck derjenigen Kraft, die das Kind selbst betätigen musste, um sich am Ende des ersten Lebensjahres aufzurichten.[144]

Die im Menschen gestaltenden Bildekräfte sind denjenigen ähnlich, die in der lebendigen außermenschlichen Natur wirksam sind. Beweisen lässt sich die Metamorphose von leiblich formenden in seelische Wirkungen nicht; aber die Anregung Steiners ermöglicht in der pädagogischen Praxis ein besseres Verstehen der Bildungsvorgänge. Man kann heute z.B. sehr genau verfolgen, wie sich die Raumwahrnehmung der Kinder gerade in der Zeit stark verändert, in der die Gestaltbildung des Leibes um das siebte Jahr einen ersten Abschluss findet. Und: Trotz allgemeiner Verfrühungserscheinungen etwa beim Längenwachstum und der sexuellen Reifung gilt noch immer die Regel, dass die Bildung der bleibenden Zähne um das siebte Jahr das Ende einer Phase der leiblichen Durchformung markiert.

Piaget erkannte, dass an dieser Schwelle im Allgemeinen das Stadium des konkret-operationalen Denkens anfängt – mit der Fähigkeit, räumliche Beziehungen unabhängig vom eigenen Standort einzuschätzen.[145] Gleichzeitig beginnen die Kinder, ihr Körperschema in Bezug auf die Unterscheidung von Rechts und Links zu differenzieren. Die Raumvorstellung wurde in der amerikanischen Psychologie als einer von sieben Primärfaktoren der Intelligenz bezeichnet. Im Einzelnen sind dies:

- Wahrnehmungstempo
- Raumvorstellung
- logisch-schlussfolgerndes Denken
- rechnerisches Denken
- Gedächtnis
- Wortverständnis
- Wortflüssigkeit

Von B. S. Bloom stammt der Versuch, den Entwicklungsverlauf der Faktoren zu beschreiben, wobei sich für die Raumvorstellung eine interessante Besonderheit ergibt. Diese Fähigkeit ist bei der Geburt schwächer ausgebildet als alle anderen, entwickelt sich dann aber besonders stark weiter. Im siebten Lebensjahr erreicht dieser Faktor das Entwicklungsniveau der meisten anderen (rechnerisches Denken, Gedächtnis und Wortverständnis), um sich schließlich mit vierzehn Jahren der Ausreifung des logisch-schlussfolgernden Denkens anzugleichen.

Besonders interessant ist dabei, dass die Ausbildung des Körperschemas und eine gute Raumorientierung offenbar wichtige Voraussetzungen für allgemeine Lernfortschritte darstellen. Insbesondere weisen viele Forscher auf den Zusammenhang einer mangelnden Rechts-Links-Orientierung mit Lernschwächen wie Dyskalkulie und Legasthenie hin.[146]

Für diese Zusammenhänge bietet die von Rudolf Steiner beschriebene Beziehung eine Erklärungsmöglichkeit. Denn sie legt die Vermutung nahe, dass diejenigen Bildekräfte, die zunächst eine Durchformung des Leibes bis hin zum streng symmetrisch aufgebauten Gebiss bewirkt haben, sich verwandeln in eine Fähigkeit der Raumorientierung, die ihrerseits zur Voraussetzung für kognitive Fähigkeiten im Bereich des Rechnens und Schreibens werden. Als Lehrer kennen wir z.B. die häufig auftretende Erscheinung, dass Kinder in der ersten und zweiten Klasse Buchstaben und Zahlen spiegelverkehrt schreiben, ohne den Unterschied zur Vorlage zu bemerken. Man kann annehmen, dass die entsprechenden formbildenden Kräfte ihre Wirksamkeit im Bereich der Zahnbildung noch nicht abgeschlossen haben, denn das mangelnde Erkennungsvermögen reift im Allgemeinen nach einiger Zeit ohne besonderes Training heran.[147]

Steiners Erklärung greift über die Beschreibung empirischer Erscheinungen hinaus und wirft ein Licht auf die inneren Vorgänge beim bildhaften Lernen: Das Kind der ersten Schuljahre bildet sich selbst zu einem ganzheitlichen Ausdruck dessen, wovon es seelisch erfüllt ist. Es wird zum Bild des Königs, des Riesen, des Zwerges oder des schreibenden und malenden Menschen. *Bildung* bedeutet in dieser Zeit, dass ein Kind das eigene Wesen zum Medium der bildschaffenden Kräfte macht. Es ist bildsam nur so weit, wie es selbst die Anregungen der Umgebung aufnimmt und in bildende Tätigkeit umsetzt. Und das geschieht in der Regel auf eine alterstypische Weise, die im Folgenden charakterisiert werden soll.

Spontaneität und Identifikation in den ersten Schuljahren

Kinder der ersten Klasse kommen vom Eurythmieunterricht über den Schulhof gesprungen. Die Jungen rennen voran; einer versucht, den anderen zu überholen, als Erster an der Tür zu sein. Wenn er sein Ziel bis dahin erreicht, versucht der andere, ihn auf der Treppe zu überholen – erst an der Klassenraumtür nimmt das Wettrennen ein vorläufiges Ende, weil die beiden jetzt auf ihre Plätze gehen müssen. Aber sofort verwandelt sich das Spiel wie von selbst: Fangen zwischen den Schultischen. Oder: Wer hat als Erster das Heft und die Stifte herausgeholt? – Auf dem Weg von einem Schulhaus zum anderen hüpfen einige Mädchen die Treppe auf einem Bein herunter, andere balancieren auf einem Baumstamm. Manche erzählen angeregt miteinander.

Charakteristisch für die kleinen Schulkinder ist es, dass ihre Umgebung sie unmittelbar zum lebhaften Tun herausfordert. Wenn zwei Jungen nebeneinander laufen und in einiger Entfernung vor sich die Tür sehen, hat der Wettlauf schon begonnen – ohne Verabredung über Start und Ziel. Am Ende steht kein Ergebnis, sondern der nächste Wettstreit. Dem Überlegenen von beiden leuchten die Augen, der andere lacht oder zieht sich vielleicht verärgert zurück, weil er sicherlich gewonnen hätte, wenn er nicht geschubst worden wäre …

Man kann deutlich erleben, wie der Wille die Kinder mit Ungestüm ergreift. Der äußere Anlass wird zum kraftvollen Impuls der eigenen Bewegung, und das Gefühl wird hereingesogen in das spontane Spiel. Freude, Stolz, Fröhlichkeit oder Ärger und Verdruss entstehen ohne eine seelische Distanz im Erleben des eigenen Tuns. Das Denken spiegelt genauso distanzlos die eigene Betroffenheit wider, wenn es dann zum Beispiel heißt: «Das war unfair, der Christian hat mich gestoßen!»

Bei den Mädchen überwiegt augenscheinlich das Messen mit den eigenen Ansprüchen beim Balancieren. Der Baumstamm, den ein Erwachsener womöglich für eine Grenzmarkierung am Rand der Rasenfläche hält, ist für die Kinder eine Aufgabe, an der man nicht einfach vorbeigehen kann: Schaffe ich die ganze Länge, ohne herunterzufallen? Geht es diesmal sogar im Laufen? Der Blick ist aufmerksam, wach auf den Baumstamm gerichtet, das kleine Gesicht für kurze Zeit angespannt, ernst – bis die Selbstprüfung bestanden ist. Danach ein erleichtertes Hüpfen bis zur Schultür.

Während der ersten Schuljahre, bis etwa zum zehnten Lebensjahr, lebt das Kind in dem Bild, das es durch seine eigene Tätigkeit schafft. Das kann man an jedem Rollenspiel beobachten, das ja für den Übergang vom Kindergarten- zum Schulalter charakteristisch ist. Aber auch das nachahmende Kind im Umgang mit der fremden Sprache wird selbst zum Bild: Es bildet ohne jegliche Reflexion die komplizierten Artikulationsbewegungen mit einer beneidenswerten Geschicklichkeit nach. Mit seinen Handlungen drückt das sieben- bis neunjährige Kind die eigenen Gedanken und Gefühle authentisch – ohne innere Distanz – aus: Die Freude wird genauso unvermittelt ausgelebt wie Trauer und Verdrossenheit. Rudolf Steiner drückt es so aus: «Bis zum neunten Jahre ungefähr will es mittun an dem Bild; da lässt es die Bilder nicht an sich herankommen. Da muss man immer so lebendig neben dem Kinde arbeiten, dass eigentlich das, was der Lehrer macht und das Kind macht, zusammen schon ein Bild ist. Das Arbeiten selber muss schon ein Bild sein.»[148]

Wille und Gefühl sind noch ganz miteinander verbunden – daher rührt auch die mitreißende Spontaneität der Schulanfänger. Das Denken entfaltet sich in diesem engen Zusammenhang, es spiegelt das ganzheitliche Erleben des Kindes wider. Die Intensität der

Vertiefung wird spürbar in der ungeteilten Hingabe an die eigene Rolle, sei es im Spiel oder bei der Arbeit. Auch die Zuwendung an andere richtet sich noch nicht an eine ganze Gemeinschaft, sondern – in der Schule – vor allem an die Lehrerpersönlichkeit oder an ein einzelnes Kind.

Typischerweise finden wir auch noch bei den Schulkindern der unteren Klassen die Haltung von Hingabe und Vertiefung vor. Wer zum Beispiel das Glück hat, in diesem Alter eine fremde Sprache durch den bloßen Umgang mit anderen Kindern – ohne Übersetzungsmöglichkeiten – zu erlernen, wird die ungewohnte Artikulation so unvermittelt nachahmen, wie es der jugendliche oder erwachsene Sprachschüler längst nicht mehr kann. Diese Fähigkeit wird ja im Fremdsprachenunterricht der Waldorfschulen vom ersten Schuljahr an genutzt, wobei sich der natürliche Umgang mit den unbekannten Ausdrücken nicht ganz leicht simulieren lässt.

Das Spiel der Schulanfänger zeichnet sich durch feste Regeln aus, die der individuellen Initiative wenig Raum lassen. Das ist auffällig, wenn zum Beispiel in der Familie ein Gesellschaftsspiel mit seinen abstrakten Regeln gespielt wird. Auch wenn die Sieben- bis Neunjährigen die Abläufe schon gut verstehen – die erfassen sie manchmal sogar leichter und schneller als die Großen –, so wenden sie die Regeln doch nicht strategisch an, weil sie stark angerührt sind, betroffen, wenn eine Spielfigur herausgeworfen wird oder es beim Würfeln nicht vorangeht.

Wir sind geneigt zu sagen, den Kindern fehle die Distanz. Aber handelt es sich wirklich um einen Mangel? Könnte man nicht ebenso gut sagen, den Großen fehle die Ergriffenheit? Ein Defizit erkennen wir an dem kindlichen Erleben aus der Perspektive des Erwachsenen. Wir können aber kaum in die Erfahrungswelt der Kinder eindringen, wenn wir sie mit unserem Maßstab messen und feststellen, was sie alles noch nicht können.

Die Entwicklungspsychologin Lotte Schenk-Danzinger nennt drei Verhaltensformen, die für das Spiel im Alter bis etwa acht Jahren charakteristisch seien:

«1. *die Partnersituation*, das In-Aktion-Treten, wenn die Reihe an einen kommt und nicht früher; Zurücktreten, wenn ein anderer an der Reihe ist

2. *der Verzicht auf regelwidrige Aktionen*, welche das Spiel zugunsten der eigenen Person entscheiden sollen, das heißt den Verzicht auf das Schwindeln
3. *das Verlieren.* Unterlegenheit im Spiel ist auf dieser Altersstufe gleichbedeutend mit Prestigeverlust. Mit ‹Würde› zu verlieren, ohne Aggression zu zeigen oder aus dem Felde zu gehen, muss erst allmählich gelernt werden. In dem Konflikt zwischen dem Bedürfnis, die Frustrationsspannung abzureagieren, und der Gefahr, ausgeschlossen zu werden, entscheidet sich das Kind für angepasstes Verhalten.»[149]

Das Leben aus der Spontaneität von Wille und Gefühl bildet auch die Grundlage für das Lernen in den ersten zwei bis drei Schuljahren. Wir sprechen von *Nachahmung*, aber dieses eine Wort reicht nicht aus, um den Reichtum der frühen Lernerfahrung zu erfassen. Alles, was das Kind in der Welt erkennt, fordert es zum Erproben der eigenen Fähigkeiten heraus. Und wenn der Blick wach genug ist, um die vielen Möglichkeiten zu entdecken, braucht der Lehrer keinerlei Motivationshilfe zu geben. Er muss nur die Aufmerksamkeit dahin lenken, wo die nächste Aufgabe wartet: die Bewegung, die er vormacht, ein Lied, das er anstimmt, ein Tafelbild, auf dem etwas Neues zu entdecken ist.

Es muss ihm dabei allerdings klar sein, dass auch der Schulweg bereits eine Flut solcher Herausforderungen an die Kinder gestellt hat. Der Begriff *Reizüberflutung* drückt diesen Umstand nur ungenügend aus. Denn wenn der Wille unmittelbar ergreift, was die Sinne erfassen, kann schon die Fahrt mit der Straßenbahn zum Abenteuer werden. So kann man durchaus schon einmal kleine Jungen in der Bahn dabei beobachten (solange keine Erwachsenen dabei sind), wie sie probieren, von Bank zu Bank zu springen, zu klettern und zu hangeln, ohne den Boden zu berühren. Man bekommt den Eindruck, ihnen fehle das richtige Benehmen. Andererseits erscheinen sie aber wie gesunde, lebhafte Kinder, auf deren Schulweg die Bäume und Zäune fehlen, an denen sie ihre Kletterkünste erproben könnten.

Die Schulanfänger zeichnen sich aber auch dadurch aus, dass sie nicht nur entdecken, welche Herausforderungen ihre Umgebung für sie bereit hält. Sie richten ihre Erwartung vor allem auf den Lehrer, von dem sie wissen, dass er immer neue Aufgaben für sie hat, sich über jeden Erfolg freut und nach jeder Bemühung ermutigt. Seine Anregungen und Vorgaben werden nicht kritisch geprüft; die Kinder erleben vielmehr den eigenen Impuls, selbst zu tun, was der Lehrer vormacht. Sie bilden mit ihrem ganzen Willenswesen nach, was sie als Anregung erfahren; in ihrer Tätigkeit werden sie selbst zum Bild. Das gilt bereits für alltägliche Verrichtungen wie das gemeinsame Sprechen des Morgenspruchs:

Der Sonne liebes Licht,
Es hellet mir den Tag;
Der Seele Geistesmacht,
Sie gibt den Gliedern Kraft.

Im Sonnenlichtesglanz
Verehre ich, o Gott,
Die Seelenkraft, die Du
In meine Seele mir
So gütig hast gepflanzt,
Dass ich kann arbeitsam
Und lernbegierig sein.

Von Dir stammt Licht und Kraft,
Zu Dir ström' Lieb' und Dank.

Bei diesem Spruch, in dem die beiden Lichtqualitäten – Sonnen- und Seelenlicht – eine besondere Rolle spielen, steht der Lehrer aufrecht, die Hände zusammengelegt, konzentriert und ruhig. Zu Beginn der Schulzeit hat er den Kindern gezeigt, welche Haltung zum Morgenspruch gehört. Erst allmählich werden sie vielleicht entdecken, dass in diesen Zeilen ihre eigene innere Umwendung während der folgenden sieben Lebensjahre symbolisch ausgesprochen wird. Vorerst lassen die Kinder zu jedem Unterrichtsbeginn durch ihre Körperhaltung dieses Bild entstehen – nicht durch Einsicht und bewusste Kontrolle, sondern indem sie die bildenden Kräfte in sich erleben. Ebenso können sie auch in würdigem Ernst als «Königinnen» und «Könige» schreiten, mit plumpen, ungelenken Schritten stapfen wie ein Riese oder wie Zwerge flink dahertrippeln. Selbst beim

Zeichnen und Schreiben wird das Kind in seiner hingebungsvollen Tätigkeit zum Bild: die Zunge zwischen den Lippen, mit der Spannung des ganzen Oberkörpers die Bewegung unterstützend. Sogar den Füßen sieht man noch die Konzentration beim Formen der Buchstaben an.

Verwandlungsformen der Bildsamkeit: die Mitte der Kindheit

Bildung als Selbstbildung des sich entwickelnden Kindes wirkt im Laufe der Schulzeit auf ganz verschiedene Weise. Eine nachhaltige Veränderung tritt meist im dritten Schuljahr ein, wenn das selbst geschaffene Bild bei den Kindern eine Verinnerlichung durchmacht. Ein interessanter Gegenstand fordert jetzt nicht mehr unmittelbar zur Tat heraus. Er wird stattdessen betrachtet und löst eine innere Regsamkeit aus: Freude und Begeisterung, vielleicht auch Begierde, oder möglicherweise Abwehr oder gar Ekel. Kinder, die sich früher in der Pause am liebsten um ihren Lehrer drängten, interessieren sich jetzt mehr dafür, ein inneres Bild seiner Persönlichkeit zu gewinnen: Die Lehrerkinder werden zum Beispiel über die Gewohnheiten ihres Vaters ausgefragt, die «mutigen» Schüler suchen ihn womöglich zu Hause auf, um sein Arbeitszimmer in Augenschein zu nehmen.

Die Spiele sind nun vom neunten und zehnten Jahr an viel stärker durch den individuellen Einsatz geprägt als früher; dies gilt für Wettspiele, die zu zweit oder in Gruppen bzw. Mannschaften ausgeführt werden, aber auch für Gesellschaftsspiele, die – wie Schach, Mühle, Stratego und Ähnliches – eher persönliche Fähigkeiten als Glück erfordern. Es ist nur konsequent, wenn nun auch in der Schule ein Übergang zur Ich-Entfaltung dadurch gesucht wird, dass alles bewusster getan wird als zuvor. Zum Beispiel setzt am Ende der dritten Klasse deshalb der Grammatikunterricht ein: Die vertraute und kompetent beherrschte Muttersprache wird allmählich mit einem Verständnis ihrer inneren Bildeprinzipien durchdrungen.

Wenn sich in der «Mitte der Kindheit» der Wille vom Fühlen zu lösen beginnt, entsteht ein Reichtum an seelischer Erfahrung, die nun nicht mehr unvermittelt in die Tat oder in den sichtbaren Ausdruck drängt. Deshalb orientiert sich der Unterricht jetzt noch stärker als zuvor an den Fantasiekräften der Kinder. Manche von ihnen beginnen mit großem Eifer zu lesen; Fächer wie Tierkunde, Pflanzenkunde, Geografie und Geschichte wenden sich an das Bedürfnis nach reichen inneren Bildern. Darin finden die Kinder ihren eigenen Standort im Rahmen der Naturreiche sowie in Raum und Zeit.

In dieser Altersstufe erwacht bei den Kindern das Interesse, die verborgene Ordnung und Zusammenhänge im Bereich längst bekannter Erscheinungen zu entdecken. Das gilt für die Heimat-, aber auch für die Pflanzenkunde, in der zunächst die vertrauten Gewächse der nahen Umgebung behandelt werden. Die Sprachlehre fordert sogar dazu heraus, Strukturen im eigenen verbalen Ausdruck aufzuspüren und aufgrund der erkannten Regeln neue Möglichkeiten zu erproben. Es gibt wohl keine andere Altersstufe, in der die Kinder so bereitwillig mit Grammatik und Rechtschreibung umgehen wie zwischen dem vierten und dem sechsten Schuljahr. Der Lehrer, der diese Offenheit nicht nutzt und in der siebten Klasse versucht, Grundelemente der Grammatik neu einzuführen, wird enttäuscht von dem Desinteresse der Kinder. Und umgekehrt: er enthält ihnen etwas vor, wenn er ihrer Aufnahmebereitschaft zuvor nicht genügend Stoff gibt.

Dass sich Interessen und Verhaltensweisen der Kinder um das zehnte Lebensjahr verändern, ist schon hinlänglich beschrieben worden.[150] So kann man als Lehrer die Erfahrung machen, dass die eigene Person immer weniger zum Ziel von Bewunderung und Hingabe wird. Andererseits können Umfang und Vielfalt des Unterrichtsstoffes kaum noch groß genug sein, um das Bedürfnis der Kinder zu befriedigen – auch über die Kapazitätsgrenzen der Erzieher hinaus. Einzelne Unterrichtsepochen müssen wochenlang intensiv vorbereitet werden, und dennoch bleibt der Eindruck, dass die Schülerinnen und Schüler noch mehr hätten lernen können – und das, obwohl sie nebenher noch vielerlei Aktivitäten entfalten, die ebenfalls erhebliche Kräfte erfordern: vom Instrumentalunterricht oder Reiten, von verschiedenen Sportarten bis hin zum Skateboardfahren oder Angeln (lauter Beschäftigungen, denen der Lehrer auch gerne nachgehen würde, wenn die Unterrichtsvorbereitung ihm dazu Zeit ließe).

Woher rührt es, dass Tatendrang und Lernhunger der Kinder so unersättlich scheinen? Die frei gewordenen Bildekräfte haben einen Höhepunkt ihrer seelischen Betätigung erreicht. Dadurch, dass sich das Fühlen vom Willensleben abzulösen beginnt, kann die Hingabe an die Kräfte der eigenen Fantasie intensiv ausgekostet werden. Das bedeutet aber: Die Kinder verlangen nicht nach fertigen Vorstellungen, sondern sie üben die Anwendung ihrer bildschaffenden Kräfte.

Man kann dies besonders gut an ihrem Humor ablesen. Die gedanklichen Fähigkeiten, die Piaget für alterstypisch hielt, lassen sich nämlich – das haben gezielte pädagogische Experimente ergeben – auch in früheren Altersstufen trainieren. Dadurch ist man sogar zu weitreichenden Theorien gelangt, die besagen, es gebe überhaupt keine qualitativen Sprünge in der Entwicklung des kindlichen Denkens; seine frühen Defizite gegenüber den Erwachsenen beruhe ausschließlich auf ihrer begrenzten Information. Kleine Kinder – auch in der Vorschulzeit –, die über die gleichen Informationen verfügen wie Erwachsene, könnten in den entsprechenden Gebieten auch Denkstrukturen ausbilden, die Piaget erst den Zwölf- bis Vierzehnjährigen zutraute.[151] Solche Ergebnisse können durch gezielte Trainingsmethoden tatsächlich erzielt werden; es bleibt nur zu fragen, was die jüngeren Kinder daran erleben bzw. was dabei für ihre Bildung geschieht.

Beim Humor steht die Frage nach dem Erleben im Mittelpunkt. Kinder finden je nach seelischer Reife unterschiedliche Situationen lustig – und das Verständnis von Witzen konnte bisher auch nicht durch Training erweitert werden: Witzig ist nur, was der Hörer spontan erkennt. Für Schulanfänger ist typisch, dass sie über lustige Reime und Wortverdrehungen herzhaft lachen – ähnlich wie in der Kindergartenzeit. Witzig erscheint es ihnen auch, wenn in einer Schreibübung durch Austauschen eines Buchstabens aus «Tinte» eine «Tante» oder aus einer «Rose» eine «Hose» wird. In einer zweiten Klasse hätten sich die Kinder ausschütten mögen vor Lachen, als ihnen der Lehrer ankündigte, er wolle jetzt die Geschichte von «Reinicke Hase» erzählen. Allein das Durcheinanderbringen gegensätzlicher Vorstellungen regt die Fantasie an und löst die Denkgewohnheiten so auf, dass man unwillkürlich lachen muss.

Vom neunten oder zehnten Jahr an lieben die Kinder witzige

Geschichten, die bereits eine subtile eigene Aktivität des Verstehens erfordern; zum Beispiel über die Schildbürger, von Till Eulenspiegel oder aber das norwegische Märchen des Jungen *Peik,* der fortwährend auf drastische Weise den König an der Nase herumführt – vergleichbar mit der Gestalt des Till Eulenspiegel.[152] Kleinere Kinder, die dabei zuhören, erleben das einzelne Bild, ohne die bloß angedeuteten Zusammenhänge selbst zu schaffen. Deshalb verstehen sie nicht, was die Älteren daran witzig finden, und der Versuch, es ihnen zu erklären, führt zu Enttäuschungen für alle Beteiligten; denn die Großen erleben den Witz nur dadurch, dass die entscheidenden Assoziationen unausgesprochen bleiben. Das Selbst-Bilden ist die Voraussetzung für den Humor. Kinder, die unter älteren Geschwistern aufwachsen, können wohl ein feines Gespür dafür entwickeln, an welchen Stellen einer Geschichte das Lachen angebracht ist; aber es bleibt ein Akt der Nachahmung, nicht der eigenen Erfahrung.

Ein neues Verhältnis zur Welt

Dass die hingebungsvolle Haltung im Allgemeinen um das zehnte Lebensjahr einer veränderten Einstellung weicht, ist jedem Erzieher bekannt. Bemerkenswert ist an dieser Stelle aber, dass es sich dabei nicht bloß um eine Erweiterung und Wandlung der kindlichen Beziehung zur Welt handelt, sondern – im Sinne anthroposophischer Pädagogik – um den Beginn der oben erwähnten Umwendung: Dieser wichtige Lebensübergang liege, so Steiner, «für die meisten Kinder so zwischen dem 9. und 10. Jahr; es ist das individuell, bei manchem Kind liegt es über das 10. Jahr hinaus. Da tritt für jedes Kind etwas ein, wo das Kind instinktiv, unbewusst vor einer Art Lebensrätsel steht. Dieses Umwenden von innen nach außen, dieses Gewahrwerden, dass man ein Ich ist und draußen die Welt ist – was man bisher miteinander verflochten hat –, das ist etwas, was das Kind nicht bewusst erlebt, aber was das Kind erlebt durch innere Zweifel und Unruhe, die auftreten. (...) Es geschieht ein Appell, der nicht in einer Frage, sondern in einer Art von Verhalten liegt, an den Lehrer oder Erzieher gerade in diesem Lebenspunkt.»[153]

An dieser Stelle sollen nur wenige Kennzeichen dieses dramatischen Geschehens genannt werden. Die innere Verbundenheit zur eigenen Handlung – z.B. im Spiel – löst sich zugunsten einer ersten Distanz: Während man gerade eine Handlung ausführt, werden auch andere Möglichkeiten denkbar. Statt eine vorgegebene Rolle auszufüllen, beginnt das Kind, spielerisch zu gestalten und seine Rolle immer wieder neu zu definieren. Diese Fähigkeit wird z.B. bei vielen Gesellschaftsspielen vorausgesetzt. Die Gleichzeitigkeit verschiedener Perspektiven im Denken bildet die Grundlage für das Vergleichen. Damit erwacht jetzt die Begeisterung für Wettspiele, aber auch eine neue Art des kindlichen Humors: Um die Witzigkeit vieler Narren- und Schelmengeschichten zu bemerken, muss das Kind sich in die Positionen verschiedener Akteure gleichzeitig hineinversetzen können.

Durch die neu gewonnene Distanz löst sich das Kind aus seiner Rolle innerhalb des bildhaften Geschehens. Es hört auf, Bild zu *sein*, stattdessen erscheint ihm zunehmend die Welt als eine Vielheit von Bildern, die jetzt den kindlichen Forschungsdrang erwecken. Die Intensität, mit der Schüler in der vierten bis sechsten Klasse ihr Interesse einer unerschöpflichen Fülle von Unterrichtsinhalten zuwenden können, ist für den Lehrer immer aufs Neue beeindruckend – besonders wenn man bedenkt, dass sich in diesem Alter auch die außerschulischen Betätigungen erstaunlich ausweiten: Neben das Erlernen eines Instruments treten sportliche Interessen (bei Mädchen oft das Reiten) und je nach Temperament eine Vielzahl weiterer Hobbys, Sammelleidenschaften oder auch eine wahre Lesewut.

Im Unterricht selbst ist nicht nur der Lernstoff interessant, sondern zunehmend auch alle sozial relevanten Ereignisse. Der amerikanische Pädagoge A. O. Ross spricht von einer «over-inclusive attention» und meint damit eine Aufmerksamkeit, die in der Lage ist, alles gleichzeitig zu erfassen, zu jeder Ablenkung bereit, da schließlich jedes Ereignis Anlass für neue Entdeckungen sein kann. Er meint allerdings, dass diese Art der Aufmerksamkeit – und da werden ihm viele Lehrer Recht geben – schon zu Beginn der Schulzeit auftreten kann.

Der distanzierte Blick auf die Erscheinungen der Welt kann vielerlei Neues entdecken und erforschen – dagegen geht die Selbstverständlichkeit verloren, mit der das kleine Kind eine Aufgabe ergriff. Erscheint der Lernstoff nicht ausreichend interessant und rätselhaft, so kann sich das Motivationsproblem in den Vordergrund schieben. Dass der Lehrer eine Arbeit für wichtig erachtet, reicht allein nicht mehr aus, um den Eifer der Kinder hervorzurufen. Auch wenn Gewohnheit und Pflichtgefühl es nicht zur offenen Verweigerung kommen lassen, stellt sich doch die Frage, wie die Kinder nun eine tragfähige Beziehung zu dem Unterrichtsgegenstand aufbauen können. Nicht vordergründige Garnierungen und spektakuläre Anreize sollen in der Waldorfschule die innere Begegnung mit dem Stoff herbeiführen, sondern ein Lehrplan, der sich an dem Entwicklungsbedürfnis der Kinder orientiert.

Zum Beispiel kann das neu erwachte Weltinteresse durch den ausgiebigen Naturkundeunterricht sowie durch Geografie und Geschichte aufgegriffen werden. Entscheidend ist dabei die eigene Betätigung der bildenden Kräfte. Eine Vielfalt von bloßen Anschauungen, seien sie auch noch so spektakulär und verblüffend, lassen das Kind in einer Betrachterrolle verharren, in der die innere Beteiligung nach einem kurzen Reiz schon bald wieder verloren geht. Gelingt es aber, Schülerinnen und Schüler zum Nachschaffen von bildenden Vorgängen in der Natur durch die eigene Fantasie zu veranlassen, so wirkt diese innere Bildetätigkeit wie eine musikalische Etüde: Selbst wenn das Motiv vergessen werden sollte, so hat die bildschaffende Gedankenarbeit ihre Spuren unwiderruflich hinterlassen.

Der Umschwung um das zehnte Lebensjahr beinhaltet eine neue Beziehung des Kindes zum Umkreis. Wenn zuvor die Gegenstände und Ereignisse einen Aufforderungscharakter für das Kind hatten, so wirkten sie unvermittelt auf sein Willenswesen. Der menschliche Wille aber – das gilt für die gesamte Lebenszeit – entzündet sich stets an der Überwindung von Widerständen oder widrigen Kräften. So wird ja bereits am Ende des ersten Lebensjahres mit einer beeindruckenden Willensintensität im Erwerb der aufrechten Haltung die Schwere überwunden. Einerlei, ob es sich um körperliche Anstrengung oder um konzentrierte Denkbemühungen handelt: die Überwindung der Schwere bildet gleichsam das Urbild jeglicher Willensbetätigung. In den ersten Schuljahren wird dann die Beziehung des Kindes zur Welt vornehmlich durch die unvermittelte Impulsierung seiner Willenskräfte hergestellt.

Mit der beginnenden Umwendung zur Zeit des neunten bis zehnten Lebensjahres wirken die Welterscheinungen nun viel direkter auf das kindliche Gefühl. Freude und Begeisterung, aber auch Ärger und Langeweile bestimmen jetzt darüber, wie sich das Kind für den Unterricht öffnet. Die Beziehung zur Tätigkeit verliert dabei etwas von ihrer Eindringlichkeit, sie wird leichter und unverbindlicher, sodass ein Ausprobieren oder die Suche nach der genussvollen Befriedigung manchmal über die Bearbeitung einer Aufgabe entscheidet.

Die Bilder aber, die das Kind in diesem Lebensalter aufnimmt, können sein Denken und Wahrnehmen nachhaltig, oft für die gesamte Lebenszeit, prägen. Steiner führt das auf die Wirkung desjenigen Teiles der menschlichen Wesenheit zurück, den er als leiblichen Träger der Seele kennzeichnet, den «Astralleib». Dieser besitze nämlich ein eigenartig gegenläufiges Verhältnis zum normalen Zeitenstrom, deshalb seien auch für das Wahrnehmen und Denken erwachsener Menschen immer noch diejenigen Bilder ausschlaggebend, die sie während der «reiferen Kindheit» aufgenommen hätten. Anschaulich schildert das Elias Canetti in seinem Lebensrückblick:

«... das unvergleichlich Wichtigste, das Aufregende und Besondere dieser Zeit waren die Leseabende mit der Mutter und die Gespräche, die sich an jede Lektüre knüpften. Ich kann diese Gespräche nicht mehr im Einzelnen wiedergeben, denn ich bestehe zum guten Teil aus ihnen. Wenn es eine geistige Substanz gibt, die man in frühen Jahren empfängt, auf die man sich immer bezieht, von der man nie loskommt, so war es diese. Ich war von blindem Vertrauen zur Mutter erfüllt, die Figuren, über die sie mich befragte, über die sie dann zu mir sprach, sind so sehr zu meiner Welt geworden, dass ich sie nicht mehr auseinander nehmen kann. Alle späteren Einflüsse kann ich in jeder Einzelheit verfolgen. Diese aber bilden eine Einheit von unzerteilbarer Dichte. Seit dieser Zeit, also seit meinem zehnten Lebensjahr, ist es eine Art Glaubenssatz von mir, dass ich aus diesen vielen Personen bestehe, deren ich mir keineswegs bewusst bin.»[154]

Bildschaffende Kräfte im schöpferischen Denken

Die Betätigung der eigenen bildschaffenden Kräfte wird in der Waldorfschule gezielt angeregt. Die naturkundlichen Fächer dienen nicht der Vermittlung von Systematiken oder den Appellen an das ökologische Gewissen. Vielmehr sollen die Kinder, etwa in der Botanik, zu eigenschöpferischer Denktätigkeit veranlasst werden. Eine Blütenpflanze wie der scharfe Hahnenfuß wird in seinen unterschiedlichen Teilen geschildert. Ein Tafelbild kann die Anregung geben, die Kinder tragen aus ihrer Beobachtung zur genauen Beschreibung bei: Das Auffälligste ist wohl die kleine goldgelbe, leuchtende Blütenschale aus vier Kronblättern, die wir im Frühsommer auf allen Wiesen sehen können. Auch die langen schwankenden Stängel und besonders die Laubblätter sind auffällig. Sie weisen charakteristisch veränderte Formen vom Erdboden bis zur Blüte auf: vom rundlichen, wenig gegliederten Blatt über die feiner ausgestalteten, tief eingeschnittenen Formen bis hin zu immer feineren Spitzen. Schließlich gilt es noch, die Wurzel auszugraben und einer eingehenden Betrachtung zu unterziehen: die stark verdichteten, zähen Fasern, die sich vielfach verzweigen und einen ganzen Erdbrocken fest umschließen.

Das bloße Betrachten der Pflanze regt die bildende Tätigkeit der Kinder aber noch nicht an – sie können deshalb durchaus mit gelangweiltem Achselzucken reagieren: Die vertraute Erscheinung allein weckt ihr Interesse noch nicht. Die eigene Aktivität wird erst herausgefordert, wenn sie nach und nach entdecken, wie sich die Pflanze mit der Kräftewirkung der Elemente *Erde, Wasser, Luft* und *Wärme* auseinander setzt: die Wurzeln, die sich mit ihrer Zähigkeit dem festen Erdboden anpassen, ihn aber gleichzeitig auflockern und das Wasser aufnehmen; die grünen Blätter, die die Feuchtigkeit an das Luftelement herantragen und sich im Licht horizontal ausbreiten, allerdings umso stärker gegliedert und immer feiner, je weiter sie sich in Licht und Wärme hinaufbegeben; schließlich die Blüte, die in der durchwärmten Luft farbig aufglänzt und die allerzartesten Bildungen hervorbringt: Kronblätter und Staubgefäße mit dem Blütenstaub. Auch die winzigen Fruchtstände sind zu erkennen, in denen die Samen als Vorläufer der nächsten Pflanzengeneration heranreifen.

Sind es tatsächlich die Elemente, deren Wirkung die unterschiedliche Gestaltung hervorruft, so werden die Kinder sofort zu weiteren Fragen angeregt: Wie sehen dann die Pflanzen an einem feuchten, schattigen oder an einem warmen und trockenen Standort aus? Die *eigenen* Fragen sind Ausgangspunkte für neue, eigene Entdeckungen, die dem Lehrer dann freudig präsentiert werden. Das Beispiel Löwenzahn eignet sich für diese Unterrichtsphase besonders gut, weil seine Formen tatsächlich je nach Standort ungewöhnlich große Unterschiede aufweisen. Die besondere Wirkung von Erde und Wasser einerseits, Luft und wärmendem Licht andererseits wird später – zum Beispiel auch im Geografieunterricht – immer wieder Anlass für Entdeckungen bieten, aber nur, soweit die Kinder selbst bildschaffend tätig sein werden. Man kann die schönsten Pflanzen anstarren, ohne etwas dabei zu empfinden, wenn es nicht gelingt, die sinnlich wahrnehmbaren Erscheinungen innerlich regsam nachzuschaffen.

Diese bildende Tätigkeit kann aber bei Kindern zunächst nur anhand der natürlichen Welt erweckt werden, weil die dort wirkenden Kräfte denjenigen in ihrem Denken ähnlich sind. Diesen Zusammenhang formulierte Rudolf Steiner besonders prägnant in einem Vortrag vor Medizinern: «Wer nun ein Psychologe werden will mit Substanz in seinen psychologischen Aufstellungen, nicht mit bloßen Worten, wie man heute Psychologie konstruiert, der müsste eigentlich die Denk- und Fühl- und Willensprozesse so verfolgen, dass er in ihnen aufzeigt, nur eben geistig-seelisch verlaufend, dieselben Vorgänge, die da unten in den plastischen Gestaltungen erscheinen. (...) Es besteht ein vollständiger Parallelismus zwischen dem, was wir innerlich-seelisch erleben, und dem, was in der äußeren Welt gestaltende Naturkräfte, gestaltende Naturprinzipien sind.»[155]

Bildekräfte im erwachenden Urteil: die sechste bis achte Klasse

Die Umwendung, die mit dem zehnten Lebensjahr beginnt, erreicht mit der Pubertät eine weitere Stufe: In der Zeit der Präpubertät – bei Mädchen etwa vom elften, bei den Jungen vom zwölften bis dreizehnten Jahr an – entsteht neben den wichtigen Erscheinungen im sozialen Leben die Möglichkeit, die eigenen Gedanken stärker zu führen. Daraus entwickeln sich individuell recht unterschiedliche Beschäftigungen wie das Konstruieren von funktionsfähigen Modellen, das selbstständige Experimentieren oder eine Sammelleidenschaft, die jetzt nicht mehr auf alles gerichtet ist, was man irgendwie einmal gebrauchen könnte, sondern auf Gegenstände, die sich (wie Briefmarken, Münzen und Ähnliches) nach bestimmten Gesichtspunkten systematisieren und ordnen lassen. Andererseits kann sich das Bedürfnis nach seelischem Eigenleben in einem Hang zu Tagträumen ausleben. Im Umgang mit der Muttersprache steht jetzt die Suche nach dem eigenen, angemessenen Ausdruck im Vordergrund und nicht mehr so sehr das Kennenlernen grammatischer Kategorien.

Vielleicht kann man im Umgang mit der Sprache einen ersten Hinweis auf den im Verborgenen abgelaufenen Bildungsprozess finden. In den ersten Schuljahren hatten die Kinder freudig mit eingestimmt, wenn Gedichte und Sprüche gemeinsam hergesagt wurden. Ebenso vorbehaltlos übernahmen sie kleine Rollen in einem szenischen Spiel; in ihren Beiträgen vor der Klasse verwendeten sie die ihnen aus dem Elternhaus vertraute Sprechweise. Das interessierte Kennenlernen der formalen Bildeprinzipien ihrer Sprache, das Ausprobieren und Entdecken ungewöhnlicher Ausdrücke öffnete den Kindern zwischen zehn und zwölf Jahren neue Möglichkeiten, um ihre Gedanken differenzierter zu bilden und zu äußern. Und dann folgt häufig ein Rückzug der Persönlichkeit, der in einzelnen Fällen an ein Verstummen grenzt. Die rückhaltlose Spontaneität des Kindes reißt ab und mündet manchmal in ein Schweigen, das nur für einzelne gezielte und treffsichere Ausfälle unterbrochen wird. Der Jugendliche kann dabei die Macht des eigenen Ausdrucks verspüren – zum Teil erschrocken und überwältigt angesichts unbeabsichtigter Wirkungen. Gelegentlich kann die neue Fähigkeit aber auch ausgekostet und mit dem Interesse eines Forschers angewandt werden.

Die Schülerinnen und Schüler versuchen nun mehr und mehr die Oberfläche der Welterscheinungen zu durchschauen. Vermittelte ihnen die Vielfalt der selbst geschaffenen Bilder eine Freude allein durch ihre Erscheinungen, so erwacht nun das Bedürfnis nach eigenen Einsichten in die Beziehung von Ursache und Wirkung.

«Den Kausalitätsbegriff hat das Kind bis gegen das 12. Jahr hin überhaupt nicht. Es sieht dasjenige, was beweglich ist, was bewegliche Vorstellungen sind. Was als Bildhaftes, Musikalisches da ist, das schaut es, nimmt es wahr, aber es hat für den Kausalbegriff bis gegen das 12. Jahr hin keinen Sinn. Daher müssen wir dasjenige, was wir dem Kinde beibringen bis gegen das 12. Jahr hin, rein sein lassen vom Kausalitätsbegriff. Da erst können wir darauf rechnen, dass das Kind die gemeiniglichen Zusammenhänge zwischen Ursachen und Wirkungen ins Auge fassen kann. Von da an fängt das Kind eigentlich erst an, sich Gedanken zu machen; bis dahin hat es Bildvorstellungen.»[156]

Entscheidend ist hier der Schritt vom «Bildvorstellungen-*Haben*» zum «Gedanken-*Machen*». Dieser Wandel lässt sich im ersten naturwissenschaftlichen Unterricht besonders deutlich erleben. So zum Beispiel in der Physik: Alle Kinder kennen seit Jahren die Streichinstrumente des Schulorchesters. In vielen Konzerten haben sie die Geigen auf der linken, die Celli auf der rechten Seite der Bühne gesehen. Die Bratschen haben viele vielleicht nicht bewusst wahrgenommen, aber der Kontrabass ganz rechts außen hat die Kleineren mit Sicherheit beeindruckt. Völlig selbstverständlich können die Kinder auch die hellen, klaren Töne der Geige und die tiefen Klänge den großen Streichinstrumenten zuordnen: Auge und Ohr fügen eine Bildvorstellung zusammen, die jedem vertraut ist.

Nun aber kann in der sechsten Klasse am Anfang der Physikepoche ein Streichquartett die Besonderheiten von Größe, Tonumfang und Klangvolumen dieser Instrumente gezielt demonstrieren. Schülerinnen und Schüler erwachen zu der Frage: *Warum* bringt der kleine Korpus mit den kürzeren Saiten die helleren Klänge hervor als etwa das Cello oder der mächtige Kontrabass?

Als Eltern erinnern wir uns an die lange zurückliegende Zeit, als die kleinen Vorschulkinder uns mit ihren «Warum»-Fragen an den Rand der Verzweiflung treiben konnten. Damals waren sie vollkommen zufrieden zu stellen durch schöne kleine Geschichten, in denen sich ihre Fragen in Bilder verwandelten: «Warum musste der Großvater sterben?» – «Er hat seine Arbeit auf der Erde vollendet, und sein Engel hat ihn zu sich in den Himmel gerufen.»

Das *Warum* der jugendlichen Mädchen und Jungen, das oft nicht einmal offen ausgesprochen wird, hat eine ganz andere Qualität. Es ist der Antrieb zum eigenen Denken, mit dem die verborgenen Gesetze begriffen werden sollen. Der Weg dahin geht zum Beispiel im Physikunterricht über das Experiment. Gezielt werden die Saiten der Streichinstrumente um bestimmte Längenverhältnisse verkürzt und verlängert. Dazu dient ein Monochord – ein Gerät also, das nicht zum Musizieren geeignet ist, sondern ausschließlich zum Untersuchen akustischer Gesetzmäßigkeiten. Dieser Abstraktionsschritt kann helfen, einer gedanklichen Klarheit näher zu kommen. Aber solange wir Phänomene beobachten und vergleichen, ist die Frage nach dem Warum noch nicht beantwortbar. Phänomenologie ist mehr als das Erkennen und Ordnen von Erscheinungen, es geht ihr vielmehr um die Frage der Kausalität.

In einer ersten Annäherung beginnen die Jugendlichen nun, Wesentliches vom Unwesentlichen zu unterscheiden. Es kommt also nicht nur auf genaue Beschreibungen an. Diese sind natürlich eine wichtige Voraussetzung, aber schon in dem Versuchsprotokoll muss der Beobachter ja auf den Zusammenhang von Saitenlänge und Tonhöhe hinweisen. Ist dabei das Material des Monochords oder des verwendeten Bogens von Bedeutung? Ist es wichtig, ob der Ton durch Zupfen oder Darüberstreichen erzeugt wurde? Erst in diesem Alter – etwa um das zwölfte Lebensjahr – erwacht bei den meisten Schülerinnen und Schülern das Bewusstsein für die Unterscheidung von wesentlichen und unwesentlichen Erscheinungen; sie setzen also unbewusst voraus, dass diesen Phänomenen ein *Wesen* zugrunde liegt. Manche Kinder beschreiben aber immer noch in völliger Unbefangenheit jedes schöne Detail, ohne zu bemerken, worauf es für die Gedankenbildung ankommt.

Rudolf Steiners Hinweis, dass die jungen Menschen von der Frage nach der Kausalität bewegt seien, ist von elementarer Bedeutung. Denn die Naturwissenschaft der Moderne hat diese Frage weitgehend ausgeklammert. Im Allgemeinen geht es darum, die Phänomene so zu ordnen, dass man systematische Voraussagen über bestimmte Wirkungen machen kann. Wenn diese Voraussagen eintreffen, kann man von einer Regelmäßigkeit ausgehen und diese in technischen Verfahren – also z.B. im Instrumentenbau – anwenden. Letztlich geht es also um die Beherrschung der Natur und nicht um ein kausales

Verständnis. Man ist verblüfft, wenn man in Steiners *Allgemeiner Menschenkunde* liest, dass die Physik bis heute nicht erklären konnte, *warum* zwei Säulen einen darüber liegenden Balken stützen: «… wenn die Menschen glauben, dass sie wissen, warum die beiden Pflöcke den Balken tragen, so bilden sie es sich nur ein. Alles, was man hat als Begriffe der Kohäsion, der Adhäsion, der Anziehungs- und Abstoßungskraft, sind im Grunde genommen für das äußere Wissen nur Hypothesen. Wir rechnen mit diesen äußeren Hypothesen, indem wir handeln; wir rechnen damit, dass die beiden Pflöcke, die den Balken tragen sollen, nicht zusammenknicken werden, wenn sie eine gewisse Dicke haben. Aber durchschauen können wir den ganzen Vorgang, der damit zusammenhängt, nicht, gerade so wenig, wie wir unsere Beinbewegungen durchschauen können, wenn wir vorwärts streben.»[157]

Welchen Anspruch stellt er also an den naturwissenschaftlichen Unterricht der Waldorfschule? Ernst-Michael Kranich entwickelt die wesentlichen Elemente eines entsprechenden Physik- und Chemieunterrichts: Um kausal zu denken, muss ich mich mit meinen Gedanken z.B. in den Gesetzmäßigkeiten der Akustik bewegen; dann erzeuge ich durch innere Aktivität den Ton mit und erlebe die Beziehung zwischen dem tönenden Körper und der Qualität seines Klanges. Hohe Töne zeichnen sich durch ihren hellen, klaren Klang aus, durch deutliche Abgrenzung und große Intensität gegenüber den tieferen Tönen, die sich nicht nur dunkler anhören, sondern weniger deutlich abgegrenzt sind und einen volleren Klang entfalten. Diese Qualitäten hängen nun offenbar mit den Eigenschaften der tönenden Körper zusammen, mit ihrer Dichte (z.B. Metall gegenüber Holz) und mit ihrer Größe.

Die konkreten Intervallversuche am Monochord führen schließlich zu einer wichtigen Einsicht: «Bei einer Saite hängt es von der Unterteilung, d.h. von der Vergrößerung und Verkleinerung des vibrierenden Teils ab, welche Töne erklingen. Das gilt auch für andere feste Körper. Es hängt also nur von den Bedingungen ab, ob höhere oder tiefere Töne erklingen. So ist in der festen Materie eines Körpers jeweils ein weiter Umfang der ganzen Tonwelt verkörpert. Und die feste Materie ist eine Verkörperung der Tonwelt.»[158]

Nur wer die verschiedenen Phänomene durch eigene Aktivität

innerlich miterzeugt hat, kann diese Einsicht in vollem Umfang als individuelle Erfahrung vollziehen. Individualisierung kommt in diesem Sinne durch die selbsttätige schaffende Denkaktivität zustande. Das kann jeder bestätigen, der sich durch eigene Anstrengung zu einer Einsicht in kausale Zusammenhänge vorgearbeitet hat. Kranich schreibt daher:

«Nur durch Hingabe kann der junge Mensch die innere Qualität der Farben, der Wärme, der Töne und so weiter empfinden. Und nur durch große Wachheit kann er den Verlauf der Prozesse und die Einzelheiten genau auffassen.»[159] Dabei nimmt der Jugendliche «die Phänomene in seine Vorstellungswelt auf und vollzieht innerlich nach, was er wahrgenommen hat. (...) Dabei entsteht im Inneren des jungen Menschen eine besondere Sphäre: ein innerer Raum der Erkenntnis und der Wahrheit.»[160]

Die Suche nach Kausalität

Die Suche nach Kausalität führt über das bloße Beschreiben von Phänomenen und das Formulieren von Gesetzmäßigkeiten weit hinaus. Zum Beispiel lässt sich in der Mechanik das Hebelgesetz leicht entdecken und anwenden. Es lautet: *Kraft mal Kraftarm = Last mal Lastarm.* An einer Fülle von Beispielaufgaben kann dementsprechend der notwendige Krafteinsatz in Beziehung zur Länge des Hebels genau berechnet werden. Aber *warum* dieser Zusammenhang genau so besteht, diese Frage ist noch keineswegs beantwortet. Wenn die Jugendlichen tatsächlich mehr suchen als die Kenntnis bewährter naturwissenschaftlicher Gesetze, wenn sie wirklich – wie Steiner annimmt – die Beziehung von Ursache und Wirkung ergründen wollen, müssen sie sich in den Kräftezusammenhang einleben. Das heißt in diesem Fall konkret: Die Drehung des Hebelarms und die Verschiebung der Abstände zum Drehpunkt müssen innerlich mitvollzogen werden, damit der Zusammenhang *erlebt* werden kann. Das erfordert einerseits ein aktives, regsames, bewegliches Denken. Andererseits ist das Ergebnis nicht so leicht zu fassen und anzuwenden wie eine mathematische Formel. Entdeckt wird aber möglicherweise ein tieferer Sinn, der sich dem nutzen- und anwendungsorientierten Denken nicht ohne weiteres erschließt.

Das nach Kausalität suchende Denken dringt in Wirkenszusammenhänge ein, die die augenscheinlichen Phänomene erklären können, obwohl sie der sinnlichen Anschauung nicht direkt zugänglich sind. Kann man nicht zum Beispiel in der Akustik miterleben, dass eine hoch verdichtete, spröde Substanz wie Glas einen helleren Klang in sich birgt als Holz? Und: Lässt sich die Entsprechung von stofflicher Dichte und Klarheit des Tons denkend erfassen? Das dichte, harte Glas ist zerbrechlich, und wenn es erklingt, sind die Töne scharf gegeneinander abgegrenzt. Ganz anders beim Holz: Das Material – in langjährigem Wachstum entstanden – ist weicher und nachgiebiger, seine Klänge sind dumpfer, vor allem aber sind ihre Grenzen viel weniger konturiert.

Vergleicht man große und kleine Streichinstrumente, so ist zu bemerken, dass mit Abnahme der Masse die Töne denjenigen der harten, zerbrechlichen Substanz ähnlicher werden. Auch bei einer Untergliederung der Saitenlänge auf dem Monochord zeigt sich eine vergleichbare Wirkung: Die Verkürzung verändert den Ton in der gleichen Richtung wie eine vergleichsweise dichtere Stofflichkeit. Das suchende Denken entdeckt eine Wesensähnlichkeit von Verdichtung und Abnahme gegenüber Auflockerung und Zunahme der Substanz. Die entsprechenden Klangqualitäten korrespondieren mit bestimmten Formen der Gedankenbildung: Klarheit und Abgrenzung, d.h. stärkere Geformtheit, gegenüber Weite und Mächtigkeit im Stofflichen.

Die verschiedenen Klangqualitäten ergeben sich somit im Zusammenspiel zweier elementarer Prinzipien: der physischen Materie einerseits und der gestaltenden, formenden Wirksamkeit andererseits. Diese fundamentale Polarität wird sich für die Jugendlichen erst im Philosophie- oder Deutschunterricht der Oberstufenzeit voll erschließen. Im Kennenlernen der *Ästhetischen Briefe* von Friedrich Schiller werden sie auf den Gegensatz von «sinnlichem Trieb» und «Formtrieb» aufmerksam gemacht.[161] Im zwölften der Briefe entwickelt Schiller folgende Gedanken:

«Zur Erfüllung dieser doppelten Aufgabe, das Notwendige *in uns* zur Wirklichkeit zu bringen und das Wirkliche *außer uns* dem Gesetz der Notwendigkeit zu unterwerfen, werden wir durch zwei entgegengesetzte Kräfte gedrungen, die man, weil sie uns antreiben, ihr Objekt zu verwirklichen, ganz schicklich Triebe nennt.»

Mit der Formulierung «das Wirkliche außer uns dem Gesetz der Notwendigkeit zu unterwerfen» drückt Schiller sehr prägnant die Qualität der Kausalität aus. Seine nähere Charakterisierung lautet:

«Der erste dieser Triebe, den ich den *sinnlichen* nennen will, geht aus von dem physischen Dasein des Menschen oder von seiner sinnlichen Natur und ist beschäftigt, ihn in die Schranken der Zeit zu setzen und zur Materie zu machen. (...) Materie aber heißt hier nichts als Veränderung oder Realität, die die Zeit erfüllt; mithin fordert dieser Trieb, dass Veränderung sei, dass die Zeit einen Inhalt habe. Dieser Zustand der bloß erfüllten Zeit heißt Empfindung, und er ist es allein, durch den sich das physische Dasein verkündigt. (...)

Der zweite jener Triebe, den man den *Formtrieb* nennen kann, geht aus von dem absoluten Dasein des Menschen oder von seiner vernünftigen Natur und ist bestrebt, ihn in Freiheit zu setzen, Harmonie in die Verschiedenheit seines Erscheinens zu bringen und bei allem Wechsel des Zustands seine Person zu behaupten.»

Über diesen Trieb heißt es dann weiter: «... er hebt die Zeit, er hebt die Veränderung auf; er will, dass das Wirkliche notwendig und ewig, und dass das Ewige und Notwendige wirklich sei; mit andern Worten: er dringt auf Wahrheit und auf Recht.»

Es handelt sich um eine Polarität, die dem geistig-seelischen Wesen des Menschen zugrunde liegt. Sie ist nicht aus anschaubaren Phänomenen abgeleitet, also nicht abstrahiert, sondern durch ein Denken konstituiert, das sich in den Ideen des Menschseins selbst bewegt. Dennoch kann sich erst diesem anschauungsfreien Denken die Wahrheit voll erschließen. Diejenigen Gedanken nämlich, die von der Beobachtung der Phänomene ausgehend deren Gesetzmäßigkeiten zu erschließen suchen, dringen nur bis zur Formulierung von Regeln und deren Überprüfung an der sinnlichen Wirklichkeit vor.

Individualisierung durch schöpferisches Denken

Dem Denken, das sich in den Ideen selbst bewegt, öffnet sich ein Raum, in dem der denkende Mensch sein eigenes zukünftiges Wesen erahnen kann: Das zukünftige geistige Wesen des Menschen – Rudolf Steiner nennt es das «Geistselbst» – lebt in dieser Welt; und wer so den Zusammenhang mit der allgemein gültigen Wahrheit und Moralität finden kann, wird sich dem höheren Ich als Ziel der eigenen Entwicklung verbunden fühlen. Denn: «Eine wahrhafte Individualität wird derjenige sein, der am weitesten hinaufreicht mit seinen Gefühlen in die Region des Ideellen.»[162] Wenn auch die Gefahr der Verirrung dabei nicht auszuschließen ist: Die Jugendlichen scheinen doch über die Kausalität einen Zugang zu dieser Welt der Ideen selbst zu suchen, um sich dadurch an das eigene zukünftige Wesen anzuschließen.

Kreativität erscheint einerseits als Fähigkeit, sich für neue, originelle Ideen zu öffnen. Aber mit «schöpferischem Denken» sind nicht nur gute Einfälle gemeint. Das tätige, mitschaffende Bilden von Gedanken ist nicht beliebig und zusammenhanglos. Goethe spricht daher von der «exakten Fantasie», die sich den Gesetzen der Dinge, die es denkend nachschafft, unterwirft. Wer auf diese Weise die Gegenstände der Welt selbst hervorbringt, um sie dann mit der Wirklichkeit zu vergleichen, dringt nicht nur mit seinem Verständnis durch die Oberfläche der Phänomene, er schafft sie vielmehr von innen nach außen und prüft die Angemessenheit der eigenen Ideenbildung an der Realität. Wer sich in dieser Tätigkeit schulen will, wird bemerken, dass man dabei die eigenen Vorurteile und Denkgewohnheiten ganz überwinden muss.

Betrachtet man die Phänomene dagegen ordnend und vergleichend von außen, so behält man eine Distanz bei, die für eine wohltuende Klarheit sorgen kann. Die Kausalität, die einem Zusammenhang zugrunde liegt, wird man aber erst erfassen, wenn es gelingt, sie im Sinne der exakten Fantasie selbst schöpferisch zu denken. Und das ist nur möglich, indem man sich vorbehaltlos, tastend in den Zusammenhang einlebt. Dieses behutsame, einfühlsame Nach-Denken beruht auf einer Liebe zu den Dingen, die man zu erkennen sucht. Steiner sagt deshalb, bei alledem, was er geschildert habe «für die Zeit zwischen dem

9. und 10. Jahr, dann insbesondere gegen das 12. Jahr hin, erwacht die Naturliebe».[163] Wer die beschriebene Fähigkeit mit Jugendlichen übt, wird daher über ein oberflächliches Interesse hinaus die liebevolle Zuwendung zur Welt pflegen. Individualisierung umfasst in diesem Sinne nicht nur ein Begreifen, sondern auch eine tiefere Verbindlichkeit gegenüber den Erscheinungen.

Die Fähigkeit, mit dem eigenen schöpferischen Denken in den Ursprung der Phänomene einzudringen, beruht auf zwei Voraussetzungen. Zum einen ist sie das Ergebnis der Umwendung, die das Kind zwischen dem siebten und dem vierzehnten Lebensjahr in Bezug auf die Welt vollzieht. Es ist ein «Umwenden von innen nach außen,» ein «Gewahrwerden, dass man ein Ich ist und draußen die Welt ist – was man bisher miteinander verflochten hat».[164] Der Dreischritt dieser Entwicklung vom willensbetonten Mitleben mit den Erscheinungen über das Staunen und Genießen bis hin zum denkenden Nachschaffen entsteht urbildlich durch sieben Lebensjahre hindurch. Er wiederholt sich aber im späteren Leben in jedem Erkenntnisvorgang, in dem wir als Erwachsene die Wendung vom Erleben zum Begreifen vollziehen.

Die Fähigkeit zur exakten Fantasie beruht aber auch auf dem Dreischritt im Erkennen, der früher als *Schließen, Urteilen* und *Begreifen* im Zusammenhang mit der Wirkung des Nachtschlafes dargestellt wurde. Darin zeigten sich die drei Leistungen des Ich im Lernen – Aufmerksamkeit, Verbindlichkeit und Evidenzerfahrung. Nun wurde oben bereits dargestellt, dass auch diese drei Leistungen alterstypische Verwandlungen durchlaufen. Neben der allgemeinen Entwicklungsabfolge zeigen sich aber auch individuelle Besonderheiten, die im folgenden Kapitel als persönliche Lernstile beschrieben werden sollen.

Was für das Schulalter vom siebten bis vierzehnten Jahr allgemein gilt, ist durch das ganze weitere Leben hindurch in jedem Lernvorgang wirksam: Gegenstände, Ereignisse und Wesen der äußeren Welt werden durch Akte der Umwendung zu Bestandteilen der individuellen Biografie. Den zugrunde liegenden Dreischritt bereiten wir in der Entwicklung von Kindheit und Jugend vor.

1. Im Handeln sind wir durch unseren Willen der Welt vollkommen verbunden. Unsere Kräfte sind den äußeren Gesetzmäßigkeiten unterworfen, sie wirken aber auch unmittelbar auf die reale Welt zurück. Unsere Erfahrung beruht im Bereich des Willens auf dem Mitleben der äußeren Vorgänge.
2. Sinnesempfindungen und Gefühle verbinden uns seelisch mit der Welt, sodass ein dem äußeren Geschehen entsprechendes Leben in unserem Inneren entsteht. Die Welt wird für uns auf diese Weise zu einer Quelle vielfältiger Bilder.
3. Mit unserem Denken durchdringen wir die Oberfläche der Erscheinungen und erfassen das Wesentliche und Gesetzmäßige, das ihnen zugrunde liegt. Dieser dritte Schritt ist aber nicht vollständig, solange wir durch Abstraktion von den Phänomenen zu allgemeineren Begriffen voranschreiten. Erst wenn das Wesenhafte einer bildenden Idee nachvollzogen und daraus die sichtbare Erscheinung rekonstruiert wird, ist die Umwendung in vollem Sinne vollzogen.

Auf diese Weise verliert die Welt ihre Fremdheit; Gegenstände und Ereignisse werden vom Ich als dem eigenen Wesen verwandt erfahren. Jeder Lernvorgang, der die beschriebene Umwendung vollzieht, bedeutet ein voranschreitendes Aneignen der Ideen, die der äußeren Welt zugrunde liegen, und ist daher Teil einer umfassenden Individualisierung. Die drei oben beschriebenen Leistungen des Ich im Lernen – Aufmerksamkeit, Verbindlichkeit und Evidenzerfahrung – kommen dabei allerdings auf individuell unterschiedliche Weise zustande. Diese Differenzierung soll im Folgenden näher dargestellt werden.

Zum Begriff der Lernstile

Zur Erinnerung: Jeder Mensch kann als «Bürger dreier Welten» angesehen werden, wie Rudolf Steiner es in seiner Schrift *Theosophie* ausdrückt: Wir sind zugleich Leib, Seele und Geist; und jede der drei Welten ist an unseren Lernprozessen unmittelbar beteiligt. Dadurch, dass wir uns mit unserem Leib identisch empfinden, sind wir abgesondert von allen anderen Gegenständen unserer physischen Umgebung. Unser Leib besteht zwar aus den gleichen Substanzen wie die übrigen Dinge der Natur, aber er ist herausgelöst als ein besonderer, raumerfüllender Körper. Durch ihn und seine Organe können wir andere Gegenstände und Körper berühren, ansehen, ihre Klänge und Geräusche hören, riechen, schmecken usw. Weil wir einen Leib haben, der uns von allen übrigen Teilen der physischen Welt absondert, können wir uns diesen im Lernprozess aufmerksam zuwenden. In der *Theosophie* heißt es daher: «Mit *Leib* ist hier dasjenige gemeint, wodurch sich dem Menschen die Dinge seiner Umwelt offenbaren …»[165]

Auch unsere Seele ist unmittelbar berührt, wenn wir uns einer Sache oder einem lebenden Wesen zuwenden. Denn bereits im bloßen Erkennen geben wir dem Erkannten eine Bedeutung, die aus unseren früheren Erfahrungen oder aus Erwartungen hervorgeht: Eine Blume betrachten wir vielleicht mit Freude, an einem fremden Menschen entdecken wir etwas, was uns an frühere Begegnungen erinnert. Auf diesen Umstand macht Steiner aufmerksam: «Mit dem Worte *Seele* soll auf das gedeutet werden, wodurch er (der Mensch) die Dinge mit seinem eigenen Dasein verbindet, wodurch er Gefallen und Missfallen, Lust und Unlust, Freude und Schmerz an ihnen empfindet.»[166]

In dieser Formulierung wird ausgesprochen, dass die Verbindlichkeit, die ein Mensch einer Sache, einer Aufgabe oder einem anderen Menschen gegenüber aufbringt, entscheidend ist für die Erfahrung, die er aus dieser Berührung gewinnen kann. Ein Lernen ohne irgendeine Form von Verbindlichkeit ist daher nicht denkbar.

Als «Bürger der geistigen Welt» kann sich dem Menschen die Idee, das Wesen einer Sache selbst unmittelbar erschließen. Steiner erläutert dies am Beispiel einer Blumenwiese. Während die gegenwärtige Wahrnehmung der Blumen durch unsere leiblichen Organe zustande kommt, entsteht die Empfindung der Freude in der Seele. Diese Empfindung taucht auch dann für uns auf, wenn wir uns später an die ursprüngliche Wahrnehmung zurückerinnern. Nach einem Jahr wird der Betrachter der Wiese vielleicht nachsinnen: «Die Blumen des Vorjahres sind vergangen; meine Freude an ihnen ist nur in meiner Erinnerung geblieben. Sie ist nur mit *meinem* Dasein verknüpft. Das aber, was ich im vorigen Jahre an den Blumen erkannt habe und dies Jahr wieder erkenne, das wird bleiben, solange solche Blumen wachsen. Das ist etwas, was sich mir geoffenbart hat, was aber von meinem Dasein nicht in gleicher Art abhängig ist wie meine Freude. Meine Gefühle der Freude bleiben *in mir;* die Gesetze, das Wesen der Blumen bleiben außerhalb meiner in der Welt.»[167]

Die Evidenzerfahrung, die jeder von uns kennt als höchst individuelles, kaum mitteilbares Ereignis, deutet auf die Möglichkeit hin, das Wesen einer Sache unmittelbar zu erfahren. Nicht jede Evidenzerfahrung beruht auf einem Erkennen geistiger Gesetzmäßigkeiten, aber die Tatsache, dass wir solche Erfahrungen haben können und dass diese für unsere Lebenssicherheit von herausragender Bedeutung sind, beruht darauf, dass wir nicht nur durch Leib und Seele mit der Welt verbunden sind. «Als *Geist* ist das gemeint, was in ihm (im Menschen) offenbar wird, wenn er, nach Goethes Ausdruck, die Dinge als ‹gleichsam göttliches Wesen› ansieht.»[168]

In den vorausgegangenen Kapiteln wurde bereits erkennbar, dass verschiedene Formen von Aufmerksamkeit, Verbindlichkeit und Evidenzerfahrung erfahren werden können. Als Lehrer kann man nun bemerken, dass die einzelnen Kinder sich der Welt in einer individuell ausgeprägten Weise zuwenden. Als Erstes fällt uns meistens auf, wenn manche Schüler bestimmte Formen der Aufmerksamkeit und Verbindlichkeit, auf die wir unsere Vorbereitung abgestimmt haben, gerade nicht erkennen lassen. Wie schön wäre es, wenn die ganze Klasse von einer Aufgabe so ergriffen wäre, dass sofort eine konzentrierte Arbeitsstimmung entstünde, in der sich alle um die besten Ergebnisse bemühten. Und wenn dann noch jedes Kind das Glück der eigenen Einsicht und Gewissheit erfahren würde, stellte sich auch für den Lehrer das ersehnte Erfolgserlebnis ein. Kein Wunder, dass jeder Pädagoge sich eine Situation wünscht, in der er einzelnen Kindern in kleinen, überschaubaren Lerngruppen zu diesen Erfahrungen verhelfen kann.

Die Realität ist anders: Kinder lernen so individuell, dass sich das erwünschte Ergebnis in keinem Fall mit Sicherheit erreichen lässt. Auf diesen Umstand deutet der Begriff «Lernstil» hin. Während allerdings für die Lernstile Erwachsener eine umfangreiche Forschung vorliegt, hat das individuelle Lernen von Kindern bisher nur wenig Beachtung gefunden. Im englischsprachigen Raum gibt es einige Ansätze, von denen das Buch der Amerikanerin Dawna Markova besonders hervorzuheben ist.[169] Ihr Anliegen ist es, die Stärken der Kinder zu entdecken. Um das zu erreichen, fragt sie nicht danach, *ob* Schülerinnen und Schüler bestimmte Lerninhalte aufnehmen, sondern *auf welche Weise* sie es gegebenenfalls tun. Dabei unterscheidet sie verschiedene Bewusstseinszustände («wach», «unterbewusst» und «unbewusst») und drei Sinnesmodalitäten, die mit unterschiedlichen Präferenzen eingesetzt würden: visuelle, auditive und kinästhetische Wahrnehmungen. Markova bezeichnet diese drei Modalitäten als «Sprachen» des Denkens mit den folgenden Bedeutungen:[170]

- *visuell*: die äußere Welt, innere Bilder sehen; Dinge schaffen, die gesehen werden können (lesen, zeichnen, schreiben, entwerfen usw.)
- *auditiv*: hören auf die Außenwelt, auf innere Stimmen und Klänge; Ausdruck in Form von etwas, was gehört werden kann (sprechen, singen, Musik usw.)
- *kinästhetisch*: Dinge aus der Außenwelt, Gefühle oder Körperempfindungen spüren; sich in der Welt bewegen oder etwas tun (berühren, Aktionen, Erfahrungen, Handwerkliches usw.)

Aus Bewusstseinszuständen und Modalitäten leitet Markova sechs persönliche Denkmuster nach folgendem Schema her:[171]

bewusst	**unterbewusst**	**unbewusst**	
visuell	auditiv	kinästhetisch	(VAK)
visuell	kinästhetisch	auditiv	(VKA)
auditiv	kinästhetisch	visuell	(AKV)
auditiv	visuell	kinästhetisch	(AVK)
kinästhetisch	visuell	auditiv	(KVA)
kinästhetisch	auditiv	visuell	(KAV)

Wenn es dem Lehrer gelingt, die Lernstile seiner Schüler zu erkennen, kann er sich dieser Informationen in einer «Kunst des Unterrichtens» bedienen.[172]

Für eine pragmatisch orientierte Methodik scheint Markovas Schema durchaus interessant. Es beantwortet allerdings nicht die Frage nach den Lernbedürfnissen der Individualität. Markova schreibt: «Ich habe keine Ahnung, warum das Gehirn eines Menschen ein bestimmtes Muster auswählt. Aber es ist offensichtlich so, dass das menschliche Gehirn am wirksamsten und erfolgreichsten arbeiten kann, wenn es bei der Verarbeitung von Gedanken einem gewohnten, sensorischen Pfad folgt.»[173] Es geht hier also darum, den Kindern auf eine besonders effiziente Weise das beizubringen, was sie nach Ansicht der Pädagogen lernen sollen. Entspricht dies aber auch den eigenen Bestrebungen der kindlichen Individualitäten?

Waldorfpädagogik will jedes einzelne Kind mit Achtung vor der Einzigartigkeit seines geistigen Wesens ansehen. Kinderbetrachtungen sollten daher mit Begriffen umgehen, die sich aus einer umfassenden Menschenerkenntnis herleiten lassen. In diesem Sinne habe ich versucht, ausgehend von den drei «Welten» – Leib, Seele und Geist –, die besonderen Vorgänge im menschlichen Lernen als *Aufmerksamkeit, Verbindlichkeit* und *Evidenzerfahrung* zu beschreiben. Schafft man sich einen Überblick über die Lernstilkonzepte, die bisher für Kinder entwickelt wurden, so zeigt sich, dass sie alle ihr Augenmerk auf diese drei von mir dargestellten Vorgänge richten. Manche Konzepte unterscheiden Lernstile aufgrund aller drei Vorgänge[174] oder im Hinblick auf Aufmerksamkeit und Evidenz.[175] Andere Autoren gliedern vor allem nach Evidenzerfahrungen,[176] nach Verbindlichkeitsformen[177] oder nach Aufmerksamkeit.[178] Tatsächlich kann man im Umgang mit Kindern die Erfahrung machen, dass alle drei Stufen im Lernvorgang auf besondere, individuell geprägte Weise auftreten.

Individuelle Aufmerksamkeitsformen

Es wurde bereits deutlich, dass es verschiedene Arten von Aufmerksamkeit gibt. So unterscheidet der amerikanische Pädagoge A. O. Ross in der kindlichen Entwicklung folgende Varianten.[179]

Das Vorschulkind weist eine Form der Hinwendung auf, die Ross «over-exclusive» nennt: Beim Spielen vertieft sich das Kind derart in den Umgang mit einem einzelnen Gegenstand, dass alle anderen für einige Zeit aus seinem Wahrnehmungsbereich ausgeschlossen sind. Andererseits wissen wir aber auch, dass diese Art der Hinwendung nicht aufgrund einer willkürlichen, planvollen Konzentration erfolgt, sondern meist ausgelöst wird durch den Aufforderungscharakter der Gegenstände selbst. Das Kind reagiert also mit einer großen Sensibilität auf einen äußeren Reiz, der dann alle anderen konkurrierenden Ereignisse in den Hintergrund drängt. Diese Art der Aufmerksamkeit ist durch ein hohes Maß einer allgemeinen *Empfänglichkeit* und die Tendenz zur vorbehaltlosen *Hingabe* geprägt. Rudolf Steiner spricht daher davon, das kleine Kind sei «ganz Sinnesorgan»; es reagiere also mit seinem ganzen Wesen auf die Eindrücke der Außenwelt.

Während der frühen Schulzeit sei – so Ross – die Aufmerksamkeit der Kinder typischerweise «over-inclusive»: Die Schülerinnen und Schüler reagierten nicht nur hoch sensibel auf die unterschiedlichsten Ereignisse in ihrem Umkreis, sie könnten auch eine Vielzahl äußerst heterogener Gegenstände gleichzeitig erfassen. Dadurch sind sie in der Lage, zum Beispiel Vergleiche anzustellen und Doppelaufgaben zu lösen, wie es beim Schreiben- und Lesenlernen notwendig ist. Andererseits fällt es den Kindern in dieser Phase naturgemäß schwer, sich auf eine einzige Aufgabe zu konzentrieren; jeder Vorgang im Klassenraum kann zur willkommenen Ablenkung werden. Diese *defokussierte* Art der Aufmerksamkeit erinnert deutlich an die erwartungsvolle Offenheit, von der oben die Rede war (s. S. 101).

Defokussiert kann diese Bewusstseinsform genannt werden, weil sie von sich aus nicht dazu tendiert, einen einzelnen Gegenstand für längere Zeit zu beleuchten. Ihre Stärke liegt im eher flüchtigen Erfassen der Vielfalt.

Etwa um das zwölfte Lebensjahr kann man erwarten, dass die Kinder vermehrt in der Lage sind, ihre Bewusstseinsvorgänge willkürlich zu lenken. Ross spricht von «selektiver» Aufmerksamkeit als Grundlage für das Erlernen logischer Zusammenhänge. Die Erfahrung im Unterricht bestätigt, dass die meisten Schülerinnen und Schüler sich erst in diesem Alter über längere Zeit *aufgrund ihres eigenen Entschlusses* auf eine Aufgabe konzentrieren können. Ross meint, dass diejenigen Kinder, die bereits zu Beginn ihrer Schulzeit über diese Fähigkeit verfügen, erfolgreicher lernen. Ob ihrer seelischen Entwicklung im Sinne eines Strebens nach dem eigenen Ich damit aber in jedem Fall gedient ist, bleibt fraglich.

Bei der täglichen Arbeit mit einer größeren Klassengemeinschaften kann man entdecken, dass die drei charakterisierten Aufmerksamkeitsformen nicht nur in alterstypischer Reihenfolge auftreten. Vielmehr lassen sich auf ihrer Grundlage auch individuelle Ausprägungen sehr gut erfassen. Das mag damit zusammenhängen, dass die drei Varianten deutliche Bezüge zu den drei Kräften der menschlichen Seele, zum Denken, zum Fühlen und zur Willensbetätigung, aufweisen.

In jedem Willensakt vollzieht unser Bewusstsein eine ambivalente Gebärde: Einerseits ist es völlig offen und in höchstem Maße empfänglich für neue Eindrücke, soweit die auszuführende Handlung der Routine entspringt. Andererseits kann die bewusste Hinwendung auch einen ausschließenden Charakter annehmen, wenn der Willensakt unsere ganze Aufmerksamkeit erfordert. Diese doppelte Gebärde – *Empfänglichkeit* und *Hingabe* – ist nun charakteristisch für das Lernverhalten mancher Kinder. Zur Verdeutlichung ist es wichtig zu berücksichtigen, dass die beiden anderen Aufmerksamkeitsformen bei diesen Kindern gerade nicht oder nur in seltenen Fällen zu bemerken sind.

Menschen, die sich der Umgebung stärker durch ihre Gefühle zuwenden, neigen eher dazu, unmittelbar eine Fülle heterogener, vielleicht auch spannungsreicher Empfindungen in sich zu verspüren. Die *defokussierte Aufmerksamkeit* ist daher kennzeichnend nicht nur für eine bestimmte Altersstufe, sondern generell für solche Kinder, die ihren vielfältigen Gefühlsregungen nur geringe Denk- oder Willenskräfte entgegensetzen können. Daraus sollte nicht der Schluss gezogen werden, die betroffenen Schüler seien notwendigerweise weniger intelligent oder im Willen geschwächt. Ihre besondere Stärke liegt aber eher im Bereich des Fühlens, sodass die übrigen Seelenkräfte stets eine gefühlsmäßige Tingierung erfahren.

Schließlich sind diejenigen Persönlichkeiten zu nennen, die sich eher durch gedankliche Tätigkeit der Welt zuwenden. Ihre Aufmerksamkeitsform ist vornehmlich *selektiv.* Solche Menschen neigen also schon im Kindesalter dazu, gezielt bestimmte Gegenstände ihres Interesses ins Auge zu fassen oder sich planvoll auf einzelne Aufgaben zu konzentrieren. Tatsächlich gibt es in vielen Klassen besonders begabte Kinder, die früher, als man es erwarten würde, Züge einer willkürlichen Aufmerksamkeitsform entwickeln. Daraus ergeben sich für die Lehrer natürlich besondere Herausforderungen; denn wenn man solche Erscheinungen nicht einfach als «Verfrühung» beiseite schiebt, sondern als individuelle Entwicklungsaufgabe ernst nimmt, wird man nach besonderen didaktischen und methodischen Mitteln suchen müssen, um den betreffenden Kindern gerecht zu werden.[180]

Individuelle Formen der Verbindlichkeit

Um die Besonderheiten zu charakterisieren, durch die verschiedene Kinder sich in der Schule mit Aufgaben verbinden, kann man auf das Handlungsphasenmodell von Heckhausen zurückgreifen, wie es oben dargestellt wurde (s. S. 116 f.). Bereits die Selbstbeobachtung zeigt, dass drei unterschiedliche Verbindlichkeitsformen allgemein verbreitet sind, die den ersten drei Handlungsphasen zuzuordnen sind. Wiederum lassen sich dabei auch Zusammenhänge mit den Stufen der kindlichen Entwicklung herstellen.

Menschen, die – ohne distanzierte Überlegung oder tiefe Empfindsamkeit – zur impulsiven Tat neigen, erfahren die innere Verbindung im Ausführen der Handlung selbst, durch die *Entschiedenheit*, mit der sie zu Werke gehen. Anders gewendet heißt das: Solche Persönlichkeiten empfinden die Motivation in der Betätigung und nicht so sehr in dem angestrebten Ergebnis. Man fühlt sich dabei an die Phase der frühen Kindheit erinnert, in der nicht mit langfristigen Zielen oder aus umfassenden Plänen gehandelt wird. Die Tätigkeit ergibt sich «wie von selbst», man ist mitten im Tun, ehe man lange darüber reflektieren konnte, und das Tun selbst schafft die Befriedigung.

Eine weitere Form der Verbindlichkeit ergibt sich, wenn man dazu neigt, die eigenen Erwägungen vor allem «realisierungsorientiert» anzustellen, wie Heckhausen es nennt. In dieser Haltung wird der Sinn oder die Notwendigkeit einer Handlung im Allgemeinen nicht in Frage gestellt. Vielmehr erscheint das angestrebte Ziel so unproblematisch, dass sich alle Entscheidungen nur darauf richten können, *wie* dieses Ziel zu erreichen ist. Diese Verbindlichkeitsform wurde oben als *Zielbindung* bezeichnet. Kinder, die charakteristischerweise zur Zielbindung tendieren, stehen den Aufgaben im Unterricht im Allgemeinen positiv gegenüber und sind generell bereit, sich nach besten Kräften zu bemühen, um ein deutlich erkennbares Ziel zu erreichen.

Drittens sind schließlich diejenigen zu nennen, die ihre Motivation weder aus der Tat selbst noch aus dem selbstverständlichen Arbeitseifer gewinnen. Sie müssen die Verbindlichkeit auf eine Weise erzeugen, die man erst in einem reiferen Alter fordern würde, nämlich durch eine *Selbstverpflichtung,* die womöglich auch mit einem Gefühl der *Verantwortlichkeit* verbunden sein kann. Wer bereits in der ersten Handlungsphase, also vor dem Entschluss, zu einer Abwägung des Für und Wider kommt, kann einerseits aus einem freien Akt handeln, trägt aber andererseits die Bürde der Eigenverantwortung. Sofern Schulkinder bereits in den unteren Klassen eine solche Form der Verbindlichkeit aufbringen, wirken sie in der Regel reifer, als man es ihrem Lebensalter gemäß erwarten würde.

Die individuelle Ausprägung von Evidenzerfahrungen

Die Lebenssicherheit jedes Menschen hängt entscheidend davon ab, auf welche Weise er die Wirklichkeit seiner Alltagswelt erlebt. Wir sind darauf angewiesen, eine Vielzahl von Wahrnehmungen unmittelbar als verlässlich annehmen zu können, damit nicht fortwährende Zweifel unser selbstverständliches Handeln verhindern. Über die vielen Gewissheiten, auf denen unser alltägliches Leben beruht, legen wir uns normalerweise keine Rechenschaft ab. Nur wenn wir im fortlaufenden Lebensstrom innehalten, weil wir uns erst von der Wirklichkeit einer Erkenntnis überzeugen müssen, tritt die Suche nach der Evidenzerfahrung in unser Bewusstsein.

Nun kann die Gewissheit einer Wahrnehmung auf unterschiedliche Weise erfahren werden, je nachdem, ob sie sich eher im Bereich des Denkens, des Fühlens oder des Willens erschließt (vgl. oben, S. 127 f.). Und im Unterricht zeigt sich, dass die Kinder im Allgemeinen einer dieser Evidenzerfahrungen den Vorzug geben. Das mag wohl daran liegen, dass sie solche Erfahrungen auf einem bestimmten Gebiet besonders häufig gemacht haben und deshalb immer wieder in ähnlicher Weise anstreben.

Der Hauptunterricht in der Waldorfschule ist grundsätzlich so angelegt, dass alle drei Seelenkräfte beansprucht werden – sei es in rhythmischem Wechsel oder, wo es sich vom Stoff her anbietet, in der Durchdringung verschiedener Aspekte einer Aufgabe. Dabei kann man bemerken, dass die verschiedenen Kinder sich individuell differenziert angesprochen fühlen. Die Intensität ihrer Erlebnisse beim Lernen richtet sich nach der Art ihrer Präferenz für bestimmte Formen der Evidenzerfahrung. Im Sinne des Kapitels über «Evidenzerfahrung» soll hier die Unterscheidung von enaktiver, ikonischer und symbolischer Wissensrepräsentation zugrunde gelegt werden.

Menschen, die ihre Evidenzerfahrungen vorzugsweise im Bereich enaktiver Wissensrepräsentation aufsuchen – und das gilt nicht nur für Kinder –, erleben eine Sicherheit in der eigenen motorischen Betätigung. Die Geschicklichkeit ihrer Bewegungen vermittelt ihnen unmittelbar ein Gefühl der Verlässlichkeit. Unter Erwachsenen gilt dies zum Beispiel für Handwerker, in deren ganzen Bewegungsablauf sich die Gesetzmäßigkeiten ihrer Werkzeuge und Materialien widerspiegeln. John Seymour, der sich intensiv mit der Lebensqualität des alten Handwerks beschäftigt hat, schreibt über das Schmieden:

«Bestimmt gibt es wissenschaftliche Erklärungen dafür, warum Schmiedeeisen sich nur bei einer bestimmten Temperatur miteinander verbindet, warum Gusseisen hohen Temperaturen standhält, ohne zu schmelzen oder zu verglühen, wieso man Stahl härtet, indem man ihn auf hohe Temperaturen erhitzt und dann abschreckt, oder wieso man ihn durch Erhitzen und langsames Abkühlen weicher bekommt, aber ich kenne sie nicht. Für mich bleiben es die verborgenen Geheimnisse des Schmiedehandwerks. Aber die wenigen Kenntnisse, die ich mir darüber aneignen konnte, waren mir während meines ganzen Lebens von Nutzen, besonders dort, wo es wenig Schmiede gab. Und ich habe Verständnis dafür, dass Wieland der Schmied von seinen Zeitgenossen als Magier verehrt wurde.»[181]

Kinder, die während des dritten Schuljahres Gelegenheit bekommen, verschiedene Handwerker in ihren Werkstätten zu besuchen, können dort tiefe Eindrücke von der Ästhetik der werkschaffenden Arbeit empfangen. Und auch die bedeutenden Gestalten der Mythologie, der erwähnte Wieland oder Ilmarinen (aus dem finnischen Nationalepos *Kalevala*), werden den Kindern nahe gebracht, lange bevor sie im Chemieunterricht der achten Klasse den Geheimnissen des Werkstoffs Eisen auf den Grund gehen.

Viele Kinder haben eine Tendenz, die Wirklichkeit ihrer Lebenswelt durch die *tätige* Auseinandersetzung zu erfahren: Sie suchen stets eine Betätigung für ihre Hände, sie basteln, konstruieren, bearbeiten ein Werkstück, oder sie suchen sportliche Herausforderungen. Lesen, Schreiben oder künstlerische Aufgaben geben solchen Kindern oft keine Befriedigung, auch wenn ihnen solche Arbeiten nicht schwer fallen. Der Beobachter kann den Eindruck bekommen, dass ihnen diese Beschäftigungen im besten Falle wenig bedeuten oder, wenn sie mit großen Schwierigkeiten verbunden sind, zur Last werden. Nicht wenige Kinder fühlen sich sogar permanent entmutigt angesichts der täglichen Auseinandersetzung mit Forderungen, die ihnen völlig fremd erscheinen. Dabei ist es nicht sicher, dass sie durch kognitive Aufgaben überfordert sind. Vielmehr müsste man ihnen helfen, einen Zugang zu finden, der ihrer besonderen Form der Evidenzerfahrung entspricht.

Überwiegt im Weltzugang die ikonische Wissensrepräsentation, so sind die betroffenen Personen leicht empfänglich für die Gesetzmäßigkeiten ästhetischer Gestaltung. Im musikalisch-sprachlichen oder im plastisch-bildnerischen Bereich erfahren sie die Stimmigkeit eines vollendeten Kunstwerks, das sich manchen anders veranlagten Menschen nicht erschließt. Von dieser Gesinnung kann man durch die Aussagen von Künstlern erfahren. So schreibt der Maler Alexej von Jawlensky in einem Brief:

«Ich verstand, dass ich nicht das malen musste, was ich sah, sogar nicht das, was ich fühlte, sondern nur das, was in mir, in meiner Seele lebte. Bildlich gesagt, es ist so: ich fühlte in mir, in meiner Brust eine Orgel, und die musste ich zum Tönen bringen. Und die Natur, die vor mir war, soufflierte mir nur. Und das war ein Schlüssel, der diese Orgel aufschloss und zum Tönen brachte. Anfangs war es sehr schwer. Aber nach und nach konnte ich leicht mit Farben und Formen das finden, was in meiner Seele war. Meine Formate wurden klein: 30 mal 40. Ich malte sehr viele Bilder, die ich ‹Variationen über ein landschaftliches Thema› nannte.

Sie sind Lieder ohne Worte. Einige Jahre malte ich diese Variationen, und dann war mir notwendig, eine Form für das Gesicht zu finden, da ich verstanden hatte, dass die große Kunst nur mit religiösem Gefühl gemalt werden soll. Und das konnte ich nur in das menschliche Antlitz bringen. Ich verstand, dass der Künstler mit seiner Kunst durch Formen und Farben sagen muss, was in ihm Göttliches ist. Darum ist das Kunstwerk ein sichtbarer Gott, und die Kunst ist ‹Sehnsucht zu Gott›.»[182]

Auch Schulkinder haben zum Teil einen ausgeprägten Sinn für Schönheit und Ordnung. Ihren Wirklichkeitsbezug finden sie weniger durch die eigene Betätigung, eher durch das angestrebte Ergebnis und das gelungene Werk. Die Freude an einem gelungenen Bild oder einem schön gestalteten Epochenheft ist dann größer als die Befriedigung angesichts einer klaren Erkenntnis. Dass diese Art von Evidenzerfahrung nicht auf bloßen Geschmacksurteilen beruht, ist an der Ernsthaftigkeit von Künstlern zu ermessen, die oft über Jahre nach Kriterien für die Bewertung ihrer Werke suchen.

Als dritte Gruppe sind schließlich die Menschen zu nennen, denen sich die Gewissheit im Weltzugang vor allem im denkenden

Erkennen erschließt. Unabhängig von ihrer praktischen oder künstlerischen Begabung erfahren sie die intensivsten Eindrücke durch das innere Licht der selbst errungenen Erkenntnis. Friedrich Copei beschreibt diese Erfahrung im Erkenntnisstreben außergewöhnlich differenziert:

«Wo die Selbstverständlichkeiten unter einem Anstoß erschüttert werden und zerbrechen, erwacht die gespannte Frage. Diese drängt, in methodischer Weise sich einen Weg durch die Gegebenheiten bahnend, analysierend, ordnend und kombinierend auf die Lösung zu. Die Lösung aber taucht, vor allem bei geistigen Neuleistungen, oft erst durch eine Zeitspanne davon getrennt, im ‹fruchtbaren Moment› auf, ist jedenfalls noch von anderen Faktoren als von Intention und Anstrengung abhängig. Die Vollendung der geistigen Leistung liegt erst in der Einbettung des im ‹fruchtbaren Moment› Erfassten, in der Eingliederung in den allgemeinen geistigen Bestand.»[183]

Solche Erlebnisse und ihre Bedeutung für das eigene Weltverständnis erscheinen manchen Menschen ungleich realer als das, was sie in den Bereichen körperlicher, handwerklicher oder künstlerischer Tätigkeit erfahren können. Auch wenn ein konzentriertes selbstständig geführtes Denken meist erst nach dem zwölften Lebensjahr erwartet werden kann: Es gibt bereits in den ersten Klassen Kinder, denen die selbst erworbene Einsicht in ein mathematisches Gesetz mehr bedeutet als die körperliche Betätigung beim Kennenlernen des kleinen Einmaleins.

Das Kind erkennen: Schlüssel zur Individualisierung

Wenn man die drei genannten Schritte im Lernvorgang für eine Betrachtung einzelner Kinder fruchtbar machen will, könnte eine bestimmte Vereinfachung nahe liegen. Die Zusammenhänge von je drei beschriebenen Ausprägungen mit den Seelenkräften von *Denken, Fühlen* und *Wollen* drängt gleichsam dazu, drei Lernstile zu unterscheiden:

Lernstil	**Aufmerksamkeit**	**Verbindlichkeit**	**Evidenzerfahrung**
a) tätiges Lernen	Empfänglichkeit, Hingabe	Entschiedenheit im Tun	enaktive Wissensrepräsentation
b) bildhaftes Lernen	defokussiert	Zielbindung	ikonische Wissensrepräsentation
c) begriffliches Lernen	selektiv	Selbst-verpflichtung	symbolische Wissensrepräsentation

Demgegenüber zeigt die Erfahrung, dass bei den Kindern einer Klasse die verschiedensten Kombinationen von Ausprägungen in allen drei Bereichen festzustellen sind (die Zahl aller möglichen Kombinationen ist übrigens 27). In einer dritten Klasse waren zum Beispiel alle drei Aufmerksamkeitsformen ziemlich gleich verteilt. Bei den Formen der Verbindlichkeit überwog eindeutig die «Zielbindung» (entsprechend der obigen Charakterisierung). Die Evidenzerfahrungen kamen auf Grundlage der verschiedenen Wissensrepräsentationen zustande. Die drei Kategorien sind daher nicht zu einem engen Schema zu verdichten; sie sollen vielmehr die aufmerksame und interessierte Hinwendung auf das Kind anregen. Das Ziel dabei ist die Pädagogik «vom Kinde aus».

Zum Teil kann man den Eindruck gewinnen, dass manche Kinder unterschiedliche Arten von Evidenzerfahrung kennen und sie immer wieder abwechselnd in ihren Lernbemühungen aufsuchen; andere scheinen in diesem Sinne zumindest über eine längere Phase gar nicht zu solchen Erlebnissen von Gewissheit zu gelangen. Darunter sind besonders solche Kinder, deren Eltern sich gerade in der Trennungsphase befinden. Daraus könnte womöglich auch eine tiefe Verunsicherung gegenüber den eigenen Erfahrungen in der Schule resultieren.

Im Hinblick auf die Temperamente (vgl. oben) mag es nahe liegen, die gedankenbezogene Auseinandersetzung mit Unterrichtsinhalten am ehesten bei melancholischen Kindern zu vermuten. Ebenso könnte sich das cholerische Temperament in der willenshaften, tätigen Lernerfahrung zeigen, das sanguinische und phlegmatische womöglich in einem gefühlsbetonten Lernstil. Die Erfahrung zeigt aber, dass eine pauschale Zuordnung in vielen Fällen zu oberflächlich bleibt: Die Erkenntnis der Temperamente kann eine Betrachtung der Lernstile sinnvoll ergänzen, aber nicht ersetzen.

Die Betrachtung der individuellen Weltzugänge im Lernen ist auch nicht identisch mit dem Feststellen von «Begabungen». Es gibt nämlich Kinder, die allseitig begabt erscheinen und denen offenkundig alles, was man in der Schule von ihnen erwartet, leicht fällt. Auch bei ihnen muss sich der Erzieher fragen, welche Formen von Aufmerksamkeit, Verbindlichkeit und Evidenzerfahrung ihnen besonders entsprechen. Dass sie leicht lernen, hat natürlich Konsequenzen für das Aufgaben-Niveau, das ihnen der Lehrer anbieten sollte. Er könnte aber auch solche Kinder vielleicht noch gezielter fördern, wenn er seine Einschätzung im Sinne der oben entwickelten Kategorien stärker differenzieren würde.

Ähnliches gilt für die Kinder, die scheinbar auf allen Gebieten unbegabt sind. Auch sie haben mit Sicherheit ihren individuell ausgeprägten Zugang zur Wirklichkeit, und es ist die Aufgabe der Erzieher, diese besonderen Möglichkeiten zu entdecken und ihnen zuzuarbeiten. Es geht jedenfalls nicht darum, einseitige Begabungen aufzuspüren und zu fördern oder umgekehrt, sie zu unterdrücken: Jede Individualität stößt in ihrem Leben an vielgestaltige Herausforderungen, denen sie sich stellen muss. Dabei wird es notwendig sein, eine besondere *Begabung* individuell zu ergreifen und womöglich umzuwandeln. In diesem Wort steckt ja sowohl der Stamm *Gabe* als auch die Nähe zur *Aufgabe*. Es handelt sich also um ein Geschenk, das nicht selbst erworben wurde; es stellt aber gleichzeitig eine Herausforderung an den Beschenkten dar, das Erhaltene individuell zu ergreifen und sinnvoll zu gebrauchen.

Für den konstruktiven Umgang mit der eigenen Begabung kann es hilfreich sein, wenn die Erzieher bemerken, auf welche Weise die Schülerinnen und Schüler die Wirklichkeit ihrer Lebenswelt erfahren. Wenn das gelingt, wird sich das Verhältnis des Pädagogen zu den Kindern verändern, und die Kinder werden sich von ihm unmittelbar erkannt fühlen, ohne dass es dazu irgendwelcher Erklärungen bedürfte. Im Gegenteil: Eine Äußerung über die Beziehung zwischen Lehrer und Kind würde die Intimität in der zwischenmenschlichen Begegnung eher zerstören.

Außer der Hinwendung an alle Kinder in der abendlichen

Vorbereitung auf den nächsten Unterrichtstag hat der Waldorflehrer vor allem drei Mittel im Zugang zur Schülerindividualität: die Kinderbesprechung, das jährliche Berichtszeugnis und den Zeugnisspruch. Diese drei Mittel werden häufig in ihrer Wirkung unterschätzt, weil sie für die tägliche Unterrichtsvorbereitung nicht absolut notwendig erscheinen. In der Kurzatmigkeit der momentanen Anstrengung liegt es nahe, sich zunächst auf das vordringlich Unverzichtbare zu beschränken. Andererseits entsteht durch die damit verbundene Kurzatmigkeit die Tendenz, auf entstehende Probleme zu reagieren, statt sie zu vermeiden. Und manchmal drängt sich in einer ruhigen Betrachtung der Eindruck auf, dass man als Lehrer den Problemen nachläuft und sie auf diese Weise nie wirksam lösen kann.

Wäre es nicht denkbar, dass eine intensive Besinnung auf das einzelne Kind, sei es durch den Lehrer allein oder im Zusammenwirken mit Kollegen bzw. mit den Eltern, die aktuelle Wahrnehmung im Unterricht derart erweitert, dass ganz neue Ideen für eine individualisierte Methodik und Didaktik daraus entstehen? Ist es nicht ebenso zu erwägen, ob die Aufmerksamkeit, die ein Lehrer auf das einzelne Kind verwenden muss, wenn es ihm einen besonderen Zeugnisspruch schreibt, ein subtiles Band zwischen ihnen entstehen lässt? Könnte sich das Kind dadurch womöglich so erkannt fühlen, dass es ermutigt wird, seinen individuellen Lernstil zu entfalten?

Ein Beispiel für die Hinwendung zur Individualität

Exemplarisch folgt an dieser Stelle die ausführliche Betrachtung eines Kindes in der dritten Klasse, dessen individuelles *Erfahrenerwerden* so charakterisiert werden kann: allgemeine Empfänglichkeit und Hingabe im Bereich der Aufmerksamkeit; Verbindlichkeit durch Zielbindung; Evidenzerfahrung durch enaktive Repräsentation.

Hanne ist keine auffallende Erscheinung inmitten ihrer Klassenkameraden. Wer aber im Unterricht besonders auf sie achtet, bemerkt manche Besonderheit an ihr. Obwohl sie kaum einmal abgelenkt erscheint und dem Geschehen fast ein wenig atemlos folgt, bleibt sie recht zurückhaltend. Mit ihren weit geöffneten Augen und mit offen stehendem Mund schaut sie unbewegt nach vorn, während der Lehrer etwas erklärt. Soll sie dann selbst an die Arbeit gehen, so sucht sie umständlich ihre Schreibgeräte heraus und erschrickt, wenn sie ihr Heft nicht gleich findet. Es kann auch in der dritten Klasse noch gelegentlich geschehen, dass sie ängstlich zu weinen beginnt, wenn sie glaubt, ihre Aufgaben zu Hause vergessen zu haben. Beim Beginn der Arbeit fragt sie noch einmal unsicher, auf welcher Seite sie schreiben soll, besorgt, irgendetwas falsch zu machen.

Inzwischen traut sich Hanne nach fast drei Schuljahren schon viel mehr zu, beginnt manche Aufgabe selbstständig oder fragt zielstrebig nach, wenn sie etwas nicht verstanden hat. Früher aber war sie durch ihre Unsicherheit viel stärker gehemmt. Beim Betreten des Klassenraumes ist ihr großer Kopf etwas zwischen die Schultern eingezogen. Das weiche, noch wenig konturierte, aber etwas eckig geformte Antlitz ist nach unten gerichtet, bis sie angesprochen wird. Dann erst schaut sie zum Lehrer auf, die bis dahin unsicher und verhangen blickenden Augen glänzen, und ihr Gesicht strafft sich in der freudigen Begrüßung.

Hanne ist mittelgroß und hat dunkelblondes, glattes Haar. Ihr Körper wirkt etwas schwer, ohne dick zu sein, die Bewegungen sind langsam. Der zögernde Druck einer runden, weichen Hand ist fest, und in dem Moment der Begegnung wirkt das Mädchen ganz präsent. Setzt sie sich dann auf ihren Platz, so sinkt sie wieder ein wenig in sich zusammen. Sie schaut sich nach den Klassenkameraden um, ihr Blick ruht auf dem einen oder anderen Kind und kehrt dann bald wieder erwartungsvoll zum Lehrer zurück, um den Unterrichtsbeginn nicht zu versäumen.

Wenn sie einmal etwas erzählen möchte, spricht sie nicht laut und nur zum Lehrer gerichtet. Ihre Stimme ist etwas rau und ein wenig schnarrend, kann auch in einen quietschenden Ton überschnappen. Beim Singen dagegen intoniert sie ganz sicher, schön und klar. Sehr tüchtig und mit ganzer Hingabe beteiligt sie sich am Rezitieren und Singen, rhythmische Übungen verunsichern sie stärker, sie ist dabei ängstlich bemüht, keine Fehler zu machen. Mit großer Sorge blickt sie auf das Zählen der Einmaleinsreihen und auf das Rechnen. Trotz angestrengter Übung und großen Erfolgen im Auswendiglernen der

Zahlenreihen hat Hanne selbst nicht das Gefühl, die Rechenvorgänge zu verstehen. Die Ähnlichkeit der Aufgaben bemerkt sie nur sehr langsam, und besonders schwer fällt ihr das flinke Kopfrechnen. Beim schriftlichen Rechnen bleibt sie während der ganzen Aufgabenlösung unsicher, bis der Lehrer das Ergebnis bestätigt und ihre Arbeit lobt.

Viel leichter fallen Hanne das Formenzeichnen, das Schreiben und Malen. Auch schwierige Formen fasst sie ganz sicher auf und arbeitet sie mit kraftvoll gespannten Bögen oder präzise gestreckten Geraden hingebungsvoll aus. Die meisten Ergebnisse sind in ihrer Klarheit und prächtigen Farbigkeit vorbildlich schön. Im Aquarellmalen beweist sie vorsichtiges Einfühlungsvermögen, sodass die Farben nicht immer zum Leuchten kommen. Hannes Schrift ist gleichmäßig und wohlgeformt, weist auch nur noch verhältnismäßig wenige Fehler auf. Zudem liest Hanne zwar langsam, aber sicher und deutlich aus dem Lesebuch vor.

Hanne gehört zu den ältesten Kindern der Klasse. Im Spiel und beim Anhören der Geschichten wächst ihre ängstliche Spannung aber manchmal immer noch ins Unerträgliche. Manche Erzählungen aus dem Alten Testament haben sie zutiefst erschreckt. Angesichts von Verstößen ihrer weniger empfindsamen Mitschüler gegen die Regeln im Klassenraum reagiert sie verständnislos und in banger Erwartung der Folgen. In der ersten Klasse dagegen reagierte sie unwillkürlich so erschreckt und aufgeregt, dass sie sich den Unwillen der betroffenen Klassenkameraden zuzog. Im Turnen bemerkt man trotz einer gewissen Schwere und Plumpheit doch auch eine erfreuliche Geschicklichkeit. Sei es beim Seilspringen, Stelzenlaufen, beim Fangen oder Werfen: Ohne sonderlich erkennbaren Ehrgeiz bewegt sich Hanne doch sehr sicher und geschickt. Allerdings atmet sie dabei oft schwer und angestrengt, und sie ist bald erschöpft. In jede Beschäftigung taucht sie aber hingebungsvoll und eifrig ein; auch in der Hausbauepoche ist sie unzufrieden, solange sie nicht mit Schaufel oder Maurerkelle tüchtig arbeiten darf.

Hanne ist das dritte von vier Kindern. Sie verträgt sich mit ihren beiden älteren Brüdern und ihrer jüngeren Schwester im Allgemeinen gut, fällt aber durch ihre Langsamkeit und kognitive Schwerfälligkeit etwas heraus, sodass auf sie immer wieder besondere Rücksicht genommen werden muss. Die eineinhalb Jahre jüngere Schwester ist ihr meist beim Verstehen von Gesellschaftsspielen oder auch beim Rechnen voraus. Hannes Schwerfälligkeit scheint auf ein vorzugsweise phlegmatisches Temperament hinzudeuten. Ihre Besorgtheit und tiefe Anteilnahme würden für einen melancholischen Wesenszug sprechen. Andere Merkmale dieser beiden Temperamente fehlen dem Kind dagegen völlig, sodass eine Typisierung seiner Individualität allein nicht gerecht würde.

Will man Hannes erlebter Wirklichkeit nachspüren, so wird man zunächst in eine Selbstbezogenheit geführt, die auf einen engen Umkreis eingeschränkt bleibt. Die kleinen Dinge und Erlebnisse des Alltags, das Meerschweinchen in seinem Käfig, die geliebten Puppen und wenige vertraute Menschen füllen ihr Bewusstsein aus. In der Schule lehnt sie sich stark an den Lehrer an und beteiligt sich nur an Spielen, die nach Teilnehmerzahl und Mitspielern überschaubar bleiben. Auch in der Pause wird noch oft die Nähe des Lehrers oder das Gespräch mit wenigen vertrauten Freundinnen gesucht. Mit überaus kindlicher Freude und betonter Keckheit gibt sich Hanne kleinen Streichen und Neckereien hin, die endlos und ohne Variationen wiederholt werden können. Es fällt ihr noch schwer, sich in Raum und Zeit zu orientieren. Tageszeit und Entfernungen sind ihr noch nicht so bewusst, dass dadurch ihre Welt eine Struktur bekäme.

Wenn von Selbstbezogenheit die Rede war, so ist auch zu denken an eine etwas affektierte und herausfordernde Weise, im Familienkreis die Aufmerksamkeit für sich zu fordern. Im größeren Rahmen der Klassengemeinschaft bleibt Hanne dagegen eher tastend, vorsichtig und staunend über das befremdliche Verhalten anderer Kinder, besonders der kraftvoller auftretenden Jungen. Hanne ist nicht egoistisch auf ihren eigenen Vorteil bedacht; sie ist im Gegenteil freundlich und empfindet starkes Mitleid, wenn ein anderes Kind Schmerzen erleidet. Allerdings kann sie dann nur wenig zur Hilfe beitragen, weil die eigene Ratlosigkeit und der Schrecken lähmend empfunden werden. Dringen neue, fremdartige Eindrücke an sie heran, so verharrt Hanne meist in gespannter Ruhe mit offenem Mund. Der Blick scheint mit übermäßiger Anstrengung einen Schleier durchdringen zu wollen, der sie von einer geahnten Wirklichkeit trennt.

Erlösend ist dagegen die hingebungsvolle Arbeit an einer vertrauten Aufgabe, dann scheint die unruhige Umgebung zu entschwinden.

Wenn aber ein unvorhergesehenes Hindernis den Tätigkeitsstrom aufhält, lehnt sich Hanne mit trotziger oder gar verzweifelter Kraft dagegen auf, Tränen beginnen zu fließen, und die Arbeit wird womöglich in einem Wortausbruch verweigert. Doch die Anspannung angesichts einer unerfüllten Pflicht zwingt sie schon bald zu einem neuen Versuch, bis schließlich der Erfolg errungen ist und die ganze angestaute Erregung in einem glücklichen Lachen ausgeatmet werden kann.

Nach der Beschreibung des Kindes wendet sich die Betrachtung der Frage zu, wie es selbst die Wirklichkeit wohl erleben mag. Daraus ergibt sich die Ahnung des Erziehers, auf welche Weise das Kind seine Erfahrungen gewinnt, denn dass Hanne in den gleichen Situationen ganz andere Erfahrungen macht als ihre Mitschüler, ist offenkundig.

In dem Berichtszeugnis, das den Eltern zum Abschluss des Schuljahres übergeben wird, versucht der Lehrer die Fortschritte des Mädchens so zu beschreiben, dass bei aller Offenheit Perspektiven der künftigen Entwicklung erkennbar werden. Erkennen die Eltern in der Charakterisierung ihre eigenen Erfahrungen mit dem Kind wieder, ergänzt um die besonderen Komponenten des schulischen Umkreises, so kann daraus eine Vertrauensbasis entstehen, die gemeinsame pädagogische Verantwortung immer wieder neu ermöglicht.

Im dritten Schuljahr stellte sich für Hanne die Aufgabe, mehr von sich und ihren eigenen Belangen abzusehen und den Blick zu ihren Mitschülern und hinaus in die Welt zu erheben. Dieser Herausforderung ist sie durch ihre eifrige und zunehmend selbstständige Mitarbeit im Unterricht begegnet. Alle Aufgaben ergriff sie mit großer Gewissenhaftigkeit; ihre Selbstsicherheit nahm dabei in dem Maße zu, wie sie bemerkte, dass stetige, aufmerksame Übung sie immer zuverlässig ans Ziel brachte.

Die Schreibschrift erlernte sie zu Beginn des Schuljahres mit großer Hingabe. Schon bald konnte sie die neuen Buchstaben geläufig lesen sowie wohlgeformt und gleichmäßig schreiben. Während unserer sachkundlichen Epochen im Landbau, Handwerk und Hausbau konnte sie nun ihre Hefte sorgfältig und fast fehlerfrei führen, schöne Schmuckformen und farbkräftige Abbildungen vervollständigten das erfreuliche Bild. Im Zeichnen waren sehr schwierige Linienführungen und spannungsreiche Formelemente wiederzugeben, die äußerste Exaktheit verlangten. Hanne erfüllte diese Aufgaben völlig sicher und klar, ohne sich ihrer schönen Fähigkeit überhaupt ganz bewusst zu sein. Die Ergebnisse waren zum Teil vorbildlich.

Die mangelnde Einschätzung der eigenen Möglichkeiten offenbarte sich in der Zaghaftigkeit, mit der Hanne viele Wasserfarbenbilder anfertigte. Obwohl sie die Arbeitsschritte meist sehr gut verstand und ausführte, ließ sie manches Blatt doch recht blass und undeutlich: Hier konnte sie nicht, wie im Formenzeichnen, lange und ausdauernd weiterarbeiten, um das Bild zu vervollkommnen.

Die ersten eigenen Aufsätze verfasste Hanne mit großer Anstrengung, galt es doch, eine Themenstellung klar zu überschauen, das Wesentliche zu erkennen, Einzelheiten angemessen zu verknüpfen. Die Übung half ihr, allmählich auch diese Herausforderung deutlicher zu erfassen und immer besser zu bewältigen. Das Gleiche lässt sich für das Erlernen der schriftlichen Rechenverfahren sagen. Mit der größten Befriedigung erlebte Hanne, dass das gewissenhafte Befolgen der erübten Arbeitsschritte immer zuverlässig zum richtigen Ergebnis führte. Allmählich erweiterte sich so der für sie erfassbare Zahlenraum.

Besonders bemerkenswert ist aber auch der Eifer, mit dem Hanne die praktischen Tätigkeiten während unserer Landbau- oder der Hausbauepoche ausführte. Durch die vielen Lern- und Arbeitserfolge im dritten Schuljahr hat Hanne auch in ihrer Persönlichkeitsentwicklung bedeutende Schritte getan.

Das Zeugnis soll den Eltern am Ende eines Schuljahres ein Bild von der Entwicklung ihres Kindes vermitteln. Dabei kann es nicht darum gehen, die einzelne Individualität mit anderen zu vergleichen oder an einer allgemeinen Norm zu messen, obwohl besondere Auffälligkeiten natürlich stets vor dem Hintergrund der ganzen Klassengemeinschaft zur Erscheinung kommen. Das Ziel muss sein, die Entwicklung jedes Kindes in ihrer Richtung und Dynamik so zu beschreiben, dass die künftigen Aufgaben, vorhersehbare Schwierigkeiten und individuell realisierbare Ziele erkennbar werden.

An einem zweiten Beispiel wird eine bestimmte Art des Lernens erkennbar. Das betreffende Mädchen zeichnet sich bereits im dritten Schuljahr durch ihre selektive Aufmerksamkeit aus. Die Verbindlichkeit entsteht ebenfalls, wie bei den allermeisten Kindern in dieser Klassenstufe, durch Zielbindung, während die Evidenzerfahrung zum Teil der ikonischen Wissensrepräsentation entspricht, häufig aber bereits auf der Grundlage symbolischer Repräsentation zustande kommt. Das Zeugnis am Ende des Schuljahres lautet folgendermaßen:

Lernbegierig und eifrig arbeitete Isabel im dritten Schuljahr mit. Sie wandte sich allen Unterrichtsgegenständen mit großem Interesse zu, dabei erfasste sie schnell die sachlichen Zusammenhänge und beteiligte sich gleichbleibend intensiv am Gespräch. Bei allem gesunden Ehrgeiz blieb ihr aber auch für den Humor immer genügend seelischer Freiraum.

Zu Beginn des Schuljahres erlernte Isabel freudig die Schreibschrift, zunächst mit Gänsekiel und selbst hergestellter Tinte, dann mit dem Füllfederhalter. Im Lesen und Schreiben der neuen Buchstaben gewann sie schnell eine große Geläufigkeit, das Schriftbild war gleichmäßig und wohlgeformt, und auch in der Rechtschreibung konnten die früheren Fertigkeiten vertieft werden. Besonders eifrig ergriff Isabel die Aufgabe, eigene Aufsätze zu formulieren. Sachgemäß und sprachlich geschickt bewältigte sie diese Arbeit, ihre Texte hatten stets eine hohe Qualität. Darüber hinaus gestaltete sie die Hefte während unserer sachkundlichen Epochen im Landbau, Handwerk und Hausbau durch ihr gleichmäßiges Schriftbild, schöne Abbildungen und Schmuckformen vorbildlich. Ihre Neigung zur gestaltenden Tätigkeit zeigte sich außerdem im Formenzeichnen, wo sie auch die kompliziertesten Linienführungen völlig korrekt und kraftvoll wiedergab. Die Ausführung wurde dann zum Teil etwas zu intensiv, wenn die Wachsfarben in mehreren Schichten übereinander aufgetragen wurden. Isabels Schwierigkeit, sich dem flüssigen Material vertrauensvoll hinzugeben, war abermals beim Aquarellmalen zu erkennen. Doch auch hier gelangen ihr schon einige sehr schöne Arbeiten.

Bei dem Erlernen der schriftlichen Rechenverfahren musste Isabel neben einer klaren Orientierung im Zahlenraum auch Selbstständigkeit im Denken und Sorgfalt in der Ausführung aufbringen. Diese Anforderungen erfüllte sie mühelos und mit großer Freude über ihre zunehmende Sicherheit. Auch die praktischen Tätigkeiten beim Feldbau und beim Errichten einer kleinen Mauer ergriff sie eifrig. Durch ihr fröhliches Wesen, durch Arbeitsfreude und Lerneifer, besonders aber durch ihre stetige Beteiligung am Unterrichtsgespräch fördert Isabel unsere gemeinsame Arbeit in vorbildlicher Weise.

Das Kind selbst erhält von seinem Klassenlehrer ein besonderes kleines Gedicht, an dem es im folgenden Schuljahr kontinuierlich üben kann. Dieser *Zeugnisspruch* soll so gestaltet sein, dass sich das einzelne Kind ganz damit verbinden kann: Inhalt, Rhythmus und Lautgestalt sollten seinem eigenen Wesen in besonderer Weise entsprechen.[184] Wenn dies gelingt, so kann die Erarbeitung des freien Vortrags vor der Klasse zu einer Aufgabe werden, aus der wichtige individuelle Impulse für die weitere Entwicklung hervorgehen. Deshalb ist es besonders wertvoll, wenn Lehrerinnen und Lehrer die Sprüche für ihre Klassen jeweils selbst anfertigen. Die Kinder sind auch von den unvollkommenen eigenen «Dichtungen» ihrer Pädagogen im Allgemeinen besonders stark berührt. Die Tatsache, dass ihr Spruch einzigartig ist und nur von ihnen selbst gesprochen wird, kann sie mit Stolz erfüllen. Dennoch ist es nicht ausgeschlossen, dass sich Kinder vor ihrer Klasse mit der wöchentlichen Wiederholung eines moralisierenden Gedichts bloßgestellt fühlen könnten. Ein Zeugnisspruch sollte daher so gestaltet sein, dass sein Sprecher es den Mitschülern gerne vorträgt.

In den folgenden Sprüchen vom Ende einer ersten Klasse lässt sich erkennen, dass sie ganz unterschiedlichen Kindern übergeben wurden. Der erste Spruch war für ein Kind bestimmt, das selbst das Gefühl hatte, vieles nicht zu können:

Der Kirschenbaum in meinem Garten
Muss stets geduldig sein und warten.
Im Winter tut er mir so leid,
Da steht er dürr und ohne Kleid.
Im Frühling kann der Baum zwar blüh'n,
Doch süße Früchte fehlen ihm.

Die gibt's im Sommer, seht nur her!
Doch Blüten sieht man gar nicht mehr.
Der Herbst mit Wind und Wetter
Reißt ihm gar fort die Blätter.

Gott sieht, was ich nicht sehen kann,
Er liebt dich, Bäumchen, wie du bist.
Er blickt auch meine Seele an,
Kennt alles, was darinnen ist.

Die folgenden Verse gehören einem Jungen mit einem deutlich ausgeprägten sanguinischen Temperament. Sein Lernstil war gekennzeichnet durch defokussierte Aufmerksamkeit, durch die Verbindlichkeitsform der «Zielbindung» und eine Art der Evidenzerfahrung, die vorzugsweise auf einer enaktiven Repräsentation beruht; daran zeigt sich, dass dieses lebhafte Kind die Welt sehr stark aus der Erfahrung der Eigentätigkeit heraus wahrnahm.

Die Eichhörnchen springen und klettern so munter
Auf Ästen und Zweigen, kopfüber, kopfunter.
Ein kleines flitzt ganz bis hinauf in die Spitzen,
Dort bleibt es am allerliebsten sitzen
Und blickt aus den Äuglein mit schelmischem Blitzen.

Es will für den Winter sich Nüsslein verstecken,
Vergräbt und bewahrt sie in Winkeln und Ecken.
Im Winter, da will es die Vorräte fressen,
Doch, wo sie versteckt sind, das hat es vergessen:
Denn nur wenn es aufpasst, dann hat es zu essen.

Es folgt der Spruch eines Mädchens, das einerseits hingebungsvoll zuhören und sich mit großer Ausdauer betätigen konnte. Andererseits fiel es diesem Kind oft schwer, den Schritt aus einer Beobachterrolle in die Arbeit zu tun. Der Lernstil war in diesem Fall von selektiver Aufmerksamkeit bestimmt, einer Verbindlichkeit, die – soweit dies in dem Alter bereits möglich war – durch Selbstverpflichtung zustande kam, und Evidenzerfahrung durch ikonische Repräsentation.

Wer kann hören, wie im Ofen
die geback'nen Brote riefen?
Wer vernimmt die reifen Äpfel,
die so lang am Baume schliefen?

Goldmarie, sie hört die Stimmen,
und sie regt die Hände munter:
Holt die Brote aus dem Feuer,
pflückt die Äpfel schnell herunter.

«Wo ich auch die Arbeit sehe,
mag ich gar nicht ruh'n:
Helfen will ich flink und fleißig,
will die Arbeit tun.»

In Kinderbeschreibung, Zeugnis und Zeugnisspruch werden einige herausgehobene, individuelle Ergebnisse des Prozesses sichtbar, die Rudolf Steiner «Erziehungskunst» nennt. Die zentrale Tätigkeit von Lehrerin und Lehrer ist aber selbstverständlich die Gestaltung des Unterrichts sowie der Begegnungen in Pausen und anderen, auch außerschulischen Situationen. Ein verstehender Zugang zur Individualität des einzelnen Kindes ist in hohem Maße von der Realität der gemeinsamen Tätigkeiten und Erfahrungen abhängig. Der bloße diagnostische Blick reicht – so wichtig er auch ist – nicht aus, um in diesem Sinne ein Zeugnis zu schreiben oder einen Zeugnisspruch zu verfassen. Beide sind nur Spuren der alltäglichen Begegnung und der gemeinsamen Entwicklung von Kindern und Erwachsenen.

Im Unterrichtsalltag wird sich erweisen, ob der individualisierende Blick des Lehrers eine geeignete Voraussetzung bildet für die methodische Vielfalt, die es jedem Kind erlaubt, auf seine besondere Weise den Zugang zum Unterrichtsstoff zu finden. Es zeigt sich ja z.B. im Rechnen, dass bestimmte Operationen auf unterschiedliche Weise erworben werden können: durch Bewegung und anschauliche Tätigkeit, durch künstlerische Gestaltung oder durch einsichtsvolles Nachdenken.

Wenn Individualisierung nicht nur bedeutet, allen Kindern den gleichen Stoff auf differenzierte und damit effiziente Weise zu vermitteln, ist auch zu fragen, ob nicht sogar Inhalte und Lernziele nach dem individuellen Maßstab des Kindes auszuwählen sind. Dabei muss nicht in erster Linie an eine Beschränkung gedacht werden. Aber es ist doch für Eltern und Lehrer nicht nur wichtig zu wissen, ob ein Schüler das vorgegebene Lernziel erreicht hat, sondern was das Gelernte für ihn bedeutet. Mit anderen Worten: Welche Erfahrungen macht die Individualität im Unterrichtsprozess, und wie bildet sie sich dabei? Das Ziel bestünde darin, einen seelischen Raum zu schaffen, in dem das Kind seine eigenen Weltzugänge und Erfahrungsmöglichkeiten realisieren kann: Denn *Aufmerksamkeit* und *Verbindlichkeit* können nur von dem Lernenden selbst aufgebracht werden, und *Evidenzerfahrungen* sind ebenfalls so individuell, dass der Erzieher sie nur ermöglichen, aber niemals herbeiführen kann.

Dass Schülerinnen und Schüler, die gemeinsam unterrichtet werden, dabei Verschiedenes lernen und individuell unterschiedlich gebildet werden, ist eine Selbstverständlichkeit. Unsere Ansprüche an einen erfolgreichen Unterricht setzen aber im Allgemeinen voraus, dass alle Kinder die gleichen Ziele soweit wie möglich erreichen sollten. Demgegenüber bietet Waldorfpädagogik durch Verzicht auf den Vergleichsmaßstab eines Benotungssystems die Möglichkeit, Lernziele und mittelfristige Erwartungen individuell anzupassen. Das bedeutet aber auch, dass diese Erwartungen für Lehrer und Eltern gleichermaßen transparent sein müssen. Es reicht nicht aus, darauf zu warten, dass ein Kind irgendwann von allein «aufwachen» wird, wenn die Erzieher keine konkreten Anzeichen dafür sehen können. An dieser Stelle sollen die oben dargestellten Kategorien helfen. Denn wenn Eltern und Lehrer gemeinsam erkennen können, wie ein Kind seine Erfahrungen macht, werden sie auch genauere Hinweise dafür finden, was es mit einer gewissen Wahrscheinlichkeit in bestimmten Unterrichtsepochen lernen wird. Entscheidend ist dabei allerdings die Offenheit, auch unerwartete Lernfortschritte wahrzunehmen.

Schlussbemerkung: Individualisierung als Kunst der Individualität

In der Lehreraus- und -fortbildung wird immer wieder das Bedürfnis artikuliert, Unterrichtsmethoden in Form konkreter Anleitungen und Übungen kennen zu lernen. Dieser Wunsch ist verständlich angesichts der Überfülle von Inhalten, die ein Klassenlehrer den Kindern zu vermitteln hat. Auch die Fähigkeiten der musikalischen und sprachlichen Gestaltung des freien Erzählens und in der bildenden Kunst verlangen ein wiederholtes Üben.

Andererseits wird im Austausch unter Kollegen immer wieder eine interessante Erfahrung geschildert: Diejenigen Unterrichtsinhalte, für die der Lehrer eine besondere Begabung und sichere Vorkenntnisse aus seinem Studium mitbringt, hinterlassen bei den Schülerinnen und Schülern oft die geringsten Spuren. Es scheint so zu sein, dass die souveräne Kenntnis von Methoden und Stoff bei den Kindern nicht in jedem Fall tiefere Erlebnisse hervorruft. Die größte Motivation ging gerade von denjenigen Unterrichtsepochen aus, für deren Vorbereitung der Lehrer eine verstärkte Bemühung aufwenden musste. In solchen Fällen musste er sich zunächst die Gesichtspunkte erarbeiten, unter denen der vorgesehene Stoff seine pädagogische Wirkung entfalten konnte.

Entscheidend schienen dabei das eigene Interesse des Erwachsenen an einem neuen Wissensgebiet sowie die Suche nach den zentralen Inhalten und den angemessenen Vermittlungsmethoden zu sein. Natürlich muss der Stoff dennoch so gründlich vorbereitet sein, dass der Pädagoge ihn frei darstellen und souverän mit den Kindern erarbeiten kann. Aber wie bei einem Kunstwerk kommt es auch in der Erziehungskunst in erster Linie auf die schöpferische Kraft des Ausführenden an. (Die notwendige Kreativität kann sich allerdings auch dann entfalten, wenn ein Experte immer noch in der Lage ist, über Phänomene in seinem Fachgebiet zu staunen und Rätsel zu entdecken.)

Vor diesem Hintergrund sind gerade solche pädagogischen Situationen von Interesse, in denen die Erfindungsgabe des Lehrers besonders herausgefordert ist. So ergibt sich in Waldorfschulen immer wieder durch äußere Bedingungen die Notwendigkeit, von traditionellen Lehrplanelementen oder bewährten Methoden abzuweichen. Das kann z.B. beim jahrgangsübergreifenden Unterricht in kleineren Schulen der Fall sein, bei integrativen Konzepten oder in einer außereuropäischen Kultur, in der es für viele Elemente des Lehrplans noch keine erprobten Vorbilder gibt. Dabei ist zu erleben, dass eine Pioniersituation oft einen beeindruckenden Enthusiasmus bei den beteiligten Lehrern und Eltern hervorruft. Manchmal glauben die Träger einer neuen Initiative sogar, endlich das maßgebliche Modell für die Zukunft der Pädagogik gefunden zu haben.

Diese Begeisterung erweckt den Anschein, als könnten gerade solche Neuerungen den künftigen Herausforderungen an die Pädagogik in besonderem Maße gerecht werden. Und doch enthält schon das ursprüngliche Konzept der Waldorfschule die Notwendigkeit einer stetigen Erneuerung. Jeder einzelne Lehrer muss nur den Mut haben, seine Schülerinnen und Schüler in ihrer Einzigartigkeit zu erkennen und den Unterrichtsstoff für sie und mit ihnen neu zu entdecken. Das aber setzt voraus, dass er sich nicht allzu sehr von erprobten Lehrplänen und bewährten Methoden leiten lässt. Lehrerausbildung hätte demnach ein wesentliches Ziel verfehlt, wenn sie nicht die künftigen Pädagogen zum eigenen, schöpferischen Entdecken und Erfinden neuer Unterrichtsformen ermutigen würde.

Daher soll an dieser Stelle durch die exemplarische Skizze eines Hauptunterrichts verdeutlicht werden, welche vielfältigen Gelegenheiten zur individualisierenden pädagogischen Ansprache sich dem Klassenlehrer bieten – er muss sie nur ausschöpfen.

Es ist 7.30 Uhr, eine halbe Stunde vor Unterrichtsbeginn, die Lehrerin der fünften Klasse betritt ihren Klassenraum, legt ihre Tasche ab und geht durch die Bankreihen. Sie hat es sich zur Gewohnheit gemacht, morgens nachzusehen, ob unter den Tischen vom Vortag noch etwas liegen geblieben ist. An Karolines Platz stapeln sich gebrauchte Papiertaschentücher, bei Markus findet sie Mandarinenschalen, bei Tobias die Überreste vom Bleistiftspitzen, Marion hat ihr Englischheft dort vergessen. Die Lehrerin lässt alles, wie es ist, und geht zur Bilderwand. Einige Zeichnungen von Steinböcken und Adlern im Hochgebirge sind noch aufzuhängen.

In den folgenden 25 Minuten bis zum Klingeln der Schulglocke treffen nun die Kinder nach und nach ein. Schon der Beginn dieses Unterrichtsvormittags gestaltet sich für alle ein wenig unterschiedlich. Die Aufgaben, die sich morgens im Klassenraum ergeben, hat die Lehrerin gezielt solchen Kindern übertragen, die gerade in der zweckorientierten, praktischen Tätigkeit ihre eigene Kompetenz erfahren: Blumendienst, Tafel wischen und Kreide bereit legen, Bilder aufhängen, dem Hausmeister Bescheid sagen, dass ein Heizkörper tropft etc. Einige Kinder macht die Lehrerin darauf aufmerksam, dass unter ihren Tischen noch etwas liegt ... Lukas muss noch die Hausaufgaben vorzeigen, die er vorgestern vergessen hat. Mit Jasper bespricht die Lehrerin, was sie heute von seiner Mitarbeit erwartet; der kurze Vorblick hilft ihm, sich bewusster auf den Unterrichtsablauf einzustellen. Gelegentlich kündigt die Lehrerin ihm schon vorher an, dass sie ihn heute zu bestimmten Aufgaben aufrufen wird.

Einige Kinder brauchen die Zuwendung der Lehrerin, um über wichtige Begebenheiten zu Hause oder Probleme mit den Hausaufgaben sprechen zu können. Andere dagegen sind in kleinen Gruppen im Gespräch, oder sie spielen im Flur. Dadurch, dass sich die Lehrerin am Vorabend in Ruhe auf jedes Kind besonnen hat, kann sie jetzt gezielt und differenziert auf die Einzelnen eingehen. Jeder Anlass dient dabei bereits dem pädagogischen Wirken, weil sich die Kinder außerhalb des Unterrichts auf andere Weise bewähren können als beim angeleiteten Lernen.

Im Unterricht selbst nutzt die Lehrerin die verschiedenen Arbeitsformen während der Geografieepoche, um die Kinder individuell zu fordern, sei es beim mehrstimmigen Singen, beim Rezitieren – chorisch oder einzeln –, bei den Zeugnissprüchen oder schließlich während der Erarbeitung des Themas «Hochgebirge». Einige Kinder hatten die Aufgabe, Informationen über den Kanton Wallis zu suchen, andere sollten beschreiben, wie die typischen Wohnhäuser und Stallgebäude in der Schweizer Gebirgsregion gebaut sind. Manche haben sich dabei besonders auf das Malen konzentriert, andere erklären die Besonderheiten der Fachwerkskonstruktion.

Wenn die Aufsätze über den traditionellen Alpauftrieb im Mai geschrieben werden, gilt die Aufgabe für alle, und doch werden die

Anforderungen differenziert, weil die Lehrerin die unterschiedlichen Lernstile ihrer Schülerinnen und Schüler kennt. Manche Aufsätze werden kurz, wobei allerdings ein besonderes Augenmerk auf die Rechtschreibung gelegt wird. In einigen Heften sollten die Illustrationen besonders sorgfältig ausgearbeitet werden. Manche Texte sind außerordentlich fantasievoll zu kleinen Erzählungen ausgeschmückt, während einige Jungen und Mädchen sich eher auf die faktischen Informationen beschränken. Wichtig ist dabei, dass in der Klasse eine stark bildhafte Darstellung die innere Aktivität aller Kinder angeregt hat. Nur das eigene Erleben beim Schaffen innerer Bilder verbindet die jungen Menschen so tief mit den erarbeiteten Inhalten, dass sie für die weitere individuelle Eigentätigkeit motiviert sind.

Es kommt also nicht nur auf die differenzierten Aufgabenstellungen an, sondern auf die individuelle Ansprache der Kinder durch ihre Lehrerin, die sie seit langer Zeit in ihrer Entwicklung begleitet, sowie auf die gezielte Auswahl und Erarbeitung eines Unterrichtsstoffes, an dem die Kinder einer bestimmten Altersstufe zu einer vertieften Erfahrung der Welt gelangen können.

Solche Erlebnisse werden noch erheblich erweitert, wenn am Ende des Hauptunterrichts die Zeit zum Erzählen bleibt. Insbesondere in Epochen, in denen nur weniges von der Lehrerin darzustellen ist, wie in der Mathematik, der Sprachlehre oder beim Formenzeichnen bzw. der Geometrie, kann die Erzählung etwa (in der fünften Klasse) aus der griechischen Mythologie starke innere Erlebnisse bei den Kindern hervorrufen. Bedeutende mythologische Bilder aus dem Kampf um Troja oder der Odyssee erweitern die seelische Regsamkeit und Auffassungsfähigkeit. Voraussetzung ist dabei stets die interessierte und engagierte Erarbeitung des Erzählstoffs durch die Lehrerin.

Eine Zeit, in der auch die Kinder nahezu unbeschränkten Zugang zu jeder Information haben, ist dem Anschein nach eine Zeit ohne Geheimnisse. Und doch ist die Flut äußerlicher Kenntnisse voller Rätsel, wenn man sich nicht auf das bloße Zur-Kenntnis-Nehmen beschränkt. Daher ist es so wichtig, dass die Schule zu einem Ort der Fragen wird, solcher Fragen nämlich, die durch keine reproduzierbare Information beantwortet werden können, sondern nur durch das glaubwürdige Engagement einer Lehrerpersönlichkeit, die gemeinsam mit ihren Schülerinnen und Schülern über neue Phänomene staunen kann. Die Anlässe zum Fragen sind unbeschränkt, es kommt nur darauf an, dass die Kinder einen Raum finden, in dem sie durch die Hilfe des Pädagogen, aber doch aus sich selbst heraus Aufmerksamkeit, Verbindlichkeit und die Evidenz eigener Erkenntnisse erfahren.

Nicht selten fühlen sich Lehrerinnen und Lehrer so überfordert durch ihren Beruf, dass sie verständlicherweise jede mögliche Hilfe und Entlastung gerne in Anspruch nehmen. Es beginnt schon bei der Blumenpflege im Klassenraum: die soll gerne von Eltern übernommen werden, um den Lehrer von dieser Arbeit zu befreien. Auch für die innere Besinnung auf die Kinder fehlen vielleicht am Abend die notwendigen fünfzehn bis zwanzig Minuten. Besondere Projekte, die über das Unterrichten im Klassenraum hinausgehen, sind ohne die Hilfe von Schülereltern oft nicht durchführbar. Und doch sollte der Lehrer auch diese Gelegenheiten für eine individuelle Anleitung der Kinder gezielt nutzen.

Es gehört auch keine besondere poetische Begabung dazu, Zeugnissprüche für die Schülerinnen und Schüler selbst zu schreiben. Wer sich dieser Mühe unterzieht und jedem Kind einen Spruch übergibt, auf den es stolz sein kann und den es gerne vor der Klasse spricht, wird damit vor allem erreichen, dass sich die kindliche Individualität erkannt und angenommen fühlt. Der passende Spruch öffnet die Seele für den weiteren Unterricht und veranlagt gleichzeitig die Möglichkeit, ein wenig über sich hinauszuwachsen.

Reiche Materialsammlungen und Unterrichtsberichte erleichtern die Vorbereitung erheblich, aber sie bergen auch die Gefahr, dass sich die schöpferische Kraft der eigenen Fragen nicht zu entfalten vermag. So kann die Bereitstellung bewährter Unterrichtskonzepte unter Umständen das Gegenteil der angestrebten Zielsetzung bewirken, wenn der ratsuchende Lehrer daran umso stärker die eigene Inkompetenz erfährt und sich ängstlich an die Vorgabe hält. Beim Umsetzen eines Konzepts, das man nicht selbst erarbeitet hat, wird es kaum möglich sein, das eigene Interesse glaubwürdig zu vermitteln und die Schülerinnen und Schüler gezielt individuell anzusprechen. Daraus entstehen häufig Interesselosigkeit und

Disziplinprobleme bei den Kindern. Und als Mittel dagegen sucht der ratlose und überforderte Lehrer womöglich nach weiteren bewährten Konzepten.

Es ist nur zu verständlich, dass der Pädagoge angesichts der großen Verantwortung und hoher Ansprüche an seine Arbeit auf Rat und Unterstützung zurückgreift. Aber er befindet sich doch in einer Situation, die sich mit der Rolle der Eltern in einer bestimmten Hinsicht vergleichen lässt: Trotz aller Erziehungsratschläge tragen Mutter und Vater die volle, unteilbare Verantwortung für das Wohlergehen ihres Kindes. Auch der Lehrer kann sich in einem Moment der Ohnmacht angesichts seiner pädagogischen Aufgabe vergegenwärtigen: Letztlich kann er den Kindern nur dann beistehen, wenn er bereit ist, aus eigener moralischer Fantasie zu einer originären Unterrichtsgestaltung zu kommen. Die Kraft, die er aufwendet, um sich selbst angesichts einer solchen Herausforderung weiter zu entwickeln – «über seinen eigenen Schatten zu springen» –, diese Kraft ist es, die der kindlichen Individualität zur wertvollsten Hilfe wird. Eine solche Anstrengung ist nicht planbar und auch durch keine Beratung zu ersetzen.

Andererseits ist es bei der Vorbereitung von Unterrichtsepochen durchaus möglich, anhand bestimmter Fragen die Tragfähigkeit der eigenen didaktischen Zielsetzungen zu prüfen:

a) Warum soll ein bestimmter Inhalt in der jeweiligen Altersstufe behandelt werden?
- Worin besteht die besondere Qualität dieses Inhaltes in Bezug auf die Idee des Menschen?
- Wie steht diese Qualität in Beziehung zu dem typischen Entwicklungsgang der besonderen Altersstufe?
- Welche besondere Bedeutung hat ein Unterrichtsgegenstand für einzelne Kinder?

b) In welchen Unterrichtsepochen soll dieser Inhalt eingeführt werden? Man kann davon ausgehen, dass zum Beispiel die muttersprachliche Grammatik in Tierkunde-, Geschichts- oder Geografieepochen betrieben und später dann in einer speziellen Sprachlehreepoche bewusst geübt wird. Das gilt im Sinne eines ökonomischen Unterrichtens in beschränktem Maße auch für andere Inhalte.

c) Wie soll der Unterrichtsinhalt während der entsprechenden Epoche bewusst gemacht und (z.B. durch Hausaufgaben) geübt werden?
d) Welche Regeln können festgehalten werden bzw. welche Fakten sollen bekannt sein?
e) Welche Fähigkeiten sollten veranlagt sein?
f) In welchen Epochen können die Inhalte später gezielt angewandt werden, damit die Kinder ihre neuen Fähigkeiten selbst bemerken und bewusst einzusetzen lernen?
g) Entscheidend für den gesamten Unterrichtsprozess als einen künstlerischen Vorgang ist aber: Welche lebendigen, d.h. umbildungsfähigen Begriffe werden veranlagt? Diese Frage berührt einen Bereich der Imponderabilien und ist daher nur annäherungsweise zu beantworten. Dennoch ist sie für den eigentlichen Sinn des Unterrichts fundamental wichtig.

Individualisierung im Unterricht soll dem Kind helfen, die Welt durch sein Denken und Handeln selbst zu erfahren. Dabei müssen Didaktik und Methodik sich an den Möglichkeiten und Erfordernissen der kindlichen Individualitäten orientieren. Individualisierung kann aber nur durch die Individualität des Pädagogen geschehen. Je mehr Gelegenheiten die Lehrerinnen und Lehrer ergreifen, um die pädagogische Arbeit mit den Kindern selbst zu gestalten, umso eher wird es möglich sein, im Unterricht eine wirksame Individualisierung zu praktizieren. In diesem Sinne muss Waldorfpädagogik von jedem Lehrer, für jede Klasse und für jedes Kind immer neu erfunden werden.

Anmerkungen

1 Rudolf Steiner, *Erziehungskunst. Methodisch-Didaktisches,* Rudolf Steiner Gesamtausgabe Bibl.-Nr. (= GA) 294, Dornach ^{6}1990.
2 Ebd., S. 52 f.
3 Ebd., S. 53.
4 Ebd.
5 Ebd., S. 56.
6 Ebd., S. 59.
7 Rudolf Steiner, *Die Erziehungsfrage als soziale Frage,* GA 296, Dornach 1979, S. 83.
8 Klaus Holzkamp, *Lernen, subjektwissenschaftliche Grundlegung,* Frankfurt/M. u.a. S. 491.
9 Michel de Montaigne, *Essays,* Frankfurt/M. 1976, S. 39 f.
10 Heinrich Rombach, Anthropologie des Lernens, in: *Der Lernprozess,* hrsg. vom Willmann-Institut, Freiburg 1969, S. 42.
11 In der Psychologie spricht man von «diversiver Exploration», wenn Menschen in einer monotonen Umgebung anfangen, sich selbst neue Anregungen zu verschaffen. Das dürfte – wie die obigen Beispiele von Lydia und Jan zeigen – auch in der Schule nicht selten der Fall sein. Solange diese Situationen Ausnahmen darstellen, können sie als Bestandteile eines normalen Schulalltags toleriert werden.
12 Michael Hollenbach, *Die unbeachteten Genies. Das Schicksal hochbegabter Kinder,* Frankfurt/M. 2001, S. 88.
13 Übrigens zeigt Hollenbach auf, dass die Hochbegabung bei Mädchen – womöglich wegen ihres meist unauffälligeren Verhaltens – erheblich seltener erkannt wird.
14 Michael Hollenbach, a.a.O. (Anm. 12), S. 105.
15 Ebd., S. 109.
16 Ebd.
17 Ebd., S. 116 f.
18 Ebd., S. 119.
19 Ebd.,
20 R. M. Rilke, *Gesammelte Werke. Band* 6, Frankfurt/M. 1987, S. 591 f.

21 Rudolf Steiner, *Geistige Wirkenskräfte im Zusammenleben von alter und junger Generation,* GA 217, Dornach 1988, S. 36.

22 Ebd.

23 Rudolf Steiner, *Konferenzen mit den Lehrern der Freien Waldorfschule,* GA 300 c, Dornach 1975.

24 Manfred Frank, *Selbstbewusstsein und Selbsterkenntnis. Essays zur analytischen Philosophie der Subjektivität,* Stuttgart 1991.

25 Rudolf Steiner, *Theosophie,* GA 9, Dornach 1987, S. 49.

26 Julien Green, *Junge Jahre. Autobiografie,* München 1988, S. 79 f.

27 Rudolf Steiner, a.a.O. (Anm. 25), S. 50.

28 Rudolf Steiner, a.a.O. (Anm. 21).

29 Ebd.

30 D. Bartussek, Faktorenanalytische Gesamtsysteme der Persönlichkeit, in: M. Amelang (Hrsg.), *Enzyklopädie der Psychologie, Themenbereich C, Serie VIII, Band 3: Temperaments- und Persönlichkeitsunterschiede,* Göttingen u.a., S. 61.

31 M. Amelang / D. Bartussek, *Differenzielle Psychologie und Persönlichkeitsforschung,* Stuttgart ^{4}1997, S. 295.

32 Ebd., S. 392.

33 Rudolf Steiner, *Erziehungskunst. Seminarbesprechungen und Lehrplanvorträge,* GA 295, Dornach 1984, S. 9.

34 Vgl. dazu die Arbeit von Gerda Scheer-Krüger, *Das offenbare Geheimnis der Temperamente,* Stuttgart 1992. sowie die gesonderte Literaturliste zum Thema am Ende des Buches.

35 Rudolf Steiner, *Das Geheimnis der menschlichen Temperamente,* Basel 1982, S. 16.

36 Ebd.

37 Rudolf Steiner, a.a.O. (Anm. 25), S. 33 – 42.

38 Rudolf Steiner, *Anthroposophie als Kosmosophie. Zweiter Teil,* GA 208, Dornach 1992, S. 13 und 16 ff.

39 Rudolf Steiner, *Der pädagogische Wert der Menschenerkenntnis und der Kulturwert der Pädagogik,* GA 310, Dornach 1965, S. 129.

40 Christine Nöstlinger, *Maikäfer flieg!,* München 1980, S. 21 f.

41 Ebd., S. 93.

42 Rainald Merkert, *Medien und Erziehung,* Darmstadt 1992, S. 117.

43 Hildegard Hetzer, *Spiel und Spielzeug für jedes Alter,* München 1972, S. 18.

44 Ebd., S. 23.

45 Henri Lefebvre, *Kritik des Alltagslebens,* Bd. 2, Kronberg 1977, S. 85 f.

46 Rainald Merkert, a.a.O. (Anm. 42), S. 100.

47 Ebd.

48 Wolfgang Borchert, *Das Gesamtwerk,* Hamburg 1949, S. 110 f.

49 Rudolf Steiner, *Soziale und antisoziale Triebe im Menschen,* Einzelausgabe, Dornach 1992.

50 Werner Greve, Sparsame Bewältigung – Perspektiven für eine ökonomische Taxonomie von Bewältigungsformen, in: C. Tesch-Römer / C. Salewski / G. Schwarz (Hrsg.), *Psychologie der Bewährung,* Weinheim 1997, S. 34.

51 Ebd.

52 Ronald Inglehart, *Modernisierung und Postmodernisierung,* Frankfurt, New York 1998, S. 113.

53 Ebd.

54 Ebd., S. 116.

55 Ebd., S. 120.

56 Ebd., S. 56.

57 Ebd., S. 58.

58 Ulrich Beck, *Risikogesellschaft. Auf dem Weg in eine andere Moderne,* Frankfurt/M. 1986.

59 Ronald Inglehart, a.a.O. (Anm. 52), S. 58.

60 J. Fritz / K. Misek-Schneider, Computerspiele aus der Perspektive von Kindern und Jugendlichen, in: Jürgen Fritz (Hrsg.), *Warum Computerspiele faszinieren. Empirische Annäherungen an Nutzung und Wirkung von Bildschirmspielen,* Weinheim u.a. 1995, S. 93.

61 Ebd., S. 92.

62 Werner Paul Mayer, *Aufwachen in simulierten Welten,* Frankfurt/M. u.a. 1992, S. 37.

63 J. Fritz / K. Misek-Schneider, a.a.O. (Anm. 60), S. 116.

64 Werner Paul Mayer, a.a.O. (Anm. 62), S. 61.

65 Ebd., S. 71.

66 Ebd.

67 *Der Spiegel,* Nr. 29/2002, S. 129.

68 Zum Beispiel der Politologe Francis Fukuyama laut *Spiegel,* ebd., S. 125.

69 Lee Carroll / Jan Tober (Hrsg.), *Die Indigo-Kinder,* Burgrain 2000, S 22 f.

70 Georg Kühlewind, *Sternkinder,* Stuttgart 2001, S. 9.

71 Lee Caroll / Jan Tober (Hrsg.), a.a.O. (Anm. 69); Georg Kühlewind, a.a.O. (Anm. 70).

72 Lee Caroll / Jan Tober (Hrsg.), a.a.O. (Anm. 69), S. 16.

73 Ebd., S. 24.

74 Ebd., S. 29.

75 Ebd., S. 24.

76 *Time,* 30.11.1998, S. 173.

77 Ebd., S. 174.

78 Ebd., S. 45.

79 Ebd., S. 124.

80 Ebd., S. 125.

81 Ebd., S. 126.

82 Ebd., S. 127.

83 Ebd., S. 135.

84 Ebd., S. 135 f.

85 Rudolf Steiner, a.a.O. (Anm. 21), S. 106 f.

86 Ebd.

87 Ebd.

88 Diese Auffassung findet sich übrigens auch in dem Buch *Indigo-Kinder*, wenn Nancy Ann Tappe auf die Frage, welches Schulsystem wirklich mit Indigo-Kindern arbeite, antwortet: «Die Schulen, die dem noch am nächsten kommen, zumindest hier bei uns in den Vereinigten Staaten, sind die Waldorfschulen / Rudolf-Steiner-Schulen» (a.a.O., Anm. 69, S. 63).

89 Rudolf Steiner, *Die Stufen der höheren Erkenntnis. Kosmologie, Religion und Philosophie. Vom Seelenleben. Drei Schriften zum anthroposophischen Schulungsweg,* Rudolf Steiner Verlag, Dornach, Taschenbuch Nr. 641, S. 18.

90 Rudolf Steiner, *Vergangenheits- und Zukunftsimpulse im sozialen Geschehen,* GA 190, Dornach 1980.

91 Ebd., S. 135.

92 Ebd., S. 136.

93 Ebd., S. 137.

94 Rudolf Steiner, *Die pädagogische Praxis vom Gesichtspunkte geis-*

teswissenschaftlicher Menschenerkenntnis, GA 306, Dornach 1982, S. 109.

95 Rudolf Steiner, a.a.O. (Anm. 25), S. 25.

96 An anderer Stelle habe ich die drei Schritte im Lernvorgang ausführlich hergeleitet und wissenschaftlich reflektiert. Vgl. Loebell 2000.

97 W. Jordan, *Rätsel,* Hamburg 1963.

98 *Die Forschungsreise des Afrikaners Lukanga Mukara ins innerste Deutschland,* hrsg. von Hans Paasche, o.J.

99 Jacques Lusseyran, *Das wiedergefundene Licht,* Frankfurt/M. u.a. 1981, S. 29.

100 Simone Weil, zitiert nach Martin Wagenschein, *Ursprüngliches Verstehen und exaktes Denken,* Bd. 1, Stuttgart 1965, S. 355.

101 Ebd., S. 354 f.

102 Dieser kurze Hinweis kann die Frage des Computereinsatzes in der Schule keineswegs lösen. Es sollte lediglich auf ein bestimmtes Teilproblem aufmerksam gemacht werden. Ausführlichere Darstellungen zum Thema finden sich bei Gergely/Goldmann, Schuberth und Cordes/Miller.

103 Alexander Lurija, *Das Gehirn in Aktion,* Reinbek bei Hamburg 1992, S. 276 f.

104 Ebd., S. 270 und 273.

105 Pablo Casals, *Licht und Schatten auf einem langen Weg,* Frankfurt/M. 1994, S. 28.

106 Antoine de Saint-Exupéry, *Der kleine Prinz,* Düsseldorf o.J., S. 53.

107 Lotte Schenk-Danzinger, *Entwicklungspsychologie,* Wien 1973, S. 89.

108 Ebd., S. 139.

109 Carl Ludwig Schleich, *Besonnte Vergangenheit. Lebenserinnerungen,* Berlin 1920, S. 40.

110 Maria Gräfin von Maltzan, *Schlage die Trommel und fürchte dich nicht,* Berlin 1997, S. 38.

111 Lotte Schenk-Danzinger, a.a.O. (Anm. 107), S. 133.

112 Peter Schmid, *Verhaltensstörungen aus anthropologischer Sicht,* Bern / Stuttgart / Wien 1996, S. 227.

113 Ernst-Michael Kranich, Kausales Erkennen als Phänomenologie – seine Bedeutung für die menschliche Entwicklung nach dem zwölften Lebensjahr, in: *Unterricht im Übergang zum Jugendalter. Beiträge zur Pädagogik Rudolf Steiners, Bd. 4,* Stuttgart 1997.

114 H. Heckhausen / P. M. Gollwitzer / F. E. Weinert (Hrsg.), *Jenseits des Rubikon. Der Wille in den Humanwissenschaften,* Berlin / Heidelberg / New York 1987.

115 Maria Gräfin von Maltzan, a.a.O. (Anm. 110), S. 38 f.

116 Jugendwerk der Deutschen Shell, *Jugend '97,* Opladen 1997. Außerdem stellt die Shell-Jugendstudie '97 fest: «Charakteristisch für die heutige Jugend scheint weniger die Haltung des überzeugten Mitglieds und Akteurs zu sein, der voll in der jeweiligen Subkultur lebt und aufgeht, sondern vielmehr die Position des Zuschauers und begrenzten Nutzers, also die Haltung des Ausprobierens und Experimentierens» (ebd.). Damit ist ein Engagement keineswegs ausgeschlossen, es orientiert sich aber – besonders bei Heranwachsenden ab fünfzehn Jahren – vor allem an Inhalt, Form und Funktion der persönlichen Beteiligung: «Am allerwichtigsten sind ihnen die Motive ‹muss ich mitbestimmen können, was ich genau tue›, ‹will ich meine besonderen Fähigkeiten einbringen können› und ‹muss das Ziel in angemessener Form erreicht werden›» (ebd., S. 18 f.).

117 J. E. Marcia, Identity in adolescence, in: J. Adelson (ed.), *Handbook of adolescent psychology,* New York 1980, zit. nach H. Fend, *Identitätsentwicklung in der Adoleszenz,* Bern 1991.

118 Carl Ludwig Schleich, a.a.O. (Anm. 109), S. 129.

119 Rudolf Steiner, a.a.O. (Anm. 90)

120 M. K. Reid / J. G. Borkowski, Causal attributions of hyperactive children: Implications for training strategies and self control, in: *Journal of Educational Psychology* 76 (1987). Zit. nach Heinz Neber, Psychologische Prozesse und Möglichkeiten zur Steuerung remedialen Lernens, in: F. Weinert (Hrsg.), *Enzyklopädie der Psychologie, Themenbereich D, Serie I, Band 2: Psychologie des Lernens und der Instruktion,* Göttingen u.a. 1996.

121 H. Neber, Psychologische Prozesse und Möglichkeiten zur Steuerung remedialen Lernens, in: F. Weinert (Hrsg.)., a.a.O. (Anm. 120).

122 Ernst-Michael Kranich, a.a.O. (Anm. 113), S. 54 f.

123 Der Didaktiker Friedrich Copei hat in seinem Buch *Der fruchtbare Moment im Bildungsprozess* (F. Copei 1950) die zentrale Bedeutung der Evidenzerfahrung anhand der pädagogischen Kunst des Sokrates erläutert.

124 Urs Aeschbacher, *Unterrichtsziel: Verstehen,* Stuttgart 1989.

125 Ebd., S. 13.

126 Dirk Randoll, *Schulwirklichkeiten. Vergleichende Betrachtung der Ergebnisse einer Befragung von Abiturienten und ihren Lehrern zur Wahrnehmung von Schule,* Baden-Baden 1997.

127 Ebd., S. 123.

128 Rudolf Steiner, *Allgemeine Menschenkunde als Grundlage der Pädagogik,* GA 293, Dornach 1992, S. 141.

129 Der Schlaf wird durch eine niedrige Reizfrequenz und -spannung des aszendierenden retikulären Aktivationssystems (ARAS) im Hirnstamm ausgelöst, wogegen eine hohe Frequenz und Spannung des gleichen Systems das Erwachen herbeiführt.

130 Vgl. z.B. N. Birbaumer / R. F. Schmidt, *Biologische Psychologie,* Berlin, Heidelberg, New York 1996.

131 Der Einschnitt im Jugendalter hängt zusammen mit der üblichen Reduzierung der Schlafmenge im Alter von etwa 14 Jahren; diese wirkt sich vor allem auf den Anteil des Tiefschlafes aus, während die absolute Dauer des REM-Schlafes hier annähernd konstant bleibt.

132 R. Steiner (GA 349), Vortrag vom 9. April 1923.

133 In der Schrift *Wie erlangt man Erkenntnisse der höheren Welten?* stellt Rudolf Steiner dar, wie sich das Traumleben des Menschen, der sich auf dem Weg geistiger Schulung befindet, verändert (Dornach 1961).

134 Rudolf Steiner, a.a.O. (Anm. 128), S. 26.

135 Der physiologische Vorgang des Sehens kehrt sich in den Traumbildern um. So konnte an Katzen festgestellt werden, wie im Wachzustand auf einen äußeren Lichtreiz die Blickbewegung folgt, darauf entsteht ein elektrischer Impuls im «Corpus geniculatum laterale» im Gehirn; dann erst erscheint das gesehene Bild an der Sehrinde, im visuellen Cortex. Während des Traumes erfolgt dagegen zuerst der Impuls im Corpus geniculatum und erst danach die Blickbewegung – das Bild entsteht also in der umgekehrten Reihenfolge, von «innen» nach «außen».

136 Rudolf Steiner, *Die gesunde Entwickelung des Menschenwesens,* GA 303, Dornach 1987, S. 236.

137 Rudolf Steiner, *Die Philosophie der Freiheit,* besonders «Die Welt als Wahrnehmung», «Das Erkennen der Welt» und «Die menschliche Individualität».

138 Vgl. G. Hildebrandt, Zeiterleben und Zeitorganismus des Menschen, in: G. Kniebe (Hrsg.), *Was ist Zeit? Die Welt zwischen Wesen und Erscheinung*, Stuttgart 1993.

139 Vgl. Rudolf Steiner, *Menschenerkenntnis und Unterrichtsgestaltung*, GA 302, Dornach 1986, Vortrag vom 14.6.1921.

140 Vgl. Stefan Leber, *Der Schlaf und seine Bedeutung*, Stuttgart 1996, S. 91 ff.

141 Ich verwende den Begriff «Biografie» hier im Sinne Rudolf Steiners, der darin «die wirkliche Eigenart eines Menschen» geschildert sehen will im Gegensatz zu einer bloß äußerlichen «Zusammenstellung von Lebensereignissen». Insofern weisen die menschlichen Biografien Verschiedenheiten auf, «die *nur* durch Individualität erworben» sein können. Vgl. Rudolf Steiner, *Theosophie*, GA 9, Dornach 1987, S. 71 f.

142 A. O. Ross, *Lern- und Leseschwäche bei Kindern*, Stuttgart 1981.

143 Rudolf Steiner, *Die Erziehung des Kindes vom Gesichtspunkte der Geisteswissenschaft*, Einzelausgabe, Dornach 1969.

144 Vgl. Ernst-Michael Kranich, Die Kräfte leiblicher Formbildung und ihre Umwandlung in die Fähigkeit, Formen zu gestalten und zu erleben, in: E.-M. Kranich / M. Jünemann / H. Berthold-Andrae / E. Bühler / E. Schubert, *Formenzeichnen. Die Entwicklung des Formensinns in der Erziehung*, Stuttgart 1985.

145 L. Montada, Die geistige Entwicklung aus der Sicht Jean Piagets, in: R. Oerter / L. Montada (Hrsg.), *Entwicklungspsychologie*, Weinheim ^{3}1995.

146 P. H. Maier, *Räumliches Vorstellungsvermögen*, Frankfurt/M. 1994, S. 136 ff.

147 Walter Holtzapfel, Der weiterwirkende heilpädagogische Kurs Rudolf Steiners und die Legasthenie, in: *Zum Heilpädagogischen Kurs Rudolf Steiners*, Stuttgart 1974.

148 Rudolf Steiner, a.a.O. (Anm. 94), S. 101.

149 Lotte Schenk-Danzinger, a.a.O. (Anm. 107), S. 209.

150 Hermann Koepke, *Das neunte Lebensjahr*, Dornach 1983; Hans Müller-Wiedemann, *Mitte der Kindheit*, Stuttgart 2003.

151 B. Sodian, Entwicklung bereichsspezifischen Wissens, in: R. Oerter / L. Montada (Hrsg.), *Entwicklungspsychologie*, München / Weinheim ^{3}1995.

152 Käthe Wolf-Feurer, *Die Kormorane von Ut-Röst,* Stuttgart 1981.
153 Rudolf Steiner, a.a.O. (Anm. 94), S. 109 f.
154 Elias Canetti, *Die gerettete Zunge. Geschichte einer Jugend,* Frankfurt/M. 1979, S. 105 f.
155 Rudolf Steiner, *Geisteswissenschaft und Medizin,* GA 312, Dornach 1985, S. 66.
156 Rudolf Steiner, a.a.O. (Anm. 94), S. 106 f.
157 Rudolf Steiner, a.a.O. (Anm. 128), S. 93 f.
158 Ernst-Michael Kranich, a.a.O. (Anm. 113), S. 44.
159 Ebd., S. 52.
160 Ebd., S. 53.
161 Friedrich Schiller, *Über die ästhetische Erziehung des Menschen,* Stuttgart 1965, S. 45–48.
162 Rudolf Steiner, *Die Philosophie der Freiheit,* GA 4, Dornach 1978, S. 87.
163 Rudolf Steiner, a.a.O. (Anm. 94), S. 121.
164 Ebd., S. 109.
165 Rudolf Steiner, a.a.O. (Anm. 25), S. 26 f.
166 Ebd., S. 27.
167 Ebd., S. 26.
168 Ebd., S. 27.
169 Dawna Markova, *Wie Kinder lernen,* Freiburg 1996.
170 Ebd., S. 47.
171 Ebd., S. 50 f.
172 Ebd., S. 130 ff.
173 Ebd., S. 51.
174 J. W. Keefe, *Learning Style. Theory and Practice,* Reston (Va.) 1987.
175 Dawna Markova, a.a.O. (Anm. 169).
176 Siehe M. A. Rainey / D. A. Kolb, Using Experiential Theory and Learning Styles in Diversity Education, in: Sims / Sims (ed.), *The importance of learning styles*, Westport (Conn.), London 1995, S. 135; J. Schrader, *Lerntypen bei Erwachsenen*, Weinheim 1994, sowie R. Dunn / K. Dunn / J. Perrin, *Teaching young children through their individual learning styles: pracitical approaches for grades K-2,* Neeham Heights (Mass.) 1994.
177 Grasha-Reichman, siehe W. T. Geary / R. R. Sims, Adapting Faculty and Student Learning Styles: Implications for Accounting Education,

in: Sims / Sims (ed.), *The importance of learning styles,* Westport (Conn.), London 1995.

178 Myers-Briggs, *ebd.* Eine ausführlichere Auseinandersetzung mit diesen Konzepten (Anm. 174–178) habe ich an anderem Ort vorgenommen. Vgl. Peter Loebell, *Lernen und Individualität*, Weinheim 2000, S. 214–235.

179 A. O. Ross, a.a.O. (Anm. 142).

180 Rudolf Steiner erwähnt bereits im sechsten Vortrag des Lehrerkurses *Allgemeine Menschenkunde als Grundlage der Pädagogik* verschiedene Kinder, die auf individuelle Weise ihr Bewusstsein auf die Welt richten: «Pädagogisch betrachtet werden Sie sich jetzt nicht mehr verwundern, wenn Sie die Sache so ansehen, dass die Kinder verschieden sind mit Bezug auf die Wachheit ihres Bewusstseins. Denn Sie werden finden, dass Kinder, bei denen das Gefühlsleben der Anlage gemäß überwiegt, träumerische Kinder sind.» (R. Steiner, a.a.O, Anm. 128, S. 95.) Über solche Kinder sagt Steiner, dass sie besonders über starke Gefühle zu erreichen seien. Dann fährt er fort: «Kinder, die noch mehr brüten, die sogar stumpf sind gegenüber dem Gefühlsleben, die werden Ihnen offenbaren, dass sie besonders im Willen stark veranlagt sind.» (ebd., S. 96.) Sehr leicht könne man diese Kinder irrtümlich für «stumpfsinnig» halten und sie in eine Sonderschule abschieben. «Vielleicht aber ist dieses Kind besonders stark im Willen veranlagt, vielleicht ist es eines jener Kinder, die im späteren Leben aus ihrer Cholerik zu tatkräftigem Handeln übergehen. Aber der Wille schläft zunächst.» (ebd.) Steiner schlägt daher vor, ein so veranlagtes Kind gezielt über seine Willensbetätigung anzusprechen und weniger auf sein Erkenntnisvermögen zu bauen.

181 John Seymour, *Vergessene Künste. Bilder vom alten Handwerk,* Ravensburg 1984, S. 70.

182 Alexey Jawlensky, Brief an P. Willibrord Verkade, in: Clemens Weiler, *Jawlensky. Köpfe – Gesichte – Meditationen,* 1970, S. 125.

183 F. Copei, *Der fruchtbare Moment im Bildungsprozess,* Heidelberg 1950, S. 58.

184 Der Waldorflehrer Heinz Müller hat in sehr anregender Weise beschrieben, nach welchen Kriterien die passenden sprachlichen Mittel für einzelne Kinder gefunden werden können. Vgl. H. Müller, *Von der heilenden Kraft des Wortes und der Rhythmen*, Stuttgart [4]1995.

Literatur

Aeschbacher, U., *Unterrichtsziel: Verstehen,* Stuttgart [2]1989.

Amelang, M. / Bartussek, D., *Differenzielle Psychologie und Persönlichkeitsforschung,* Stuttgart [4]1997.

Bartussek, D., Faktorenanalytische Gesamtsysteme der Persönlichkeit, in: M. Amelang (Hrsg.), *Enzyklopädie der Psychologie, Themenbereich C, Serie VIII, Band 3: Temperaments- und Persönlichkeitsunterschiede,* Göttingen u.a. 1996.

Beck, Ulrich, *Risikogesellschaft. Auf dem Weg in eine andere Moderne,* Frankfurt/M. 1986.

Birbaumer, N. / Schmidt, R. F., *Biologische Psychologie,* Berlin, Heidelberg, New York [3]1996.

Borchert, Wolfgang, *Das Gesamtwerk,* Hamburg 1949.

Bruner, J. S.: Bereitschaft zum Lernen, in: Weinert, F. (Hrsg.), *Pädagogische Psychologie,* Köln, Berlin [4]1969.

Canetti, Elias, *Die gerettete Zunge. Geschichte einer Jugend,* Frankfurt/M. 1979.

Carroll, Lee / Tober, Jan (Hrsg.), *Die Indigo-Kinder,* Burgrain 2000.

Casals, P., *Licht und Schatten auf einem langen Weg,* Frankfurt/M. 1994.

Copei, F., *Der fruchtbare Moment im Bildungsprozess,* Heidelberg 1950.

Cordes, Colleen / Miller, Edward, *Die pädagogische Illusion. Ein kritischer Blick auf die Bedeutung des Computers für die kindliche Entwicklung,* Stuttgart 2002.

Dunn, R. / Dunn, K. / Perrin, J., *Teaching young children through their individual learning styles: practical approaches for grades K-2,* Neeham Heights (Mass.) 1994.

Erikson, E. H., *Identität und Lebenszyklus,* Frankfurt/M. 1966.

Frank, M., *Selbstbewusstsein und Selbsterkenntnis. Essays zur analytischen Philosophie der Subjektivität,* Stuttgart 1991.

Fritz, J. / Misek-Schneider, K., Computerspiele aus der Perspektive von Kindern und Jugendlichen, in: Jürgen Fritz (Hrsg.): *Warum Computerspiele faszinieren. Empirische Annäherungen an Nutzung und Wirkung von Bildschirmspielen,* Weinheim, München 1995.

Geary, W. T. / Sims, R. R., Adapting Faculty and Student Learning Styles: Implications for Accounting Education; in: R. R. Sims / S. J. Sims (ed.), *The importance of learning styles,* Westport (Conn.), London 1995.

Gergely, Elisabeth / Goldmann, Helmut (Hrsg.), *Mensch – Computer – Erziehung,* Wien u.a. 1988.

Green, J., *Junge Jahre – Autobiografie,* München 1988.

Greve, Werner, Sparsame Bewältigung – Perspektiven für eine ökonomische Taxonomie von Bewältigungsformen, in: Tesch-Römer, C. / Salewski, C. / Schwarz, G. (Hrsg.). *Psychologie der Bewältigung,* Weinheim 1997.

Heckhausen, H. / Gollwitzer, P. M. / Weinert, F. E. (Hrsg.), *Jenseits des Rubikon. Der Wille in den Humanwissenschaften,* Berlin u.a. 1987.

Hetzer, Hildegard, *Spiel und Spielzeug für jedes Alter,* München [12]1972.

Hildebrandt, G., Zeiterleben und Zeitorganismus des Menschen, in: Kniebe, G. (Hrsg.), *Was ist Zeit? Die Welt zwischen Wesen und Erscheinung,* Stuttgart 1993.

Hollenbach, Michael, *Die unbeachteten Genies. Das Schicksal hochbegabter Kinder,* Frankfurt/M. 2001.

Holtzapfel, Walter, Der weiterwirkende heilpädagogische Kurs Rudolf Steiners und die Legasthenie, in: *Zum Heilpädagogischen Kurs Rudolf Steiners,* Stuttgart 1974.

Holzkamp, Klaus, *Lernen, subjektwissenschaftliche Grundlegung,* Studienausgabe, Frankfurt/M. u.a. 1995.

Inglehart, Ronald. *Modernisierung und Postmodernisierung.* Frankfurt/M., New York 1998.

Jordan, Wilhelm, *Rätsel,* Hamburg 1963.

Jugendwerk der Deutschen Shell, *Jugend '97.* Opladen 1997.

Keefe, J. W., *Learning Style. Theory and Practice,* Reston (Va.) 1987.

Key, Ellen, *Das Jahrhundert des Kindes,* Weinheim und Basel 1992 (ursprünglich 1902).

Koepke, Hermann, *Das neunte Lebensjahr,* Dornach (Schweiz) 1983.

Kranich, Ernst-Michael, Die Kräfte leiblicher Formbildung und ihre Umwandlung in die Fähigkeit, Formen zu gestalten und zu erleben, in: Kranich, E.-M. / Jünemann, M. / Berthold-Andrae, H. / Bühler, E. / Schuberth, E., *Formenzeichnen. Die Entwicklung des Formensinns in der Erziehung,* Stuttgart 1985.

Kranich, Ernst-Michael, Kausales Erkennen als Phänomenologie – seine Bedeutung für die menschliche Entwicklung nach dem zwölften Lebensjahr, in: *Unterricht im Übergang zum Jugendalter. Beiträge zur Pädagogik Rudolf Steiners, Bd. 4,* Stuttgart 1997.

Kühlewind, Georg, *Sternkinder,* Stuttgart 2001.

Leber, Stefan, *Der Schlaf und seine Bedeutung.* Stuttgart 1996.

Lefebvre, Henri, *Kritik des Alltagslebens. 3 Bände,* Kronberg/Ts. 1977.

Loebell, Peter, *Lernen und Individualität,* Weinheim 2000.

Lurija, Alexander, *Das Gehirn in Aktion,* Reinbek bei Hamburg 1992.

Lusseyran, Jaques, *Das wiedergefundene Licht,* Frankfurt/M. u.a. 1981.

Maier, P. H., *Räumliches Vorstellungsvermögen,* Frankfurt/M. 1994.

Maltzan, Maria Gräfin von, *Schlage die Trommel und fürchte dich nicht,* Berlin ^{11}1997.

Marcia, J. E., Identity in adolescence, in: Adelson, J. (ed.), *Handbook of adolescent psychology,* New York 1980, zit. nach Fend, H., *Identitätsentwicklung in der Adoleszenz,* Bern 1991.

Markova, Dawna, *Wie Kinder lernen,* Freiburg 1996.

Mayer, Werner Paul, *Aufwachsen in simulierten Welten,* Frankfurt/M. u.a. 1992.

Merkert, Rainald, *Medien und Erziehung,* Darmstadt 1992.

Montada, L., Die geistige Entwicklung aus der Sicht Jean Piagets, in: R. Oerter / L. Montada (Hrsg.), *Entwicklungspsychologie*; Weinheim ^{3}1995.

Montaigne, Michel de, *Essays,* Frankfurt/M. 1976.

Müller, Heinz, *Von der heilenden Kraft des Wortes und der Rhythmen,* Stuttgart ^{4}1995.

Müller-Wiedemann, Hans, *Mitte der Kindheit,* Frankfurt/M. 1984.

Neber, H., Psychologische Prozesse und Möglichkeiten zur Steuerung remedialen Lernens, in: Weinert, F. (Hrsg.), *Enzyklopädie der Psychologie, Themenbereich D, Serie I, Band 2: Psychologie des Lernens und der Instruktion,* Göttingen, Bern, Toronto, Seattle 1996.

Nöstlinger, Christine, *Maikäfer flieg!,* München 1980.

Paasche, Hans (Hrsg.), *Die Forschungsreise des Afrikaners Lukanga Mukara ins innerste Deutschlands,* o.J.

Rainey, M. A. / Kolb, D. A., Using Experiential Learning Theory and Learning Styles in Diversity Education, in: R. R. Sims / S. J. Sims (ed.), *The importance of learning styles,* Westport (Conn.) / London 1995.

Randoll, Dirk, *Schulwirklichkeiten. Vergleichende Betrachtung der Ergebnisse einer Befragung von Abiturienten und ihren Lehrern zur Wahrnehmung von Schule*, Baden-Baden 1997.

Reid, M. K. / Borkowski, J. G., Causal attributions of hyperactive children: Implications for training strategies and self control, in: *Journal of Educational Psychology*, 76 (1987). Zit. nach Heinz Neber: Psychologische Prozesse und Möglichkeiten zur Steuerung remedialen Lernens, in: Weinert, F. (Hrsg.), *Enzyklopädie der Psychologie, Themenbereich D, Serie I, Band 2: Psychologie des Lernens und der Instruktion*, Göttingen, Bern, Toronto, Seattle 1996.

Rilke, Rainer M., *Gesammelte Werke. Band* 6, Frankfurt/M. 1987.

Rombach, Heinrich, Anthropologie des Lernens, in: *Der Lernprozess*, hrsg. vom Willmann-Institut, Freiburg 1969.

Ross, A. O., *Lern- und Leseschwäche bei Kindern*, Stuttgart 1981.

Saint-Exupéry, A.: *Der kleine Prinz*, Düsseldorf, Karl Rauch Verlag o.J.

Schenk-Danzinger, L., *Entwicklungspsychologie*, Wien ^{7}1973.

Schiller, F., *Über die ästhetische Erziehung des Menschen*, Stuttgart 1965.

Schleich, C. L., *Besonnte Vergangenheit. Lebenserinnerungen*, Berlin 1920.

Schmid, P., *Verhaltensstörungen aus anthropologischer Sicht*, Bern, Stuttgart, Wien ^{3}1996.

Schmidt, R. F. / Thews, G. / Lang. F. (Hrsg.), *Physiologie des Menschen*, Berlin u.a. ^{28}2000.

Schrader, J., *Lerntypen bei Erwachsenen*, Weinheim 1994.

Schuberth, Ernst, *Erziehung in einer Computergesellschaft. Datentechnik und die werdende Intelligenz des Menschen*, Stuttgart 1990.

Seymour, John, *Vergessene Künste. Bilder vom alten Handwerk*, Ravensburg 1984.

Sodian, B., Entwicklung bereichsspezifischen Wissens, in: R. Oerter / L. Montada (Hrsg.), *Entwicklungspsychologie*, München, Weinheim ^{3}1995.

Steiner, Rudolf (1894/1978), *Die Philosophie der Freiheit*, Rudolf Steiner Verlag, Dornach (Schweiz), Gesamtausgabe Nr. (GA) 4.

Steiner, Rudolf (1904/1987), *Theosophie*, Rudolf Steiner Verlag, Dornach (Schweiz), GA 9.

Steiner, Rudolf (1907/1969), *Die Erziehung des Kindes vom Gesichtspunkte der Geisteswissenschaft*, Rudolf Steiner Verlag, Dornach (Schweiz), Einzelausgabe aus GA 34 und 36.

Steiner, Rudolf (1909/1986), *Die Stufen der höheren Erkenntnis. Kosmologie, Religion und Philosophie. Vom Seelenleben. Drei Schriften zum anthroposophischen Schulungsweg,* Rudolf Steiner Verlag, Dornach (Schweiz), Taschenbuch Nr. (TB) 641.

Steiner, Rudolf (1918/1992), *Soziale und antisoziale Triebe im Menschen,* zwei Vorträge, gehalten in Dornach und Bern 1918, Rudolf Steiner Verlag, Dornach (Schweiz), Einzelausgabe aus GA 186.

Steiner, Rudolf (1919/1975), *Erziehungskunst. Methodisch-Didaktisches,* Rudolf Steiner Verlag, Dornach (Schweiz), TB 618.

Steiner, Rudolf (1919/1979), *Die Erziehungsfrage als soziale Frage,* sechs Vorträge, gehalten in Dornach 1919, Rudolf Steiner Verlag, Dornach (Schweiz), GA 296.

Steiner, Rudolf (1919/1980), *Vergangenheits- und Zukunftsimpulse im sozialen Geschehen,* Rudolf Steiner Verlag, Dornach (Schweiz), GA 190.

Steiner, Rudolf (1919/1985), *Erziehungskunst. Seminarbesprechungen und Lehrplanvorträge,* Rudolf Steiner Verlag, Dornach (Schweiz), TB 639.

Steiner, Rudolf (1919/1992), *Allgemeine Menschenkunde als Grundlage der Pädagogik,* vierzehn Vorträge, gehalten in Stuttgart 1919, Rudolf Steiner Verlag, Dornach (Schweiz), GA 293.

Steiner, Rudolf (1920/1985), *Geisteswissenschaft und Medizin,* zwanzig Vorträge, gehalten in Dornach 1920, Rudolf Steiner Verlag, Dornach (Schweiz), GA 312.

Steiner, Rudolf (1921/1986), *Menschenerkenntnis und Unterrichtsgestaltung,* acht Vorträge, gehalten in Stuttgart 1921, Rudolf Steiner Verlag, Dornach (Schweiz), GA 302.

Steiner, Rudolf (1922/1987), *Die gesunde Entwickelung des Menschenwesens,* sechzehn Vorträge, gehalten in Dornach 1921/22, Rudolf Steiner Verlag, Dornach (Schweiz), GA 303.

Steiner, Rudolf (1922/1988), *Geistige Wirkenskräfte im Zusammenleben von alter und junger Generation (Pädagogischer Jugendkurs),* dreizehn Vorträge, gehalten in Stuttgart 1922, Rudolf Steiner Verlag, Dornach (Schweiz), GA 217.

Steiner, Rudolf (1923/1982), *Die pädagogische Praxis vom Gesichtspunkte geisteswissenschaftlicher Menschenerkenntnis,* Rudolf Steiner Verlag, Dornach (Schweiz), GA 306.

Steiner, Rudolf (1923-24/1975), *Konferenzen mit den Lehrern der Freien Waldorfschule. Band 3*, Rudolf Steiner Verlag, Dornach (Schweiz), GA 300 c.

Steiner, Rudolf (1924/1965), *Der pädagogische Wert der Menschenerkenntnis und der Kulturwert der Pädagogik*, zehn Vorträge, gehalten in Arnheim 1924, Rudolf Steiner Verlag, Dornach (Schweiz), GA 310.

Steiner, Rudolf (1924/1986), *Die Methodik des Lehrens und die Lebensbedingungen des Erziehens*, fünf Vorträge, gehalten in Stuttgart 1924, Rudolf Steiner Verlag, Dornach (Schweiz), GA 308.

Steiner, Rudolf, *Das Geheimnis der menschlichen Temperamente*, Basel ^{6}1982.

Wagenschein, Martin, *Ursprüngliches Verstehen und exaktes Denken*, Bd. 1, Stuttgart 1965.

Weiler, Clemens, *Jawlensky. Köpfe, Gesichte, Meditationen*, Dr. Hans Peters Verlag 1970.

Literatur: Temperamente

1. Rudolf Steiner

- «Das Geheimnis der menschlichen Temperamente», Zbinden Verlag Basel 1982; Sonderdruck aus *Die Menschenschule*; Auszüge aus Vorträgen in München (9.1.1908), Karlsruhe (19.1.1909) und Berlin (4.3.1909), zusammengestellt und herausgegeben von Hans Rudolf Niederhäuser. Grundlegende Übersicht.
- «Das Geheimnis der menschlichen Temperamente», Vortrag vom 15.12.1908 in Nürnberg, veröffentlicht in *Die Menschenschule* 1/1952 und in Rudolf Steiner, *Elemente der Erziehungskunst*, hrsg. von Karl Rittersbacher, Verlag Freies Geistesleben, Reihe «Themen aus dem Gesamtwerk» 1985. Grundlegende Einführung, Erwähnung von sieben Temperamenten.

Die folgenden Veröffentlichungen sind alle erschienen im Rudolf Steiner Verlag, Dornach:

- *Erziehungskunst. Seminarbesprechungen und Lehrplanvorträge*, gehalten vom 21. August bis 6. September 1919 in Stuttgart. GA 295. Erster bis fünfter Vortrag. Ausführliche Darstellungen der Temperamente beim Kind im Gegensatz zu den Temperamenten beim Erwachsenen, Behandlung der Temperamente im Unterricht.
- *Menschenerkenntnis und Unterrichtsgestaltung. Pädagogischer Ergänzungskurs*, Stuttgart 1921, GA 302. Zweiter Vortrag. Kurze Erwähnung im Zusammenhang mir der Unterscheidung von «kosmischen» und «irdischen Kindern».
- *Die gesunde Entwicklung des Leiblich-Physischen als Grundlage der freien Entfaltung des Seelisch-Geistigen. Weihnachtskurs für Lehrer am Goetheanum*, Dornach 1921/22, GA 303. Zwölfter Vortrag: Beschreibung der Temperamente mit einer Zuordnung der Wesensglieder für das Kind, die der Zuordnung beim Erwachsenen entspricht. Prinzip, Gleiches mit Gleichem zusammenzubringen. Dreizehnter Vortrag: Die Dominanz von Wesensgliedern, die in bestimmten Lebensjahrsiebten normal ist, ruft ein auffälliges Temperament hervor, wenn sie in einem anderen Lebensalter auftritt. Fünfzehnter Vortrag: Ernährungsvorschläge für das sanguinische und das melancholische Temperament.
- *Die geistig-seelischen Grundkräfte in der Erziehungskunst*, Oxford 1922, GA 305. Sechster Vortrag: Erscheinungsbilder und Behandlung der Temperamente, das Gleichartige an die Kinder heranbringen.
- *Gegenwärtiges Geistesleben und Erziehung*, Ilkley 1923, GA 307. Zwölfter Vortrag: Behandlung der Temperamente, Ernährungsvorschläge für Sanguiniker und Melancholiker.
- *Die pädagogische Praxis vom Gesichtspunkte geisteswissenschaftlicher Menschenerkenntnis*, Dornach 1923, GA 306. Achter Vortrag: Behandlung der vier Temperamente, therapeutische Behandlung des melancholischen und des sanguinischen Temperaments.
- *Der pädagogische Wert der Menschenerkenntnis und der Kulturwert der Pädagogik*, Arnheim 1924, GA 310. Siebter Vortrag: Wirkung von Gleichem auf Gleiches, der Lehrer muss alle vier Temperamente in harmonischem Zusammenwirken in sich tragen; Melancholiker und Sanguiniker.

– *Die Methodik des Lehrens und die Lebensbedingungen des Erziehens*, Stuttgart 1924, GA 308. Erster Vortrag: Die Wirkung einseitiger Lehrertemperamente auf das Kind als Krankheitserscheinungen im späteren Alter.
– *Anthroposophische Pädagogik und ihre Voraussetzungen*, Bern 1924, GA 309. Erster Vortrag: Das Temperament des Lehrers und seine Wirkung auf das Kind, Krankheitserscheinungen im höheren Alter als Wirkung einseitiger Lehrertemperamente.
– *Idee und Praxis der Waldorfschule*, verschiedene Orte 1919/20, GA 297. Besprechung pädagogischer und psychologischer Fragen, Dornach 8.10.1920: Reaktion der Temperamente auf Fragen; Wirkung von Farben auf Temperamente.
– *Die Kunst des Erziehens aus dem Erfassen der Menschenwesenheit*, Torquay 1924, GA 311. Vierter Vortrag: Behandlung der Temperamente beim bildhaften Erzählen.

2. *Sekundärliteratur (Waldorfpädagogik):*

Bäuerle, Anna-Sophia, Das Wecken moralischer Kräfte im Blick auf die Temperamente, in: Helmut Neuffer (Hrsg.), *Zum Unterricht des Klassenlehrers an der Waldorfschule,* Stuttgart 1997.

Eltz, Heinrich, *Die menschlichen Temperamente*, Bern 1992.

Erziehungskunst. Monatsschrift zur Pädagogik Rudolf Steiners. Themenheft «Temperamente», Heft 11/1991. Anregende Beiträge zum Erkennen der vier Grund-Temperamente (Helmut Eller) sowie gemischter Temperamentsausprägungen (Edgar Forster), zur Berücksichtigung der Temperamente in der Unterrichtsgestaltung (Peter Lipps) und zur Behandlung von Temperamenten und Typologien in der Psychologie (Georg Kniebe).

Lipps, Peter, *Temperamente und Pädagogik,* Stuttgart 1998.

Schad, Wolfgang, Zum anthroposophischen Verständnis der kindlichen Temperamente, in: W. Schad, *Erziehung ist Kunst. Pädagogik aus Anthroposophie,* Stuttgart 1991. Zusammenhang zwischen Temperamenten und Wesensgliedern beim Kind und beim Erwachsenen.

Scheer-Krüger, Gerda, *Das offenbare Geheimnis der Temperamente,* Stuttgart 1992.

Sixel, Detlef, *Rudolf Steiner über die Temperamente*, Dornach 1990.

3. Wissenschaftliche Literatur:
Amelang, M. / Bartussek, D., *Differenzielle Psychologie und Persönlichkeitsforschung,* Stuttgart [4]1997.
Strelau, J., *Das Temperament in der psychischen* Entwicklung, Berlin 1984.
Thomas, A. / Chess, S., *Temperament und Entwicklung,* Stuttgart 1980.
Zentner, M. R., *Die Wiederentdeckung des Temperaments,* Frankfurt/M. 1998.

Waldorfschule heute

Einführung in die Lebensformen
einer Pädagogik.
Hrsg. von Stefan Leber
Praxis Anthroposophie 21
391 Seiten, kartoniert

Eine umfassende Orientierung über die Waldorf- und Rudolf-Steiner-Schulen in der heutigen Gesellschaft.

Aus dem Inhalt:

1. Einleitung, Stefan Leber: Die Waldorfschulen in der Bildungslandschaft der Bundesrepublik seit 1945 / 2. Menschenkundliche Grundlagen / 3. Vorschulerziehung / 4. Aufgaben der Pädagogik im Schulalter / 5. Eltern und Lehrer – Chancen und Krisen gemeinsamer Trägerschaft / 6. Waldorflehrer – ein schwerer Beruf? / 7. Waldorfpädagogik und Erziehungswissenschaft / Weiterführende Literatur / Anschriften.

Verlag Freies Geistesleben

Colleen Cordes / Edward Miller

Die pädagogische Illusion

Ein kritischer Blick auf die Bedeutung des Computers für die kindliche Entwicklung
157 Seiten, kartoniert

Computer in der Erziehung? Eltern, Lehrer und Erzieher sind sich darin einig, dass die Erziehung heute nicht an der Computertechnik vorbeigehen darf. Die Frage ist nur, was daraus folgt.

Ohne Computer keine Zukunft? Immer wieder wird behauptet, Kinder müssten möglichst früh mit dem Computer vertraut gemacht werden, wenn sie die Zukunftschancen nicht verpassen wollen. Aber ab wann ist das wirklich sinnvoll und vor allem wie?

Was brauchen Kinder tatsächlich für eine gesunde Entwicklung? Die amerikanische Alliance for Childhood sorgte mit einem öffentlichen Aufruf zum Stopp der Ausrüstung von Kindergärten und Schulen mit Computern für Aufsehen in den amerikanischen Medien. Die wissenschaftliche Grundlage für diesen Aufruf bildete das Buch von Colleen Cordes und Edward Miller, die zugleich die «Alliance for Childhood» in den USA mit begründeten.

Verlag Freies Geistesleben